河西历代人口变迁与影响

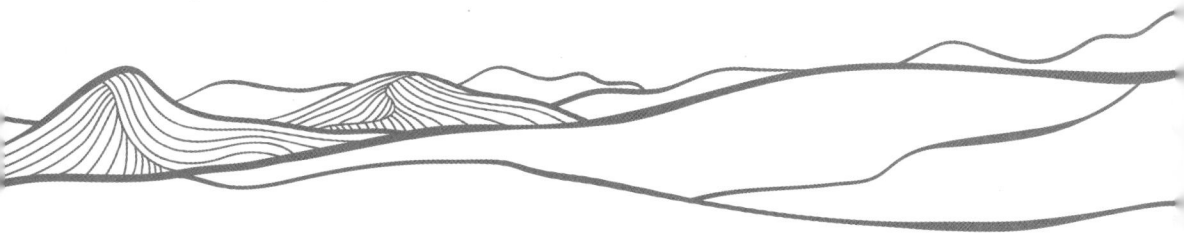

杨　波　宋文姬　著

读者出版社

图书在版编目（CIP）数据

河西历代人口变迁与影响 / 杨波，宋文姬著. -- 兰州：读者出版社，2023.10
ISBN 978-7-5527-0775-5

Ⅰ. ①河… Ⅱ. ①杨… ②宋… Ⅲ. ①人口－变迁－研究－甘肃 Ⅳ. ①C924.254.2

中国国家版本馆CIP数据核字（2023）第213862号

河西历代人口变迁与影响

杨 波 宋文姬 著

责任编辑 王宇娇
装帧设计 雷们起

出版发行 读者出版社
地 址 兰州市城关区读者大道568号（730030）
邮 箱 readerpress@163.com
电 话 0931-2131529（编辑部） 0931-2131507（发行部）

印 刷 甘肃发展印刷公司
规 格 开本 787 毫米×1092 毫米 1/16
印张 15.25 插页 2 字数 252 千
版 次 2023 年 10 月第 1 版
2023 年 10 月第 1 次印刷
书 号 ISBN 978-7-5527-0775-5
定 价 58.00元

总 序

武威，古称凉州，是国家历史文化名城、中国优秀旅游城市、中国旅游标志之都，历史文化底蕴深厚。早在五千多年前，凉州先民就在这里生活繁衍，创造了马家窑、齐家、沙井等璀璨夺目的史前文化；先秦时期，这里是位列九州之一的雍州属地，也是华夏文明与域外文化交流的重要通道；两汉、魏晋南北朝、隋唐、西夏等时期，是凉州文化形成与发展的几个重要阶段；明清时期，文风兴盛，是凉州文化发展的黄金阶段。在历史的长河中，以武威为中心形成的凉州文化，在中国文化发展史上留下了辉煌灿烂的绚丽篇章，形成了厚重的文化积淀和多彩的文化形态，并在今天仍然有深远影响。中国社会科学院古代史研究所所长、研究员卜宪群先生谈到：“广义的凉州文化指整个河西地区的文化，凉州文化的研究可将武威及其周边的文化辐射区包括在内。”“凉州文化在中国历史上占有重要地位，为中华文化的多样性做出了贡献，也为统一的多民族国家形成做出了贡献。”

“关乎人文，以化成天下。”高质量经济发展离不开高质量文化建设。习近平总书记指出，要大力挖掘、传承、保护、弘扬传统文化，揭示蕴含其中的文化精神、文化胸怀，坚定文化自信。凉州文化是中华优秀传统文化的重要组成部分，以其特色鲜明、内涵博大而熠熠生辉，在当前文化强省建设中发挥着重要作用。凉州文化之于武威，是绵延悠长、活灵活现的一种文化形态，是推动武威不断发展的力量源泉。武威市凉州文化研究院在文化研究工作中，始终正确把握传承和创新的关系，深入挖掘优秀传统文化，结出了累累硕果。我多次去武威考察，与当地领导和专家学者交流较多，深感武威市各界对凉州文化的无比自豪和高度重视。为推动历史文化推陈出新、古为今用，以文塑旅、以旅彰文，加快文化旅游名市建设，武威市专门成立了武威市凉州文化研究院，给予编制、经费等方面的大力支持。武威市凉州文化研究院起点高、视野宽，以挖掘、开发、研究、提升为重点，制定了长远翔实的研究计划，开展了一系列卓有成效的学术交流工作。如与中国社会科学院古代史研究所深度合作，举办高层次的学术研讨会，深入挖掘凉州文化的价值，取得了诸多学术成果；与浙江大学、兰州大学、西北师范大学、甘肃省社会科学院等高校和科研机构合作，从多方面研究和传播凉州文化，持续扩大凉州文化的学术影响力，社会反响热烈。

近日，武威市凉州文化研究院的张国才院长给我寄来《凉州文化丛书》（第一辑）的书稿，委托我为这套丛书作序。出于他及其同事们精益求精、一丝不苟的治学精神和对弘扬凉州文化的深厚情怀和满腔热情，我便欣然应允，借此机会谈一些自己阅读书稿的体会。

一是丛书的覆盖面广。《凉州文化丛书》（第一辑）选取武威具有代表性的特色文化，从不同角度阐释凉州文化的丰富内涵和独特魅力。《武威地名的历史传承与文化内涵演变》通过研究分析武威地名形成的自然环境、制约因素、内在规律、文化成因等，考证其背后的历史文化，讲述地名故事，总结武威地名的历史变迁、命名规律等，对促进武威地名文化遗产保护，推动武威地名文化深入研究，进一步提高武威地名文化品位，彰显凉州文化魅力，具有积极的作用。《古诗词中的凉州》选取历代诗人题写的有关凉州的边塞气象、长城烽烟、田园风情、驼铃远去、古台夕阳等诗歌，用历史文化散文的形式解读古诗词中古代凉州的政治、经济、军事、历史、文化等，把厚重浩繁、博大精深的咏凉诗词转化为一篇篇喜闻乐见、通俗易懂、轻松活泼的文史散文，展现诗词背后辉煌灿烂的凉州文化。《汉代武威的历史文化》既有汉代武威地区的自然地理、行政建制、军事防御、物质生活、精神生活、社会发展，也有出土的代表性简牍的介绍及价值评说。借助历代典籍和近现代学者的相关研究，力求还原客观真实的武威汉代历史文化。在论述时，尽量采取历史典籍和出土文物、文献相结合的方式，深入挖掘武威出土文物背后的故事。《武威长城两千年》聚焦域内汉、明长城遗存，从自然地理、生态环境、军事战略、区域文化等方面进行了解读，既有文献史料的梳理举隅，也有田野调查的数据罗列，同时结合国家文化公园建设，就武威长城精神、长城文化遗产保护利用等作了阐释，对更好挖掘长城文化价值、讲好长城故事、推动长城文化资源"双创"有所裨益。《武威吐谷浑文化的历史书写》在收集、整理吐谷浑历史资料和最新研究成果的基础上，以吐谷浑的来源、迁徙及其政权建立、兴衰和灭亡为主要脉络，探讨吐谷浑在历史上与武威有关的内地政权的关系，进而研究吐谷浑的政权经略、文化影响及历史作用，重点突出，视野宏阔，这种研究对于铸牢中华民族共同体意识是十分必要的。《清代凉州府儒学教育研究》以清代凉州府的儒学教育为研究对象，既有对凉州府儒学教育及进士的概括性研究，也有对凉州府进士个体的研究，点面结合，"既见森林，又见树木"，使读者获得更为丰满的凉州府进士形象。通过一个个活灵活现的人物形象，更加生动具体地揭示了当时儒学教育的样貌。《武威匾额述略》主要从匾额的缘起流变、分类制作入手，并对武威匾额进行整理研究，全面分析了武威匾额的艺术赏析、价值功能，生动诠释了武威深厚的历史文化内涵及其蕴含在匾额中的凉州文化，是我们走进武威、打开武威历史的一把重要钥匙。《清代学人笔下的河西走廊》选取陈庭学、洪亮吉、张澍、徐松、林则徐、梁份等十位学人，通过钩沉其传记、年谱、文集、诗集等相关史料，在前人研究的基础上，重点反映清代河西走廊的地理、历史、人文、民俗等，展示了一幅河西走廊多民族交往交流交融的历史画卷。《河西历代人口变迁与影响》对河西历代人口数量等方面进行考察，阐述历史时期河西人口与政治、经济之间的动态关系。《河西生态变迁与生态文化演进》以河西地区生态变迁较为突出的汉、唐、明清时期为主要脉络，采用地理学、考古学、历史学、生态学等学科相结合的研究方法，对河西地区历史时期的生态变迁、生态文化演进做了全面的研究。阅读这十本书，既能感受到博大厚重的凉州文化，又能体会到凉州文化的包容性、多样性的特征。

二是丛书的学术价值高。《凉州文化丛书》（第一辑）各位作者在前期通过辛勤的考察调研，搜集了大量的资料，然后根据实际需要开展研究性撰写，既吸收了前人的研究成果，又融入了自己的观点，既体现了历史文化的严谨准确，又对其进行创新性、前瞻性解读，思考的角度也有所不同，研究的方法也有新的突破。此外，丛书中的每一本书都由武威市凉州文化研究院与甘肃省社会科学院的研究者合作完成，在专业、学术、研究、视野、资料搜集等方面具有互补性，在撰写的过程中互相探讨交流，无形之中提高了丛书的质量。因此整套丛书无论从研究深度，还是学术价值，都比以往研究成果有新的提高。有些书稿甚至让人眼前一亮、耳目一新，颇有不忍释卷之感。

三是丛书的可读性强。《凉州文化丛书》（第一辑）注重学术性和资料性，兼顾通俗性和可读性，图文并茂。在进行深度挖掘、系统整理的基础上，又对文化展开解读，符合当下社会各界的文化需求，既方便专业研究人员查阅借鉴，也能让普通读者也喜欢读、读得懂，对于普及武威历史、凉州文化，提高全社会的文化自信等，具有重要的作用和意义。

编一套丛书，实不易也。武威市凉州文化研究院以初创时的一张白纸绘蓝图，近几年已编撰出版各类图书二十多本种，每一种都凝聚着凉州文化研究工作者的心血和汗水。几载光阴，他们完成了资料的整理研究，向着更为丰富、更加系统的板块化研究方向迈进，这又是多么可喜的一步。这十本书，正是该院与甘肃省社会科学院紧密合作，组织双方研究人员共同"探宝"凉州文化的有益之举。幸哉，文史研究工作，本为枯燥乏味之事，诸位却在清冷中品出了甘甜，从寂寞中悟出了真谛，有把冷板凳坐热的劲头，实为治学之精神，人生之追求。

《凉州文化丛书》（第一辑）是武威市凉州文化研究院的阶段性成果，集

中展示了武威市凉州文化研究院学术研究成果，值得庆贺！希望武威市凉州
文化研究院以此为契机，积极吸收最新的学术研究成果，从西北史、中国
史、丝绸之路文明史的大视野来审视凉州文化，多出成果，多出精品，为凉
州文化的传承发展做出更大的贡献。

　　是为序。

田　澍

2023 年 8 月 31 日于兰州黄河之滨

　　田澍，西北师范大学副校长、教授、博士生导师，中国历史研究院田澍
工作室首席专家，《兰州通史》总主编。

前　言

　　河西走廊简称"河西"，东起乌鞘岭、西至星星峡，位于青藏高原与蒙古高原之间，依山而生、因路而兴。丝绸西去、佛教东传、商道熙攘、经贸繁荣，一条千年古道承载着多元文化的碰撞，世界文明在河西走廊上交流互鉴。

　　河西走廊是一条历史的走廊，半部华夏移民史在这里谱就，铁血丹心辉映着漫漫雄关；河西走廊是一条文化的走廊，悠悠驼铃荡响了丝路文明，百里石窟尘封了千年的精美绝伦；河西走廊是一条商贸的走廊，东西交流比邻相约，万里遥途开启了世界之门；河西走廊最是一条地理走廊，苍茫浩瀚的戈壁大漠、淳朴厚重的黄土高原、广袤无垠的草原绿洲、洁白莹润的雪域冰川，描摹出五千年中华壮美雄奇的山河。

　　河西走廊的开发史，就是一部人口迁移的活动史。自古以来，河西走廊一直是民族迁徙、交流和融合的重要区域。这个区域先后生存过羌、月氏、乌孙、匈奴、吐蕃、党项等民族。西汉张骞出使西域，打通丝绸之路后，河西走廊便成了中原控制西域的"前哨"。突厥、回纥、波斯、鲜卑、吐谷浑等民族，曾于走廊或进或出，在这块古老的土地上，留下了不同文明的深深印记。汉武帝设置河西四郡后，为保障丝绸之路畅通，加强西域管理，斥塞卒戍田之，开始了中国历史上第一次从内地向河西的大规模移民。自此，根据军事形势需求而定的军屯、民屯的分工与合作，也使河西走廊的人口数量起起落落，呈现出映衬时代变化的特征。

　　本书根据人口数量及其变化原因对河西走廊历代人口的变迁进行初探，其中多缀述凉州文化。根据不同时期的历史特点进行科学分析，力求形成一个较为可信的反映各个历史阶段人口发展变化的数据序列和流动脉络；并尝试从现代人口学的视角，对影响这一区域人口变化的政治、经济、文化等多种因素进行分析，力图真实呈现出历代河西走廊人口与政治、经济、文化之间的动态关系和场景诠释，为更好地铸牢中华民族共同体意识提供历史依据。

目　录

第一章

逐草而居——史前、先秦与秦时期河西人口

从史前文化发掘遗址来看，河西地区历史悠久，早在原始社会时期，就有人类在此辛勤劳作、繁衍生息的踪迹。

夏商迄，河西先民已经开始从事畜牧、种植等农业活动，并掌握了冶铸技术，人口不断增多，河西地区逐步进入了文明时代。商周时期，西北地区古老的游牧民族"允戎"和"氏羌"，在河西留下了非常珍贵的生活痕迹，岩画便是最好的佐证。从墓葬、文物的发掘中不仅可以了解到河西先民的生活状态，也可以根据已经出土的实物等资料简述当时的人数。

至战国、秦朝时，月氏和乌孙民族先后活跃在河西一带。前3世纪初，"控弦十万"的月氏，成为河西地区最强大的部族。

第一节　史前、先秦与秦时期河西人口变迁

史前时期河西人口寡众，缺乏充足的史料佐证，对当时河西人口的数量、性别、婚姻形态的统计和描述只能依靠现有的墓葬发掘资料进行简述。

一、河西史前时期人口

（一）马家窑文化时期的河西人口

马家窑文化是东至天水地区清水县、西到河西走廊玉门市、南达四川北部、北及宁夏南部，主要分布于甘肃、青海两省的地方性文化。时间为前3300至前2050年。马家窑文化按时间序列和不同内涵分为石岭下、马家窑、半山、马厂四个类型，前两个类型主要发现于甘肃东部和中部，后两个则延伸到青海和河西地区。据墓葬发掘考证，在河西地区的天祝、古浪、武威、民勤、永昌、山丹、民乐、金塔、酒泉、玉门、安西（今瓜州）等地均有能体现马家窑文化的遗迹。本书以甘肃省永昌县鸳鸯池遗址为代表，来推测马家窑文化时期的河西人口数量。

鸳鸯池古墓葬位于甘肃省永昌县河西堡镇鸳鸯池村旁，地处金川河西岸。共清理墓葬189座，其中13座因工程建设被匆忙清理外，剩余176座则经过了细致、科学的发掘。其墓葬葬式有单人葬、合葬、叠葬和瓮罐葬，墓葬人数据此计算，此墓葬人数可能超过200人。

鸳鸯池墓葬分为早、中、晚三期，早期属半山类型，中晚期属马厂类型。可以断定，河西大部分地区在鸳鸯池时期已经有人类生存的遗迹。河西地区东到天祝，西到安西，都曾发掘出半山类型、马厂类型的文化遗址，就目前考古所知，生活在这里的先民是河西地区较早的开拓者。

（二）齐家文化时期河西人口

齐家文化因 1924 年首次发现于甘肃省广河县齐家坪而得名，亦是甘青地区的一支地方性文化，始于前 2000 年，结束于商末周初。武威皇娘娘台遗址是齐家文化在河西地区的代表。我们以其出土研究材料为依据，可推测当时河西东部地区人口的发展状况和人口数。

皇娘娘台遗址历经甘肃省考古队四次发掘，共发掘出 88 座墓葬，其中第四次发掘的 62 座墓，有 10 座夫妻合葬墓，3 座 3 人合葬墓，墓葬人数可据此计算，此墓葬人数约百余人。

（三）四坝文化时期河西人口

四坝文化是 4000 年前分布于河西走廊一带的一种早期青铜时代文化，发现于永昌北滩、山丹四坝滩、民乐六坝和李寨乡、酒泉西河滩和丰乐乡、玉门火烧沟、安西鹰窝树等处。其中，因以山丹四坝遗址最为典型，故称"四坝文化"。

四坝文化时期的材料相对零散，发掘均为墓葬，对其聚落形态知之甚少，研究最翔实的是民乐六坝东灰山遗址，故以此为例，简单估算这一时期的河西人口数量。民乐东灰山遗址位于甘肃省民乐县六坝乡东北。东灰山人生活在原始社会末期和夏代初期，从现已发掘的墓穴看，东灰山墓葬很多属于尸骨紊乱的乱骨葬，所谓"乱骨葬"，是人死后埋葬到一定的时候，挖开再葬。第二次葬时，只将朽骨混在一起，不分个体。根据《民乐东灰山考古》称，遗址中有 126 座墓葬被水渠破坏，已清理的有 249 座墓葬，其中能确定死者个体的只有 150 座墓，埋葬 1 人的单人墓葬 90 座，埋葬 2 人以上的合葬墓 54 座，合葬墓中的死者 2—6 人不等。其中 2 人合葬墓 42 座，为合葬墓的大宗，3 人合葬墓 9 座，4 人、5 人、6 人合葬墓各 1 座。墓葬中，未成年人占比很低，考古确定只埋葬未成年人的墓葬仅 3 座。但据考古专家推断，当时有相当多的未成年的死者葬于其他地方。目前墓葬人数据此计算，已知 216 人。已经破坏及未知的人数应不在其下。以此类推，在河西其他发现的四坝时期的墓葬中，如酒泉丰乐乡干骨崖清理墓葬 105 座，玉门火烧沟清理墓葬 312 座等，可估算四坝时期河西人数至少过千人。

火烧沟文化大约在前 2000 年左右形成，其遗存可分为早、中、晚三期，分别相当于四坝文化时期、汉代及魏晋时期。以玉门火烧沟墓葬为代表，现已发掘墓葬 312 座，墓地也流行乱骨葬和多人合葬，且部分墓葬有殉葬现象。前 1600 年，火烧沟人因允戎的进攻举族迁出河西，后来河西西部地区一直为允戎、三苗等游牧民族所占领，由于文化落后于火烧沟人的游牧民族在此生活，加之火烧沟人口西迁，在一定程度上阻碍和延缓了敦煌及河西西部人口的发展进程。

二、先秦与秦时期河西人口

月氏和乌孙是我国古代西北地区的两个主要民族，战国和秦朝时期曾游牧于河西地区。当时月氏人口较多，乌孙最初受制于强大的月氏。大约在战国时期，月氏控制了河西。在战国末期和秦朝，月氏凭着众多的人口，势力达到最强盛时期，《史记》称这时"东胡强而月氏盛"。秦始皇末年，匈奴进入河西地区，月氏因势弱而西迁，大部分人离开河西，留下一小部在今祁连山一带活动，称为"小月氏"。

（一）河西月氏人口

月氏西迁以前在河西的人口数量无史书记载，只有《史记·大宛列传》"控弦者可一二十万"这一对兵力的概述。《西北民族关系史》一书以月氏的兵力数字推测当时月氏在河西的人口："以每帐五口人计，其中老幼妇女为三口，成年男子为二口，则控弦者应为总人口的五分之二，这样总人口约在四五十万之间。""每帐"即"每户"，我国历代人口每户大体上为五口，故可每户按五口人计。范文澜先生就曾根据"按五人出一兵"及"每户平均五人"推算过"战国七雄"的人口。

另外，大月氏人口数也可以通过《后汉书》中的记载得以佐证。虽相较先秦与秦时期而言，汉朝月氏人口有所增减，但整体变化幅度不大。《后汉书》载："大月氏国……户十万，口四十万，胜兵十余万人。"《后汉书·西域传》有关"大月氏"兵和户的记载似乎较为可靠。东汉班超经营西域时，在东汉章和元年（87年），大月氏"尝助汉击车师有功"；在东汉永元二年（90年），大月氏人又助汉击车师有功，但因求赏被拒，发动战争，"将兵七万"以对抗。此兵力与《史记·大宛列传》所述大致相符，毕竟月氏不可能倾巢出动。

（二）河西乌孙人口

乌孙人口相对于月氏人口较少，史籍中没有具体数字。《史记·大宛列传》也只有乌孙"控弦者数万，敢战"的记载。

综上，先秦、秦朝时期，生活于河西地区的月氏人口约是40万，乌孙人口中控弦者数万人，因为他们生活在同一时期、同一地区，他们共同构成了当时河西人口的主干，再加入两者控弦之外的其他人口，估计人口应在40多万以上。这是河西人口发展史上的第一次辉煌。

（三）河西匈奴人口

继月氏和乌孙人之后，有"控弦之士三十余万"的匈奴开始称霸河西，威慑西域。

秦末，匈奴逐渐进入并控制了河西地区。至汉初，匈奴势力空前强大，在冒顿单于统领下，有"控弦之士三十余万众"。依据匈奴分王分地管辖的原则，河西由休屠王和浑邪王统治，河西地区主要是匈奴人，其次就是昆莫率领的乌孙和月氏的余部以及部分适应游牧民族生活方式的汉族人在此生活。其中，匈奴人口占当时河西人口的大多数，但史书并无确切统计数字。

除匈奴外，由昆莫率领的乌孙余部人口较多。昆莫在出生不久就被匈奴单于收养，随着昆莫逐渐长大，乌孙余部也随之日益强大。《史记·大宛列传》记载了张骞出使西域回来后对汉武帝的谏言："单于怪以为神，而收长之。及壮，使将兵，数有功，单于复以其父之民予昆莫，令长守于西城。昆莫收养其民，攻旁小邑，控弦数万，习攻战。单于死，昆莫乃率领其众远徙，中立，不肯会匈奴。"由此可知，乌孙余部为匈奴守"西城"，即乌孙的故地。随着乌孙余部势力的强大，后至老上单于去世（前161），他们西迁至伊犁河下游，后定居于巴尔喀什湖的东面和南面。西迁前，乌孙余部已有"控弦数万"。

匈奴控制的河西还包括小月氏。自前206年前后进入南山（今祁连山）到汉武帝元狩二年（前121）的85年间，小月氏人口也有一定发展。根据《后汉书》提到的湟中小月氏胜兵数可以大致推测出人口数量。东汉平帝时，湟中小月氏有胜兵9000余人，这是"小月氏"进南山近300年后的人口。西汉中期，小月氏在张掖一带与汉族人杂居，号"义从胡"。这部分义从胡在河西生活了很长时间，《后汉书·西羌传》和《后汉书·灵帝纪》仍有他们活动的记载。

另据马长寿先生估计，接受匈奴人生活方式的汉族人"虽然无法统计，然大体言之，至少也有20万左右"[1]。

---

[1] 林干：《匈奴史话文集》，北京：中华书局，1983年，第237页。

第二节　史前、先秦与秦时期社会经济发展变化

一、丰富多彩的河西史前文化

（一）马家窑文化

从马家窑文化发掘情况来看，当时的人们过着以种植业为主的生活，同时饲养猪、狗、羊等家畜，畜牧业有所发展，同时制陶业也极为发达。马家窑文化时期的房屋以半地穴式建筑和地面建筑两种形式为主，并已有了贫富差别。根据出土陶器特点，可细分为马家窑、半山和马厂三个类型。河西地区发现的马家窑文化遗址主要分布在古浪、武威、永昌、山丹和酒泉等地，出土的器物有石器、骨器、角器、陶器和各种质地的装饰品，尤以陶器为最多。其中生产工具既有大型磨光石器，如石磨盘、磨棒、石锛、石斧、石刀，也有为数不少的细石器、骨器（如骨锥、骨针和匕首等）和骨石复合工具，还有陶器（如陶纺轮）和打制的有肩石斧；磨制石器大多质地坚硬，刃部锋利，且有两三个钻孔，便于挖土翻地、砍砸树木、收割和打碾粮食。陶器多为瓮、罐、钵、杯之类的生活用品，红色居多，也有少量灰陶；纹饰图案复杂多样，富有变化，主要有绳纹、条形纹、斜方格纹、三角形纹、波浪纹、锯齿纹和圆圈纹。在古浪黑松驿毂家坪滩遗址发现了灶台和柱穴遗存，灶台呈椭圆形，周围有 4 根柱穴遗迹，残留朽木，排成菱形，似为一个简单的棚房遗址。[①] 在永昌鸳鸯池遗址M134[②] 中还发现了高达 70 厘米的大陶瓮，内装粟粒。在 M69 和 M153 中，还

①《甘肃古浪黑松驿谷家坪滩新石器时代遗址》，《文物参考资料》，1955 年第 8 期。
② 参阅甘肃省博物馆文物工作队、武威地区文物普查队：《永昌鸳鸯池新石器时代墓地的发掘》，《考古》，1974 年第 5 期；《甘肃永昌鸳鸯池新石器时代基地》，《考古学报》，1982 年第 2 期。

发现了类似于酒杯的小陶杯，这说明当时的谷物除供人们食用外，还用来酿酒。从该遗址中出土的制作精美的装饰品和大量陶器来看，当时可能已出现了独立的手工业生产部门。

河西地区马家窑文化马厂类型陶器纹饰较马家窑类型有所简化，数量减少，制作更为粗糙，但种类则较前者更多，有的器物口沿上还钻有便于携带的小系孔，其树轮校正年代为前 2300 至前 2000 年；另外也发掘出少量属于马家窑类型又兼有半山、马厂类型的遗址，如武威郭家山遗址。其次，在武威磨咀子马厂期的灰层内，也发现少量马家窑时期的遗物。

（二）齐家文化

武威皇娘娘台是一处典型的齐家文化遗址。1957—1975 年，考古人员先后对该遗址进行了四次发掘，在该遗址发现了大量的窖穴、墓葬和住房遗址，出土遗物包括生产工具、生活用品、卜骨和装饰品等。其中生产工具既有石器和骨器，也有陶器和铜器。石制工具数量庞大，类型复杂，多为磨制，粗糙的打制石器已基本绝迹。四次发掘所得磨制石器约有 1000 多件（不包括细石器）。在选材上已采用硬度较高的玉料制作器物，玉铲、锛、凿等制作精致，通体磨光，器型规整，刃口锋利，这说明石器制作技术有了很大进步。就种类而言，既有翻土耕种用的斧、铲和加工制作工具用的锛、凿，也有收割庄稼的刀、镰，还有加工谷物的杵、磨盘和研磨器等，考古证明从耕种、收获到加工用的各种工具都展现出齐家文化比马家窑文化时期更为齐备。

与石制工具相比，陶制工具数量较少，骨制的刀、铲、凿等工具也不多见，铜制工具数量不多，且均为小型的刀、锥、凿、环、钻头等，还有一些铜渣和铜器残片，都是未经人工羼杂的纯铜（红铜）制成的，锡的含量仅有 0.1%，最多为 0.3%，这说明铜的冶炼技术还未普及，也未大量用于农业生产，但铜器的出现，表明当时的人们已经能制造和使用铜器，进入了铜石并用时代。

皇娘娘台的墓葬、窖穴和灰层内还发现了众多的卜骨，虽然简陋原始，但它反映了当时已出现占卜。

在 M6 中发现的大量作为随葬品的石器、陶器和陶器碎片，这与其他少有或没有随葬品的墓葬形成鲜明对比，说明氏族成员间已有了明显的贫富之分和社会地位之别。

从保存较为完整的皇娘娘台遗址一号、二号住室的情况来看，当时的住室为四合壁半竖穴式建筑。在该遗址中，住室与窖穴、墓葬交错分布，其中清理出窖穴遗存 65 个，墓葬 88 座。为数众多的住室、灶台、窖穴和墓葬遗存，构成了较为完整的居住布局。相互间的叠压和打破，也清晰地展示了这些遗存出现的先后顺序。

皇娘娘台遗址出土的很多陶器和破碎陶片，就其质地而言，主要有泥质红陶和粗砂红褐陶，还有少量灰陶。泥质红陶一般质地坚硬，陶土大多经过淘洗，均为手制品。其显著特征是在器物里面有用陶垫拍压的凹痕。素面陶器一般打磨细致，用细泥浆抹光，也有少量陶器表面较为粗糙。有纹饰者以竖行篮纹为主，并有划纹、镂孔和钻窝等，绳纹几乎无存。还有一些泥质红陶，虽然质地较为粗糙松软，火候较低，但纹饰布局严整而有规律，多采用单线条或方格条带纹组成对称的几何图案。粗砂红褐陶质地较为粗糙，含有砂粒。与泥质红陶不同的是，其纹饰以绳纹为主，皆竖行，而篮纹几乎不见，还有很多是素面陶器。皇娘娘台遗址陶器质地和纹饰的差异，表明当地的陶器制作经历了较长时间的发展演变。

细石器文化是研究人类社会由狩猎采集经济到畜牧经济发展过程的重要依据之一，故细石器的出现与畜牧业有很大关系。在皇娘娘台遗址中出土了大量牛、羊、猪、狗、鹿等家畜和野生动物的骨骼，还有锥、针、铲、凿、镞、叉等骨制工具和骨簪、骨珠等装饰品及各种卜骨，这反映了畜牧业在当时人们的经济生活中的重要性。

（三）四坝文化

四坝文化长期以来被认为是一种新石器时代文化。[①] 直到 1976 年，甘肃省博物馆文物工作队对玉门火烧沟遗址进行大规模的考古发掘，共清理墓葬 312 座，出土以模铸为主的斧、镢、镰、凿、刀、匕首、矛、镞、锥、针、泡、钏、管、锤和镜形物等铜器 200 多件，还有铸镞的石范，进一步印证了四坝文化是青铜时代文化的一种类型。[②]

四坝文化遗址中出土了大量的石器、陶器、骨器和各种金属器。其中在民乐东灰山四坝文化遗址中出土的陶、石、铜、骨等各类器物就有 1000 多件。[③] 陶器制作粗糙，均为手制品，未见有轮制、轮修和模制痕迹（但在玉门火烧沟遗址中有大量陶纺轮），以生活用品（双耳罐、壶、盆、盘、鼎等）为主，也有少量生产工具（纺轮等）和其他器物（陶埙、陶牌饰、陶铃和靴形器等）。石器为当时的主要生产工具，出土文物有砍砸器、刮削器、尖状器、石核、石锄、石刀、石斧、石耜（石犁或石铲）、石镰、石锛、石凿、石球、石磨棒、石磨盘等。打制的有肩石斧、凹腰石斧、石刀、砍砸器，磨制的有石斧、石臼、石球、石磨盘、磨棒及穿孔石锄，其中最常见的还是打制的手斧和盘状器。骨器主要有刀、锥、凿、针、纺轮等，以及少量卜骨。

在四坝文化遗址中，还发现了一批制作精美的金银器（金、银鼻饮和金耳环等）和稀有的礼乐器（铜制四羊权杖头、玉石权杖头、玉石斧、扁圆形或鱼形彩绘陶埙等），这与甘青地区其他史前文化遗存明显有别。[④]

铜器众多也是四坝文化的重要特征。尽管在马家窑文化和齐家文化遗址

---

① 安志敏：《甘肃远古文化及其相关的几个问题》，《考古通讯》，1956 年第 6 期；甘肃省博物馆：《甘肃古文化遗存》，《考古学报》，1960 年第 2 期。

② 甘肃省博物馆：《甘肃省文物考古工作三十年》，载文物编辑委员会编《文物考古工作三十年（1949—1979）》，北京：文物出版社，1979 年。

③ 甘肃省文物考古研究所、吉林大学考古学系：《甘肃民乐县东灰山遗址发掘纪要》，《考古》，1995 年第 12 期。

④ 谢端琚：《甘青地区史前考古》，北京：文物出版社，2002 年，第 140 页。

中都曾发现过铜器，但以四坝文化遗址中出土的铜器数量最多、种类最为丰富。迄今为止，在山丹四坝滩、玉门火烧沟、安西鹰窝树、民乐东灰山、西灰山、酒泉干骨崖等四坝文化遗址采集和出土的铜器有 270 多件，大致可分为工具、武器和装饰品几大类。就其种类和形制而言，四坝文化铜器与较早的马家窑文化马厂类型、齐家文化所出同类器物差别不大，但工艺有所提升。如锥的形制已相当规范，且均为有柄复合工具；铜刀个体较大，以往罕见或不见的环首刀、銎斧已成为常见之物，这代表了一种新的、更为进步的文化因素；玉门火烧沟遗址发现的 1 件青铜铸造的四羊权杖头，采用比较复杂的复合范分铸技术，代表了四坝文化所具有的较高冶铸工艺。就器物的合金成分来看，玉门火烧沟遗址中，红铜器和青铜器的比例大致相当，约各占 50%，个别器物含有少量的砷；民乐东灰山遗址出土的铜器的含砷量在 2%—6% 之间，部分样品锡的含量接近 8%；酒泉干骨崖遗址所出铜锡和铜砷合金的砷、锡含量分别为 1%—6% 和 2%—10%，与东灰山遗址铜器的砷、锡含量接近；稍晚于东灰山和干骨崖遗址的安西鹰窝树遗址出土的铜器则全为铜锡合金制品。研究表明，含砷 2%—6% 是砷铜合金最理想的成分范围，在此范围内合金具有较好的延展性，在冷加工时不会出现裂纹，合金的硬度也会大大提高。从金属工艺来看，四坝文化的铜器多为铸造与热锻并用，有些具有坚硬锋利刃部的器物如刀、锥、镞等，在铸造或热锻后还经过了冷加工处理。采用分铸工艺制作的玉门火烧沟遗址四羊铜权杖，则是我国目前发现的最早的 1 件镶嵌铸件。[①]

根据四坝文化出土的各类工具来看，铜制工具仅限于小型的刀、锥等物，石器仍然是当时人们使用的主要工具。墓穴形制结构的不同和随葬品的多少，显示出明显的贫富和等级差别。随葬品多者有 19 件，少者只有 1 件，还有无任何随葬器物的空墓。随葬品中既有陶、石、骨器和金、银、铜器，也有马、

---

① 孙淑云、韩汝玢：《甘肃早期铜器的发现与冶炼、制造技术的研究》，《文物》，1997 年第 7 期。

牛、羊、猪、狗、鹿等家畜和动物骨骼，有的墓葬随葬羊多达 44 只，可见当时畜牧业很发达。

在火烧沟遗址墓葬中发现了盛在大陶罐中的粟粒和陶制的酒器，如彩陶方杯和人足罐等，在一些尸骨、铜器和陶器表面有麻类纺织品的痕迹。[①] 东灰山遗址的文化层中还发现了小麦、大麦、粟、稷、高粱 5 种农作物的炭化籽粒和胡桃壳及烧焦的兽骨，该遗址出土的陶器上还发现了麦穗纹饰。[②] 这说明当时的人们不仅广泛种植粟、麦、麻等农作物，而且农业生产达到了较高的水平，有足够的粮食用于食用和酿酒。

关于四坝文化的渊源，众说纷纭，有专家认为其随葬陶器中多半为彩陶，花纹承袭马厂类型，器形似受皇娘娘台齐家文化的影响，加之畜牧业发达，可能是古羌族的一种文化；[③] 也有专家认为四坝文化应是在马厂类型和齐家文化的某些因素基础上，结合自己固有的文化而创造的一支独具特色的土著文化，[④] 它与马家窑文化马厂类型在某些方面存在较大差距，其中的"双大耳罐应来源于齐家文化，但随着时间的推移，这一因素已被四坝文化吸收、同化，成为四坝文化的典型因素"[⑤]。更有专家认为四坝文化是马厂类型的继续和发展，至少是吸收了马厂类型的诸多文化因素而形成的，将马厂类型看作四坝文化的主要来源之一，应该是合适的。[⑥] 鉴于齐家文化与四坝文化相邻，年代上又较

①　何双全：《甘肃先秦农业考古概述》，《农业考古》，1987 年第 1 期。

②　李璠等：《甘肃省民乐县东灰山新石器遗址古农业遗存新发现》，《农业考古》，1989 年第 1 期；甘肃省文物考古研究所、吉林大学考古学系：《甘肃民乐县东灰山遗址发掘纪要》，《考古》，1995 年第 12 期。

③　甘肃省博物馆：《甘肃省文物考古工作三十年》，载文物编辑委员会编《文物考古工作三十年（1949—1979）》，北京：文物出版社，1979 年。

④　李水城：《四坝文化研究》，载苏秉琦主编《考古学文化论集（三）》，北京：文物出版社，1993 年。

⑤　水涛：《甘青地区青铜时代的文化结构和经济形态研究》，载《中国西北地区青铜时代考古论集》，北京：科学出版社，2001 年，第 279 页。

⑥　谢端琚：《甘青地区史前考古》，北京：文物出版社，2002 年，第 149 页。

四坝文化略早的事实，可以认为四坝文化在产生和形成过程中与齐家文化发生了联系，并吸收了齐家文化的某些因素；或者是由于马厂文化与齐家文化的关系，而将吸收的齐家文化的某些因素传承于四坝文化的。根据酒泉下河清遗址发现四坝文化叠压在马厂类型之上的地层关系和干骨崖四坝文化墓葬填土中有马厂类型彩陶片的情况，以及火烧沟遗址标本测定的前 1950 至前 1430 年的绝对年代判断，四坝文化晚于马厂类型。

从四坝文化的出土实物分析，当时社会已形成了半农半牧的经济形态，且由于地理位置和生态环境的不同，存在重农业、重畜牧业或重狩猎业的形态选择。从发掘出的建筑遗迹和随葬器物来看，四坝文化时期的先民已开始了较为稳定的定居生活。[①]

据经鉴定的东灰山 150 座墓的情况来看，夫妻合葬墓约占成人合葬墓的80%，说明当时盛行夫妻合葬的葬俗。此外，还有一男二女或一女二男合葬，显示当时存在一夫多妻或一妻多夫的婚姻形态，这与齐家文化居民存在多种婚姻形态的情况很相似。而父子合葬墓的发现，又反映了当时按父系计算世系和继承财产的信息。[②] 就随葬品数量来看，随葬器物数量多的墓葬较少；而随葬器物数量少的墓葬较多，说明当时的社会已存在贫富差别，财富者寡，财贫者众。

（四）沙井文化

沙井文化因最早发现于民勤县沙井村而得名。1923 年，瑞典学者安特生在甘肃镇番（今民勤县）县发现了一些史前遗址，他将这些文化遗址归入了他所谓的甘肃六期远古文化的最末期，以最初发现地——沙井村而命名为"沙井期"。1948 年 5 月—8 月，著名考古学家裴文中与贾兰坡等人在河西走廊经

---

① 谢端琚：《甘青地区史前考古》，北京：文物出版社，2002 年，第 140—142 页。

② 张忠培：《东灰山基地的几个问题的检讨》，载西安半坡博物馆编《西安半坡博物馆成立四十周年纪念文集（1958—1998）》，西安：三秦出版社，1998 年。

过近三个月的田野调查，得出了新的结论：这些遗址"代表了一群的特殊文化——沙井文化，它是彩陶的后裔，并……一直延续到青铜器时代"①。自此以后，始有"沙井文化"之名。沙井文化主要分布在河西地区的永登、天祝、古浪、凉州、民勤、永昌、山丹、甘州等地，②其前后延续时间很长，经碳14测定的9个沙井文化，数据年代多集中在春秋早期至战国时期，有些可早至西周时期。③出土器物不仅有石器、陶器、骨器、角器和铜器，而且还有铁器（铁锛、铁刀、铁锸及铁犁铧等）。石器中兼有打制石器、磨制石器，主要器型有石斧、石刀、石球、石镞、刮削器、石杵、石臼、石磨盘、磨棒、石纺轮和环状器。骨角器以磨制为主，兼用琢制，主要有锥、镞、矛、针、骨珠和牌饰等。陶器均为手制，多为夹砂红陶，质地粗，多添加羼和料，少见泥质陶器，主要有罐（单耳或双耳）、鬲、壶、豆、盆、碗、杯、纺轮和陶球等，多由泥条盘筑或捏塑而成，不甚规整；纹饰多见绳纹，还有弦纹、篦纹、划纹和彩绘。彩陶纹饰多为宽窄平行或交错的条带纹和垂直三角纹，也有菱形纹、折线

---

① 裴文中：《中国西北甘肃走廊和青海地区的考古调查》，原载《"中研院"地质研究所丛刊》，1948年第8号；参见《裴文中史前考古学论文集》，北京：文物出版社，1987年，第259页。

② 参阅安志敏《甘肃远古文化及其相关的几个问题》，《考古通讯》，1956年第6期；甘肃省博物馆：《甘肃古文化遗存》，《考古学报》，1960年第2期；甘肃省博物馆：《甘肃省文物考古工作三十年》，载文物编辑委员会编《文物考古工作三十年（1949—1979）》，北京：文物出版社，1979年；甘肃省文物考古研究所：《甘肃省文物考古工作十年》，载《文物考古工作十年（1979—1989）》，北京：文物出版社，1991年。

③ 中国社会科学院考古研究所：《中国考古学中碳十四年代数据集（1965—1991）》，北京：文物出版社，1992年。水涛先生将沙井文化分为二期四段，其中一、二段（一期）的年代在西周时期，二期三段遗存的年代不晚于西周晚期或春秋早期，四段约当春秋晚期或战国时期。水涛：《甘青地区青铜时代的文化结构和经济形态研究》，见载《中国西北地区青铜时代考古论集》，北京：科学出版社，2001年，第257页。李水成先生则将沙井文化分为早晚两期，早期以民勤沙井子为代表，晚期以金昌三角城为代表。早期年代应在前1000年左右，相当于中原地区西周早期阶段；晚期年代在前900（789）—前789（409）年之间，大致相当于西周晚期至春秋晚期。李水城：《沙井文化研究》，载袁行霈主编《国学研究》第二卷，北京：北京大学出版社，1994年，第503—505页。

纹和鸟纹。

在永昌三角城发现的 4 座沙井文化的房址均为地面建筑，呈圆形或椭圆形，且都有灶坑、火塘和地炉。

沙井文化的葬式多为仰身直肢葬。随葬器物中青铜饰品（如铜牌、铜泡和配有皮制刀鞘的铜刀等）较多，用麻毛绳佩于腰部或股骨两侧，有的还佩有项饰或金耳环；陶器较少，且多置于墓口。每座墓中几乎都有牛、马、羊头骨和驴蹄趾骨随葬，有些墓地也随葬谷物。特别的是，沙井文化墓葬中已发现有人殉和人祭的现象。

目前学术界对沙井文化的源流和性质仍存在分歧。裴文中先生认为"甘肃彩陶文化的发展，是从仰韶到马厂"，而"沙井和马厂的关系，可以从彩陶的图案和技术上得到确认。因此我们可以推测沙井晚于马厂"；分布在沙漠边缘地带的沙井文化与洮河流域的辛店文化是平行发展的，它们都是马厂的"后裔"。当黄河中游地区的彩陶文化发展到顶点后，就"派生到古代中国的边缘分成两群。一群到达蒙古沙漠之后，至少接受了三种因素，即青铜器、鬲和彩陶的外来图案，变成了沙井。另一群被迫迁到洮河流域，更多地保持了祖先的彩陶传统，这就是辛店时期"[1]。李水城先生则认为"沙井文化是河西地区东侧的一支土著文化，该文化中有相当一部分文化因素来源于当地的原始文化"，其中偏洞室墓和某些上肢扰乱葬的习俗，均可在河西走廊西段的四坝文化中找到来源；但沙井文化也曾受到北方草原文化的影响，并汲取了他们的若干文化因素；在其晚期阶段，还与渭河上游的某些土著文化有所接触。[2] 水涛先生主张沙井文化是由甘肃中部的洛门至朱家沟组遗存向西进入河西走廊东部发展而

<hr />

① 裴文中：《中国西北甘肃走廊和青海地区的考古调查》，原载《"中研院"地质研究所丛刊》1948 年第 8 号，载《裴文中史前考古学论文集》，北京：文物出版社，1987 年，第 256—273 页。上述观点见该书第 265、272 页。

② 李水城：《沙井文化研究》，载袁行霈主编《国学研究》第二卷，北京：北京大学出版社，1994 年，第 507—508 页。

来的。更多的学者则认为，沙井文化的墓葬中有大量殉牲的牛、马、羊头骨和驴蹄趾骨（其中以羊头骨最多），随葬器物中发现大量的青铜牌饰、绿松石珠、骨珠和骨牌等，其陶器独具风格、自成体系，青铜器形制多与鄂尔多斯青铜器及内蒙古东北、河北、辽宁西部夏家店上层青铜牌饰相似，墓葬形制以竖穴偏洞墓室为特征，这在黄河中上游马家窑文化的半山、马厂阶段和青海柳湾齐家文化墓葬及甘青地区的卡约文化、辛店文化中均有发现，沙井文化的分布地区、文化特征以及延续时间又与月氏在河西的驻牧区域、文化属性和活动时限相符。因此，考古断定沙井文化就是古代月氏的遗存。

沙井文化时期社会经济以畜牧业为主，农业、手工业不占主导地位；遗址中出土了石球、陶球，且墓葬中发现较多的箭镞、箭杆、弓弭，可推测狩猎在当时的经济领域中占有重要地位。另外，墓葬中还发现了谷物和诸如磨棒、磨盘、石臼、石杵等粮食加工工具，这表明沙井文化存在一定的农业基础。在其晚期出现的铲足鬲和少量轮制的泥质灰陶器，则是与渭河上游的某些土著文化接触的结果。此外，墓葬中发现的海贝、串珠等物，则佐证了沙井文化似存在原始商品贸易活动。①

有些学者把沙井文化分为两个时期，以民勤县沙井遗址为代表的前期和以永登县榆树沟遗址为代表的后期。沙井文化中有游牧民族文化的因素，但从总体上看，沙井文化基本上是以定居农耕生活为基调的文化。沙井文化在兼容其他文化因素的同时，也对其邻近地区天山以南的各主要绿洲特别是新疆南部的东部地区如且末、吐鲁番、库尔勒等地的新石器文化产生了影响。②

还有学者认为，沙井文化的居民虽已形成相对稳定的聚落，从事一定规模

---

① 甘肃省文物考古研究所：《永昌三角城与蛤蟆墩沙井文化遗存》，《考古学报》，1990年第2期；蒲朝绂：《试论沙井文化》，《西北史地》，1989年第4期；戴春阳：《月氏文化族属、族源刍议》，《西北史地》，1991年第1期；李永良主编：《河陇文化——连接古代中国与世界的走廊》，香港：商务印书馆（香港）有限公司，1998年，第60页。

② 杨建新、马曼丽主编：《西北民族关系史》，北京：民族出版社，1990年，第26—29页。

的农业生产，种植一定的经济作物并从事狩猎活动，但其生产方式仍然是以畜牧业为主，豢养的牲畜主要有羊、马、牛、驴及骆驼（后两类或为野生）。作为河西东侧的一支本地文化，沙井文化受到北方草原文化的影响并吸取了其中的若干文化因素，最终形成其独具特色的青铜文化。沙井文化居民的主体应是羌戎系统，其聚落一般很小，文化层也很薄，应是季节性居住的营地。永昌三角城遗址面积较小，城内居住址也不多，这说明在同一时期的居住人口有限。因此，沙井文化时期的人们是以小规模的群居方式进行活动的。[①]

不论如何分说，沙井文化中种植业和畜牧业因素并存，且畜牧和狩猎占有更重要的地位。从沙井文化遗址中发现的谷物和农耕生产工具及粮食加工工具来看，沙井文化已有较为发达的农业；该文化遗址中的众多小件铜器又具有浓厚的草原文化气息，随葬品中大量的动物和家畜骨骸及箭、镞等狩猎工具，反映出畜牧和狩猎在当时人们的经济生活中占有重要地位。

由此可见，内容各异、各具特色的史前文化遗存已经遍布河西各地。早在新石器时代，河西先民已在这里生息繁衍。他们用勤劳的双手，创造了发达的石器和青铜文化。这些文化遗存，既具有鲜明的地域特色，又吸收了其他民族的文化因素，在族源、族属上表现出多元民族结构，在生产和生活方式上也是种植业和畜牧业并存，兼有渔猎。由此可见，河西走廊自古就是民族交融的文化走廊。

二、月氏、乌孙和匈奴在河西的活动

自战国至西汉初期，河西的居民主要是月氏、乌孙和匈奴等游牧民族。

（一）月氏、乌孙在河西的活动

月氏、乌孙在河西的活动，最早见于《史记》和《汉书》。《史记·大宛列

---

① 水涛：《甘青地区早期文明兴衰的人地关系》，载《中国西北地区青铜时代考古论集》，北京：科学出版社，2001年，第183页。

传》云："始月氏居敦煌、祁连间，及为匈奴所败，乃远去……其余小众不能去者，保南山羌，号小月氏。"《汉书·西域传》将"始月氏居敦煌、祁连间"改为大月氏"本居敦煌、祁连间"。《汉书·张骞传》载："乌孙王号昆莫。昆莫父难兜靡本与大月氏俱在祁连、敦煌间，小国也。"《后汉书·西羌传》则称："湟中月氏胡，其先大月氏之别也。旧在张掖、酒泉地。"如此，则月氏、乌孙的最初活动地区就在"敦煌、祁连间"。

（二）匈奴的崛起及其与月氏、乌孙的争夺

匈奴是我国古代北方地区的游牧民族，其先祖名淳维，相传为夏后氏之苗裔。匈奴的迅速崛起始于冒顿单于。冒顿在"秦二世元年壬辰岁"继位，即前209年。他"西击走月氏"，使乌孙和月氏战败，但乌孙和月氏均未远徙，仍活动于河西。这在《史记》和《汉书》中均有记载，前元四年（前176年），匈奴冒顿单于写给汉文帝的信中也有所反映。

（三）月氏、乌孙和匈奴在河西的社会生活

河西为"古西戎地"。自战国至秦，河西的居民主要是月氏、乌孙和羌人。匈奴是以畜牧和狩猎为主的游牧民族，以皮革为衣，以畜肉和乳品为食，畜产主要是马、牛、羊，此外还有橐驼（骆驼）、驴、骡等。然匈奴并非完全"毋城郭常处耕田之业"。汉武帝元狩四年（前119年），卫青兵至寘颜山赵信城，就曾"得匈奴积粟食军"；后元元年（前88年），数月连降雨雪，致使匈奴"畜产死，人民疫病，谷稼不熟"。颜师古云："北方早寒，虽不宜禾稷，匈奴中亦种黍穄。"汉昭帝时，匈奴就曾两次"发骑田车师"，欲"穿井筑城，治楼以藏谷"。可见，匈奴人有城郭也从事农业生产，其中位于今武威市城北（稍偏东）32公里的四坝乡三岔村古城即休屠王城，为休屠王之都；位于今武威城西北2公里的三摞城（俗名锁阳城）遗迹即匈奴盖臧城，也是西汉姑臧县城；位于今张掖市西北约15公里的黑水国北古城即匈奴觻得王所居的觻得城，即汉张掖郡治觻得县城；位于汉代敦煌县及其以北方向的西城为乌孙昆莫所居，另一座西城（即位于今张掖市东南80公里的民乐县永固乡八卦营古城）

则为匈奴所居。

匈奴的手工业主要有金属（金银铜铁等）与皮革加工、陶器与木器制作等。在出土的战国至秦汉时期匈奴墓中，发现了大量的铁器、青铜器和金银器，如铁剑、铁矛、铁刀、铁斧、铁镰、铁铧、铁镞、铁鼎、铁釜，青铜制作的刀、锥、凿、斧、镈、镜、剑、镞、铃、饰牌和车马饰等物。1972年在内蒙古自治区杭锦旗阿鲁柴登两座匈奴墓中，出土了218件金器，其中有一套金冠饰品，不仅造型生动优美，而且做工精巧、工艺水平很高。从数量巨大、种类繁多、造型各异、铸工精致的铁器来看，匈奴的冶铁和铸造技术已达到相当高的水平，尤其是用铁铸造箭镞，说明铁制品得到普遍应用，价格也更为便宜。至于匈奴的陶器，不仅种类和产量甚多，而且形制和花纹也甚复杂，质地和款式都很精致，在制作方法上正由手制提高到轮制，在制作技术上也达到了一定的水平。由此可见，在前3世纪以后，匈奴的陶器制造业有可能形成独立的手工业部门。匈奴民族"以穹庐为家室，衣皮蒙毛"，故皮革加工和纺织就成为其生活起居不可或缺的行业。尤其是以"射猎禽兽为生业"，逐水草而迁徙的生活，势必需要大量的箭杆、车辆和穹庐木架，这就决定了木器制作也是其手工业生产的重要方面。在汉代张掖郡北部，有一块"斗入汉地"的匈奴温偶驎王领地，"生奇材木，箭竿鹫羽"。自汉宣帝以来，"匈奴西边诸侯作穹庐及车，皆仰此山材木"。可见这里是匈奴生产生活所需木材的重要来源，也是其木器制作的重要场所。

匈奴的婚姻实行收继婚制。据史载："其俗，父死，妻其后母；兄弟死，皆取其妻妻之。"这种习俗被一直延续下来，就连出嫁匈奴的汉朝公主也要"从其俗"。如汉元帝时出嫁匈奴的王昭君就是典型证例。王昭君最初嫁于呼韩邪单于，被封为宁胡阏氏；但呼韩邪单于死后，其长子雕陶莫皋（即复株累单于）又以王昭君为妻，并生有二女。

月氏、乌孙和羌人也是游牧民族，故被称为"行国"。他们所处的祁连、焉支二山，水草茂美，冬温夏凉，非常适宜畜牧。《西河旧事》载月氏所居祁连山地"山中冬温夏凉，宜牧牛，乳酪浓好。夏泻酪，不用器物，刈草著其上，不散，酥特好。酪一斛酪得升余酥"。《史记·大宛列传》"正义"引康泰《外国传》云："外国称天下有三众：中国为人众，秦为宝众，月氏为马众也。"《通典·边防八》"大月氏"条载，其"国人乘四轮车，或四牛、六牛、八牛挽之，在车大小而已"。又引《玄中记》云："玛瑙出大月氏。又有牛名为日及。今日取其肉，明日疮愈。"又引宋膺《异物志》："月氏国有羊，尾重十斤，割之供食，寻生如故。"清代学者张澍辑《凉州异物志》中也有关于月氏大尾羊、四轮车等的记载。这些都说明月氏人在河西期间，畜牧业非常发达，并且可以制作大车。在永昌三角城等沙井文化遗址的众多墓葬中，几乎每座墓中都有牛、马、羊头骨和驴蹄趾骨随葬，其中以羊头骨最多。

乌孙亦为"行国"，汉武帝时，出嫁乌孙昆莫的细君公主所作《悲愁歌》，对乌孙的生活习俗有生动形象的描述："吾家嫁我兮天一方，远托异国兮乌孙王，穹庐为室兮毡为墙，以肉为食兮酪为浆。"而且，在婚姻习惯上也实行收继婚制。

1980年以来，在酒泉肃北县马鬃山区近4万平方公里区域内的岩石上，陆续发现了数十处战国及秦汉时期的岩画。画面表现形式以剪影式为主，粗线条式次之；内容既有以马、羊、骆驼等为主的动物形象，也有骑者、猎人、牧人、舞者等人物及人面画，还有水井、车辆、房屋、盾牌和图案化符号等；画面题材包括狩猎、放牧、舞蹈等诸多方面。在河西走廊中部永昌县新城子镇赵定庄村南湾西南约1.5公里的牛娃山，也发现了200多幅面积约2平方公里的岩画。岩画内容非常丰富，其题材多为野生动物，间或有群居觅食、与狼搏斗的情景；动物以野羊、绵羊、鹿、牦牛居多，约占全部画面的60%以上；此外，也有少量的单峰骆驼、虎、鸟等；还有为数极少的狩猎和畜牧场面，以及富有时代特征的"井"字造型，以写实的手法反映了当时当地人们的社会生活及其所处的自然环境。有专家认为，牛娃山岩画的创作年代应在春秋战国至秦汉时期，它是由历史上曾在这里活动的西戎和月氏人首创，后来又经匈奴人和汉族人增补而成的。1985年，在甘州区龙渠乡木笼坝村南的平顶山石崖洞穴内，发现了战国时期的7件范铸青铜麋鹿和1件兔首形铜当卢，其中铜当卢的纹饰秉承游牧民族粗犷写意的传统，造型组合精巧，整体简洁而突出细部。这些带有明显游牧文化特征的青铜器，应是月氏人在河西活动时的遗物，在一定程度上反映了战国时期河西地区月氏等游牧民族的生产生活状况。

第二章

山河之固——两汉时期河西人口

西汉时期，汉朝在河西设郡移民，"徙民实边"，先后移入河西的人口不下40万。后经西汉政府经略河西地区，到了西汉末年，河西人口之众，达到了河西人口史上的第一次高峰。

东汉时期，户口隐匿非常严重，故《后汉书·郡国志》所载河西人口数低于实际数量，东汉河西人口的规模与发展的速度都不及西汉。东汉中期以后，政局不稳，直接影响经济发展，人口也较西汉鼎盛时大幅度下降，而且越往后，下降幅度越大。

第一节　两汉时期河西人口变迁

一、西汉河西移民

元狩二年（前121年），浑邪王带领匈奴余部归属西汉，河西地区人口一时变得稀少。于是，汉武帝派张骞招乌孙东还"故浑邪王之地"，但乌孙不肯东还，西汉为了巩固边防，便开始向河西大规模徙民实边。

西汉徙民河西的记载按时间顺序摘录如下：

元狩二年（前121年），《汉书·西域传》载："其后骠骑将军击破匈奴右地，降浑邪、休屠王，遂空其地，始筑令居以西，初置酒泉郡，后稍发徙民充实之。"

元狩五年（前118年），《汉书·武帝纪》载："徙天下奸猾吏民于边。"这个"边"，可能就包括河西。

元鼎六年（前111年），《汉书·武帝纪》载："又遣浮沮将军公孙贺出九原，匈河将军赵破奴出令居，皆二千余里，不见房而还。乃分武威、酒泉地置张掖、敦煌郡，徙民以实之。"

元鼎四年（前113年），《汉书·武帝纪》载："马生渥洼水中。作宝鼎、天马之歌。"颜师古注云："李斐曰'南阳新野有暴利长，当武帝时遭刑，屯田敦煌界。'"

元鼎五年（前112年），《后汉书·西羌传》载："羌乃去湟中，依西海、盐池左右。汉遂因山为寒，河西地空，稍徙人实之。"

元封三年（前108年），《汉书·武帝纪》载："武都氐人反，分徙酒泉郡。"

征和二年（前91年），《汉书·刘屈氂传》载，因"巫蛊狱"，"其随太子发兵，以反法族，吏士劫略者，皆徙敦煌郡"。

宣帝时，《汉书·公孙刘田王杨蔡陈郑传》载，杨恽因罪被免为庶人后，心怀不满，经人告发，杨恽本人以"大逆无道，要斩，妻子徙酒泉郡"。

哀帝时，《资治通鉴·汉纪》载，司隶效解光，骑都尉李寻，因与夏贺良等"反道惑众"，除将夏贺良等处死外，李寻、解光被"减死一等，徙敦煌郡"。

以上有记载的因减刑徒因而移民的次数不少，但无确切的"户""口"数字。

史书有明确数字记载的向河西移民的资料如下：

元狩四年（前119年），移民河西。《汉书·匈奴传》载："是后匈奴远遁、而幕南无王庭。汉度河自朔方以西至令居，往往通渠置田官，吏卒五六万人，稍蚕食，地接匈奴以北。"太初元年（前104年），《史记·平准书》载："初置张掖、酒泉郡，而上郡、朔方、西河、河西开田官，斥塞卒六十万人戍田之。"太初三年（前102年），《史记·大宛列传》载："益发戍甲卒十八万，酒泉、张掖北，置居延、休屠以卫酒泉。"太初时，居延属张掖，休屠属武威，当时以酒泉指代整个河西，即这"十八万"甲卒都到了河西。其后这"十八万"甲卒还带来了大量私从者，包括随后迁来的眷属。

西汉实边的移民，多为劳苦百姓，也有部分罪犯及家属。《汉书·地理志》载，当时所徙的对象"或以关东下贫，或以报怨过当，或以悖逆之道，家属徙焉"。"关东下贫"的绝大多数，应该说是关东流民。《汉书·食货志》载，统治者对流民采取的基本政策就是"驱民而归之农，皆著于本"。徙关东下贫于河西，便是这一政策的具体实施。徙民的实际过程是"驱民"，"皆著于本"的实际是"地著"，即把流民赶往河西后，让他们附着在国家的土地上。这虽给予破产失业的农民基本的生产条件，有利于社会经济的发展，但这种生产的物质条件的提供方式，却以"关东下贫"丧失了原来自耕农的社会地位为代价，人身上进一步依附于国家政权，被国家政权用严密的户籍重新控制起来，连"流"的"自由"也没有了。

另外，所徙移民中，也有很大一部分是戍卒。戍卒是由内地征发至边塞戍守服役的士兵。从居延汉简的记录来看，西北边郡（包括河西）的戍卒，多数来自淮阳（今河南淮阳、太康、柘城、鹿邑、扶沟一带）、昌邑（今山东巨野东南大谢集镇）、魏郡（今河北临漳西南邺镇）、汝南（今河南、安徽一带）等郡国。文献中也屡见"关中卒""东方之戍卒""山东之戎马甲士戍边郡者""关东戍卒"等记载。戍卒的身份也比较复杂，有的是"恶少"，李广利征大宛，《史记·大宛列传》载："发属国六千骑，及郡国恶少年数万人，以往伐宛。"有的是剑客，《汉书·李广苏建传》载："臣所将屯边者，皆荆楚勇士，奇材剑客也。"河西俨然已成为汉朝左迁官吏、发配罪人、驱民著地的重要地区之一。

西汉前期移民河西的措施，其一是为了巩固边防，其二为河西农业开发带来了数量巨大的劳动力。

二、西汉末年河西人口

中国人口的记载最早见于《汉书·地理志》。此志记载了全国 103 个郡国的户口，其中包括河西四郡人口数的记载。《汉书·地理志》记载的最大特点是有"户"与"口"的统计数字。"户"与"口"是人口统计最基本的内容，是我国人口统计的传统基本单位。《汉书·地理志》载，西汉平帝元始二年（2 年）河西人口武威郡户 17581，口 76419；张掖郡户 24352，口 88731；酒泉郡户 18137，口 76726；敦煌郡户 11200，口 38335。四郡共计有户 71270，口 280210。颜师古注："汉之户口，当元始时最为殷盛，故志举之以为数也。"当时各郡面积分别为：武威郡领县 10 个，面积为 83250 平方公里；张掖郡领县 10 个，面积为135500 平方公里；酒泉郡领县 9 个，面积为 58250 平方公里；敦煌郡领县 6 个，面积为 149750 平方公里。四郡领县共 35 个、总面积为 426750 平方公里。据此，求得西汉末年这个"最为殷盛"时期四个郡的人口密度分别为武威郡 0.92人／平方公里、张掖郡 0.65 人／平方公里、酒泉郡 1.32 人／平方公里、敦煌郡0.26 人／平方公里，四郡总密度为 0.66 人／平方公里。

河西四郡在西汉末户口"最为殷盛"之时，户总共 7 万多，人口只有 28 万多，平均每平方公里只有 0.66 人，且仅有酒泉郡人口密度超过 1 人/平方公里，敦煌郡每平方公里仅有 0.26 人。这个人口密度在当时属全国最低，确实是"地广民稀"。相对而言，当时张掖郡的人口最多（88731 人）。因张掖地处黑河流域，地理位置得天独厚，在张掖建郡前，国家已移民屯垦，并发动军民修成从觻得县（今张掖西黑水国一带）向西经乐涫县（今酒泉市境内）流入休屠泽的"千金渠"，因此农业在得到了长足发展的同时，人口也不断增加。

其实，《汉书·地理志》所载河西人口远少于实际人口，因为纳入统计数的主要是纳税征徭人口，而这只是当时人口的一部分。

西汉对河西实行移民的同时，亦开始大兴屯田。屯田是为解决军粮的供给减轻人民馈运负担的一种生产形式。汉代屯田生产具有军事性质，与编户齐民的农业生产不同。一般说，编户齐民的农业生产归郡县乡里行政系统管理，而屯田生产则归国家专设的"田官"系统管理，屯田生产的人员不列入国家户籍，且屯田士卒人数不在少数，这些人员均不包括在普通的民户统计中。

河西屯田开始于汉武帝元狩年间。大致有番和屯田，张掖屯田，居延屯田，敦煌屯田，酒泉屯田，武威屯田，即河西各郡均有屯田生产者。《史记·平准书》："初置张掖、酒泉郡，而上郡、朔方、西河、河西开田官，斥塞卒六十万人戍田之。"《汉书·食货志下》亦有此载，颜师古注："斥塞，广塞令却。初置二郡，故塞更广也。以开田之官，广塞之卒戍而田也。"后来，屯田规模不断扩大，屯田士卒也不断增加。居延是目前所见河西屯田中资料较完备、规模最大的一个屯田区。汉简记载，西汉昭帝始元二年（前 85 年）仅驿马官区修治水渠一次就调用了 1500 名戍田卒。居延简记载："谨案居延始元二年戍田卒千五百人为驿马田官穿泾渠，乃正月己酉淮阳郡。"这足见当时戍田卒人数之众。西汉发往河西的屯田士兵到王莽时期也不曾间断，西汉后期在河西长期保持的戍田卒数量不在少数。数量如此众多的人口没有计入《汉书·地理志》，这是所计河西人口偏少的一个重要原因。

脱籍隐匿人口居多，导致所计河西人口偏少。除了屯田人员，西汉后期河西还存在脱籍的农民与豪强地主隐匿的户口。西汉后期的河西门阀豪族正处于雏形，尚未具备较强的政治势力，虽不能与中原的豪强大族相比拟，但他们拥有数以万计的私家奴婢，同时大量农民为逃避官府赋役而脱籍，依附于豪强地主。这些人口的具体数字不得而知。

西汉后期的河西实际人口，应在《汉书·地理志》统计28万的基础上，再加上戍田卒和其他被隐匿人口。究其人口发展的原因，一是汉朝在设置河西四郡后多次大规模移民；二是从汉武帝到西汉末年的百年间，河西政局稳定，人民安居乐业；三是积极发展农业生产，包括开垦荒地、兴修水利等。这些积极因素促进了河西人口的增长，到西汉末年达到了河西人口发展史上的第一个高峰期，为以后的人口增长奠定了基础。

三、东汉河西人口

《续汉书·郡国志》中记有东汉永和五年（140年）河西四郡二属国的户口数：武威郡14城，户10024，口34226；张掖郡8城，户6552，口26040；酒泉郡9城，户12760，口缺记载；敦煌郡6城，户748，口29170，张掖属国（安帝时从张掖郡内划出去的）户4656，口16952，张掖居延属国，户1560，口4733。

《续汉书·郡国志》记载的河西四郡二属国的户口数极为粗疏。其一，敦煌郡有6城，户仅748，人口却近30000，户均39人，与事实严重不符，更与武威、张掖等户均三四人相差甚远。因此，疑其有误，兰州大学齐陈骏教授认为"七百四十八之'百'字，当为'千'字，按西汉时户与口之比约为1:4，以此计算，东汉（敦煌郡）有口29000余，户应有7000余"。其二，酒泉郡的口数缺载。但按12760的户数计算，应有10000多口。这样，东汉时期河西官方在籍人口有42656户，约120000口以上。

东汉时期，河西120000多在籍人口也非当时实际人口数。东汉时期河西户口隐匿严重，大量人口漏于户籍之外。首先，河西豪强地主隐匿人口。因刘秀在各地豪强地主的支持下建立东汉，故对豪强大族实行恩惠政策。《后汉书·窦融列传》记载："今天下扰乱，未知所归。河西斗绝在羌胡中，不同心戮力则不能自守；权钧力齐，复无以相率。当推一人为大将军，共全五郡，观时变动。"即为更始新立，河西五郡"权钧力齐"，各自为政，"无以相率"的局面下，窦融能以张掖属国都尉之身被推为河西五郡大将军，总领河西，很大程度因其家"累世在河西，知其土俗"，在当地拥有很大的势力和威望，又能"抚结雄杰，怀辑羌虏，甚得其欢心，河西翕然归之"。《后汉书·循吏列传》中记载了建武初，武威太守任延因镇压了"郡之大姓"田氏而"威行境内，吏民累息"，足见当地豪强势力之大。东汉中期以后，河西豪强势力发展很快，形成了以汜、张、段、曹、贾、索、阴、令狐氏等为代表的一批经学传家、累代为显宦的世家大姓。他们广占田产、修筑坞堡，还拥有大量依附人口和私兵部曲，连奴婢的限令也没有。《后汉书·仲长统传》中有记载："豪人之室，连栋数百，膏田满野，奴婢千群，徒附万计。"奴婢更是作为非生产性人口而存在的，很长一段时间没有归入国家户籍。其次，大量其他民族人口未计入户籍。《后汉书·仲长统传》载有仲长统著《昌言》，《损益篇》说东汉人口统计"遗漏既多，又蛮夷戎狄居汉地者尚不在少焉"。《后汉书·西羌传》记载："及骠骑将军霍去病……取河西地，开湟中，于是月氏……与汉人错居……其大种有七，胜兵合九千余人，分在湟中及令居。又数百户在张掖，号曰义从胡。"史料表明，东汉河西实际人口远大于《续汉书·郡国志》所载数字。

东汉官方统计的户口数和西汉末年的记载数字（户71270，口280211）相比，户数下降了近30000，口数下降了120000，户、口均比西汉时下降近三分之一。为此，东汉河西人口不及西汉盛时的观点是可信的。

其一，河西地处边陲，自然条件较差，经济基础薄弱，初置郡县时还是"地空无人"，因此，西汉河西人口的增加主要依托于中央政府经营的规模和力度。到了西汉中后期，随着汉朝的重点经营和大量移民，河西人口得到急速发展；及至东汉，由于政治中心的东移，汉朝的西北边疆政策已由汉武帝以来的主动进取转变为消极退守，经营的规模和力度均不能与西汉同日而语。终东汉之世，减刑徒因于河西开始成为定制，《后汉书·明帝纪》："诏令郡国中都官死罪系囚减死罪一等，勿笞，屯戍朔方及河西各郡，听任其妻子及父母同产随行"，河西主要移民为减刑徒因，已无大规模移民的记载。就屯田而言，东汉前期，因匈奴活动范围在河西以北地区，为保河西边塞安定，屯田规模胜于西汉后期；但自汉和帝永元以后，因河西边塞的战略意义淡化，屯田规模随之缩小，直至罢止。前述，西汉时戍田卒人数占河西总人口的一半以上；伴随东汉河西屯田的缩小和废弃，屯田上的劳动力锐减，不再以正卒中的戍田卒为主，而以减刑因徒为主，包括降羌和编户。由此可见，河西屯田的兴废对当地人口总量的增减影响极大。

其二，东汉河西长期处于不稳定的社会环境之中，严重影响了河西人口的增殖。《汉书·食货志》载，王莽时期中原地带"战斗死亡，缘边四夷所系虏、陷罪、饥疫……而天下户口减半矣"。相比之下，《后汉书·孔奋传》载："时天下大乱而河西独安"，大量人口为避战乱而逃亡河西。《后汉书·列传·窦融列传》载："安定、北地、上郡流入避凶饥者，归之不绝。"《后汉书·马援传》记，建武九年（33 年），光武帝下诏，"于是诏武威太守，令悉还金城客民。归者三千余口，使各反旧邑"。可见新汉之际，河西人口曾有小幅增长。但河西独安的局面并未太久，到汉明帝时，《后汉书·南匈奴传》载："北匈奴……焚烧城邑……河西郡县，城门昼闭。"汉章帝以后，羌族大乱，《后汉书·西羌传》载："诸种及属国卢水胡悉与相应。"《后汉书·何敞传》载："凉州缘边……男子疲于战阵，妻子劳于转运。老弱孤寡，叹息相依。"《后汉书·西羌传》载："边民死者不可胜数，并、凉二州遂至虚耗"。随后，河西的武威、张掖、酒泉等郡成为羌人主要活动区。《后汉书·鲜卑列传》载："灵帝立，幽、并、凉三州缘边诸郡无岁不被鲜卑寇抄……光和元年冬，又寇酒泉，缘边莫不被毒。"不难看出，东汉时期河西政局动荡，人口的耗减相当严重。

其三，自然灾害的影响。据研究，在东汉的 195 年中，有灾之年长达 119

年，甘肃境内有文献记载的就有 12 次。河西自然灾害也较多，如在安帝永初三年（109 年），凉州遭受水灾和雹灾，出现了饥馑。在永和年间凉州又连年发生"旱蝗饥荒"，人弃农桑，疲苦徭役，大量农民逃荒，阻碍了人口发展。

受上述诸多影响，不能把《续汉书·郡国志》所记河西各郡国户口数与西汉元始二年（2 年）户口数进行精准比较，但对两汉时期河西各郡国人口耗减幅度尚有参考价值。这里需要说明，张掖属国和张掖居延属国虽西汉时已存，但到东汉时，据《后汉书·百官五》载："稍有分县、治民比郡"，其设置原则是"分郡离远县置之，如郡差小，置本郡名"。据此，张掖属国和张掖居延属国乃从张掖郡分置当无可疑，故在计算东汉张掖郡户口数时将张掖属国和张掖居延属国也包括在内。

就河西四郡人口下降幅度而言，武威郡最大为 55.07%，敦煌郡最小为 23.91%，呈现出一种自东向西依次递减的趋势。如果考虑到各郡所辖地域范围的变化，则武威郡人口下降幅度更大。因为两汉河西 4 郡除酒泉、敦煌 2 郡辖县数不变外，武威郡和张掖郡（包括张掖 2 属国）辖县城数均由 10 县变为 14 城。其中张掖郡辖区非但没有扩大，反而将原显美县划归武威郡；武威郡辖区除原有 10 县之地外，又新增加了原属张掖郡的显美县和原属安定郡的鹯阴和租厉 2 县；因东汉时武威郡辖区比西汉新增 3 县之地，故两汉相比，武威郡人口下降幅度远不止 55.07%，而张掖郡人口下降幅度则要低于 46.21%。

造成东汉河西人口大幅度下降的原因较多，但处于同一地理单元的河西 4 郡相差悬殊，这主要是因为东汉中期以后社会动荡，破坏了正常的生产生活秩序，影响到人口的发展。武威郡地处河西东部，战乱多发，造成人口耗减严重；其他 3 郡所受影响相对较小，人口降幅逐次递减。由此可见，汉代河西人口的变化，除受中央政府的边疆政策和经营方略的影响外，还与当地社会的稳定与否有极大关系。当政策宽和、吏治清明、社会稳定、阶级矛盾缓和、民族融洽之时，河西各郡就会呈现出民殷物阜、安居乐业之局面；反之，在吏治败坏、民穷财尽、征役无已、烽火不息的动荡之时，再殷富的地区也会民不聊生。

两汉时期，自然灾害频发，也严重影响了人口的发展，尤以东汉为重。以凉州为例，旱灾、病虫害、风灾、地震等自然灾害频发。东汉建武二年（26年）、永元元年（89年）、永初三年（109年）、永初四年（110年）、永和三年（138年）均发生旱灾；西汉始元元年（前86年）、东汉永初元年（107年）、元初二年（115年）均发生风灾，"凉州大风拔树"。东汉建武二十九年（53年），武威蝗虫危害庄稼。

西汉帝后二年（前186年）、东汉汉安元年（142年）至乙未至二年（143年）、汉安二年（143年）至建康元年（144年）、延熹四年（161年）均发生地震。

第二节 两汉时期社会经济发展变化

一、两汉时期河西经济社会的发展

西汉控制河西后，大量内地人口移入河西地区，河西的社会经济结构和文化习俗都发生了巨大变化。两汉时期河西本土涌现出许多"文为儒宗，武为将表"、博通经学、长于文史的人才及"有名于世"的书法家，这推动了当地文化迅速发展，也为该时期丝绸之路的畅通创造了条件，更为魏、晋、十六国时期，尤其是五凉文化的繁荣发展奠定了基础。陈寅恪先生曾言：五凉"文化上续汉、魏、西晋之学风，下开（北）魏、（北）齐、隋、唐之制度，承前启后，继绝扶衰，五百年间延续一脉，然后始知北朝文化系统之中，其由江左发展变迁输入者之外，尚别有汉、魏、西晋之河西遗传"。

（一）两汉时期河西政治经济发展的有利条件

两汉时期河西文化的迅速发展，与河西得天独厚的地理位置、优越的自然条件、发达的农牧业经济、相对安定的社会环境和特殊的人口构成等密切相关。

1.经济繁荣发达

河西的畜牧业一直很发达，《汉书·地理志》所言："地广民稀，水草宜畜牧，故凉州之畜为天下饶。"汉代河西的畜牧业在原有基础上有了进一步的发展。《后汉书·窦融列传》载："及陇蜀平，诏融与五郡太守奏事京师，官属宾客相随，驾乘千余两（"两"通"辆"），马牛羊被野。"可见，东汉初年，河西官员奏事京师，除"官属宾客相随"外，还要"驾乘千余两，马牛羊被野"。尤其是凉州官营牧场的设立，更是促进了养马业的发展。武威雷台汉墓出土的数十件铜马俑或骑马武士俑，也从侧面反映了河西养马业的兴盛。河西除大量养马外，还有牛、羊、驴、骡、骆驼等家畜，这在文献和简牍材料中均有反映。

随着大量人口的移入和屯田的扩大，河西农业也迅速发展，并成为当时占主导地位的经济部门，因而《汉书·地理志》载"风雨时节，谷籴常贱，少盗贼，有和气之应，贤于内郡"，可见当时的百姓安居乐业。在汉魏时期历代经营西域的过程中，都离不开河西强有力的人员、车马、粮食和各种物资支持；甚至在内地发生灾荒时，还曾调运河西屯田积谷以接济。《后汉书·窦融传》载，两汉之际河西已是"晏然富殖""民庶殷富"之区。居延和敦煌汉简中记载的各类农作物品种就有 20 多种，这些记载反映了汉代河西农作物的种植较为普遍。《后汉书·孔奋传》记载汉代在河西为官者，"时天下扰乱，唯河西独安……每居县者，不盈数月，辄致丰积"，虽然讲的是官吏贪腐，但也说明了河西经济发展迅速，已达到一定水平。

河西的商业贸易非常活跃。除本地的民间贸易外，还有大量的"胡商贩客"。《后汉书·西域传》称河西走廊"胡商贩客，日款于塞下"。《后汉书·孔奋列传》载："姑臧称为富邑，通货羌胡，市日四合。"李贤注云："古者为市，一日三合"，"今既人货殷繁，故一日四合也"。《后汉书·南匈奴传》又载，汉章帝时，诏许北匈奴至武威与汉吏人合市，"北单于乃遣大且渠伊莫訾王等，驱牛马万余头来，与汉贾客交易"。位于河西走廊西端的敦煌，因地处丝绸之路咽喉，商业贸易繁荣，南朝人刘昭誉其为"华戎所交一都会"。

2.治理体系趋于完善

一个地区文化的发展，受到经济、政治、地理、交通和社会风尚等诸多因素的制约，而政治因素的影响是最重要、最直接的。河西四郡的相继设置，标志着汉朝封建统治已在河西确立，河西正式纳入了全国地方郡县的统治体系，中央政府的政策法令得以在河西贯彻执行，治理体系趋于完善。"河西民俗质朴，而融等政亦宽和，上下相亲，晏然富殖。"汉武帝以后儒学独尊，儒家思想在河西迅速推广。武威汉墓发现的《仪礼简》《王杖简》记录了朝廷尊老养老、抚慰鳏寡孤独的诏令文书，颁赐给年长之人的鸠杖反映了当时的尊老制度。同时，居延、敦煌汉简中的历谱、医方、日书、《仓颉篇》《急就章》等残篇，都是中央政令在河西实施和儒家文化在河西传播的反映。

3. 社会更加安定

安定的社会环境为河西文化的发展提供了有利条件。西汉中后期，河西基本上保持了安定的局面，《资治通鉴·汉纪》载："北边自宣帝以来，数世不见烟火之警，人民炽盛，牛马布野。"新汉之际，天下大乱，而"河西独安"。《后汉书·窦融列传》载："保塞羌胡皆震服亲附。"外地避凶饥者亦归之不绝，直至东汉初年才出现"河西郡县城门昼闭"的紧张局势，此后摩擦不断，使得西北局势动荡不安，以致经历了"三绝三通"。但相比关中、陇西和西域，河西仍然是相对安定的地方；《后汉书·廉范传》载许多在河西任职的官吏"随俗化导，各得治宜"，《三国志·仓慈传》载："由是民夷翕然称其德惠"，《后汉书·循吏列传》载河西时有"官民并丰，界无奸盗"的安平景象。从以上史料可知，当时的河西动荡较少，社会相对安定。

4. 交通优势显著

河西因位处黄河以西而得名，东连关陇、西通西域、南有祁连、北依北山，形似南北两山夹出的一条狭长的走廊，故称河西走廊。走廊腹地平缓易行，坐落着大大小小的绿洲，分布其间的城镇村庄可为过往行人提供食宿和补给之便。这种得天独厚的地理位置和优越的自然条件，使河西走廊成为连接丝绸之路的交通枢纽，商旅、使者等必经河西走廊。西端的阳关、玉门关，更是往来西域的门户，过往的商旅、使者在此休整集结、补充给养。为了确保丝绸之路的畅通，汉朝修建了纵贯河西的长城烽燧，在主要交通干道沿线设置了很多驿站传舍，为丝路贸易和中西交通的畅通提供了便利的条件。两汉时期，河西经济、社会、文化的发展得益于交通的发达。

5. 人文环境良好

元狩二年（前121年）匈奴浑邪王归降后，其部众被安置于陇西、北地、上郡、五原、西河等五郡塞外，称为"五属国"。为补"故浑邪地空无人"，汉朝乃"稍发徙民充实之"。到西汉末年，河西四郡共有户71370，口280211。这些人口基本上都是从内地迁徙而来的，其中不乏博通经史的饱学之士。内地人口外迁河西，也将内地的先进文化带到了河西。特别是两汉之际，因避乱至河西的官僚士大夫中，有很多就是学有专长、声名显赫的硕学宿儒。《后汉书·杜林传》载，西汉成帝、哀帝间为凉州刺史的扶风茂陵人杜邺之子杜林，受其外祖父张敞和舅父张吉的影响，"少好学沉深""博洽多闻，时称"通儒"。后与弟成及同郡范逡、孟冀等，"将细弱俱客河西"。此外，"以儒学显"的河内怀人蔡茂、能诗会文的冯翊云阳人王隆、"性沉重好古"的班彪等均被窦融委以重任，为窦融出谋划策；通晓儒学的汉室宗亲刘般滞留武威8年之久，建武八年（32年）始东归洛阳。他们的言行思想，直接影响了河西政策确立和文化观念的变革。

东汉统治者深知，"抚接夷狄，以人为本"。故派往河西任职者亦多为饱学之士。如建武初年，武威太守任延学于长安，《后汉书·循吏列传》载"明《诗》《易》《春秋》，显名太学，号为'任神童'"；建武中任太守的廉范，早年曾"诣京师受业，事博士薛汉"；曾为酒泉太守的戴宏更是"以儒学知名东夏"等。他们在任职期间，多恪尽职守，力行教化，促进了汉文化在河西的迅速传播。同时，朝廷的"劳边使者"和过往河西的官吏、内地的商人，也对当地社会风俗、文化理念起到了潜移默化的影响。

（二）两汉时期河西文化发展的主要成就

两汉时期，河西经济的繁荣发展为地区文化事业的进步创造了条件，各类学校的兴办和人才培养都是以经济发展为基础的。河西地区农业生产的发展，是促使这个地区城市发展、商业繁荣、文化发达的根本条件，故在古代河西地区发达的封建经济的基础上，亦建立了高度发达的封建文化。

汉朝管理河西前，河西经济以畜牧业为主。在嘉峪关市西北黑山湖附近发现的30多处石刻画像，研究认为，这些岩画就是羌族、大月氏或匈奴早期的文化遗存。其内容主要是反映游牧、狩猎生活，并无农业生产活动和先进的生产工具和生活用具的展示，这说明当时河西走廊是以畜牧、狩猎为主。

汉武帝元狩二年（前121年），河西归入汉朝版图，中原文化在河西地区日益兴盛。

1. 公私学校逐步兴起

汉代郡国学校的设立始于汉景帝末年的蜀郡太守文翁，此时汉朝尚未控制河西；汉武帝时又令郡国皆立学校，因河西为新得之地，人口稀少，且多为移民，故郡国立学之诏在河西未必能迅速付诸实施。然而，至迟在汉元帝时，郡国置学官之制已在河西推行。在武威磨咀子六号汉墓所出的1枚日忌杂占简中，就有"河平□年四月四日，诸文学弟子出谷五千余斛"的记载。简中的"文学弟子"可能指郡国文学官的弟子，即"学官弟子""学官诸生"。据陈梦家《汉简缀述》所言，该墓主人"当时很可能为专于一经的'礼掾'之类的经师"。陈直先生也认为，简中的"文学弟子"实则为学官弟子，"本简之墓主人深通礼经，应为西汉末年武威郡之文学官"。这足以说明，河西各郡至迟在西汉元帝、成帝之时已有了官学。

居延汉简记载，某部尉史骏因"（毋）皂单衣、毋鞍马、不文史"而受到诘责，骏遂自言其"前为县校弟子，未尝为吏；贫困毋以具皂单衣冠、鞍马"（E.P.T59:58）。敦煌汉简有"建明堂，立辟雍，设学、校、详（庠）、序之官，兴礼、乐以风天下诸生，庶民翕然响应"（D481）的记载。据《汉书·平帝纪》载，元始三年（3年）安汉公王莽奏"车服制度……立官稷及学官。郡、国曰学，县、道、邑、侯国曰校。校、学置经师一人。乡曰庠，聚曰序。序、庠置《孝经》师一人"。本简所记即汉平帝据王莽奏言所下的诏书。可见，西汉末年不仅在河西各郡，而且在郡以下的县、乡也都设有官学。此后王莽当政，政局动荡，大量边民流入内地，河西官学恐亦名实难副。后窦融保据河西，"抚结雄杰，怀辑诸羌"，初步稳定了河西局势。建武初年，据《后汉书·循吏列传》记载，新任武威太守任延"造立校官，自掾吏子孙，皆令诣学受业，复其徭役。章句既通，悉显拔荣进之。郡遂有儒雅之士"。河西官学因此而恢复和发展起来。有"通儒"之称的杜林，曾于河西得漆书《古文尚书》一卷，常宝爱之，虽遭难困，握持不离身。

史书中未见记载汉代河西私学的资料，唯《水经注》"都野泽"条注引王隐《晋书》云，汉末博士敦煌侯瑾"语弟子曰：'凉州城西泉水当竭，有双阙起其上。'"是则侯瑾亦有从学弟子。《后汉书·张奂列传》载，敦煌张奂曾为太守，为官期间常讲授不辍，即使在兵临城下的危急时刻，亦能处变不惊，与弟子讲诵自若。后因党锢之祸而免官归乡里（此时张奂已徙属弘农），闭门不出，养徒千人。《后汉书·李恂列传》又载，安定临泾人李恂，"少习《韩诗》，教授诸生常数百人"，先后任张掖、武威太守等职，"后坐事免、步归乡里，潜居山泽，结草为庐，独与诸生织席自给"。吕思勉先生指出"汉儒居官者，多不废教授"，去官而必教授。由此观之，张奂、李恂在河西任职期间，亦必有教授弟子之举。不难一窥，汉代河西的私学已是盛行。

2. 社会风俗加速变革

元狩二年（前 121 年），浑邪王降汉是河西历史发展的重要转折点。其后，"金城、河西并南山至盐泽，空无匈奴"。汉于是"始筑令居以西，后稍发徙民充实之，分置武威、张掖、敦煌，列四郡，据两关焉"。通过设置郡县、移民实边和大规模的屯垦经营，汉朝封建统治制度和中原先进的农耕生产方式得以在河西推行，汉族的生活方式、风俗习惯也随之在河西迅速传播，河西当地住民开始定居农耕，学习中原文化。到西汉末年，河西已是"酒礼之会，上下通焉，吏民相亲。是以其俗风雨时节，谷籴常贱，少盗贼，有和气之应，贤于内郡"的礼仪之区。

河西社会风俗的变革，在考古材料中也有反映。1959 年以来，先后在武威磨咀子汉墓清理出了《仪礼简》册残本和《王杖十简》《王杖诏书令册简》。其中 1981 年新出《王杖诏书令册简》木简 26 枚，书写时间为西汉成帝元延三年（前 10 年）或其稍后的成帝、哀帝之际，内容包括汉成帝发布的尊敬长老、抚恤鳏寡孤独和赐年长之人王杖及处治吏民殴辱王杖主的诏令。在武威磨咀子

13、18 号墓和旱滩坡汉墓均出土了木鸠杖。这些简牍文书和木鸠杖实物的发现，说明汉代尊老养老、抚恤鳏寡孤独的诏令已在河西贯彻执行，悖逆侮老的荒蛮之性不复存在。

河西边塞对社祠（祭）亦是非常重视。居延和敦煌汉简中有许多社和社祭的记载，正如劳榦先生所论："社之信仰为华夏民族之基本信仰"，"居延虽远处塞上，而社之信仰则已随内地移民而至矣"。居延如此，整个河西也都这样，敦煌汉简中的有关记载可为佐证。

两汉时期，河西还曾涌现出许多贤孝、节烈和忠勇之士。据东晋前秦陇西安阳（今甘肃渭源）人王嘉所撰《拾遗记》载，汉代张掖郡人郅奇"居丧尽礼。所居去墓地百里，每夜行，常有飞鸟衔火夹之，登山济水，号泣不息，未尝以险难为忧……至昭帝，嘉其异孝，表铭其邑曰'孝感乡'，四时祭祀，立庙焉"。可见行礼尽孝不仅仅是个人行为，而是当地的社会风尚了。非但张掖，河西其他地方也莫不如此。《郃阳令曹全碑》云，敦煌曹全"贤孝之性，根生于心。收养季祖母，供事继母，先意承志，存亡之敬，礼无遗阙。是以乡人为之谚曰：'重亲致欢曹景完。'"清代学者朱彝尊称"其孝友之性，尤人所难能也……以此见汉代风俗之厚，其敦孝友若是"。曹全俨然已是敦孝仁厚之士的楷模了。东汉末年酒泉烈女庞娥亲、酒泉杨阿若等均做"孝义"之事感动世人。可见封建的伦理道德和风俗礼仪已完全取代了河西以往的"蛮夷"之俗，成为人们共同遵守和效法的准则。

河西屯田事业的迅速发展和社会文化习俗的巨大变革，加快了河西文化与中原文化的融合，得到了中原士大夫的普遍认同，故在中原动荡之际，河西俨然成为他们避难的首选之地。新汉之际，天下纷扰，窦融"图出河西"，并将河西视为"遗种处"，就是因为"河西殷富""民俗质朴""少盗贼，有和气之应"。

窦融保据河西期间，为政宽和，出现了"上下相亲，晏然富殖"的安定局面。东汉初年，河西已有许多知书达理的"儒雅之士"，朝野上下亦不再将河西视为荒蛮落后的"化外之地"。因此，光武帝时"闭玉门以谢西域之质"的消极退守政策也被一些人誉为"不以介鳞易我衣裳"；汉章帝初年放弃西域，则被称为"不欲疲中国以事夷狄"之举。如果西出阳关还有几分身陷"绝域"、生离死别的悲凉；那么东入玉门则充满了生还故土、幸福重逢的喜悦。在西域生活30多年的班超，于古稀之年请求朝廷准其告老还乡时也说："臣不敢望到酒泉郡，但愿生入玉门关！"

3.各类人才不断涌现

随着公私学校的兴办和社会习俗的变革，河西不仅涌现出了很多治民领军的文官武将，而且造就了一批博通经史之才。

（1）政治人才

据史书记载，汉代河西仕人既有任职地方的郡守令长，也有位居公卿的中央大员。他们大多累世为官，"家世二千石"。如前述敦煌曹全，历任凉州治中、别驾、右扶风槐里令、酒泉福禄长、郃阳令等。任职期间，"存抚高年，抚育鳏寡""惠政之流，甚于置邮"，故"同僚服德，远近惮威"；其家累世为官，高祖父敏、曾祖父述、祖父凤皆为郡国守、相、都尉等二千石之官，其弟曹鸾为永昌太守，其祖父曹凤，建武中为北地太守，"政化尤异……天子嘉之，赐帛百匹，加秩中二千石"。

敦煌广至人盖勋，《后汉书·盖勋传》载，汉灵帝时为汉阳长史、太守，又拜京兆尹。为官"强直不屈""威震京师"。其曾祖父进为汉阳太守，祖父彪为大司农，父思齐官至安定属国都尉，子顺为永阳太守。

敦煌渊泉人张奂，《后汉书·张奂列传》载，其博学通经，文武兼备，曾任安定属国都尉、武威太守、度辽将军，两次出任护匈奴中郎将，以九卿秩督幽、并、凉三州及度辽、乌桓二营；后为少府，再拜大司农，转太常；在任武威太守期间，"平均徭赋，率厉散败，常为诸郡最，河西由是而全"；奂死后，"武威多为立祠，世世不绝"。其父惇曾为汉阳太守；其子猛，建安中为武威太守。

这些"家世二千石"者均为敦煌人。因唐代张掖人赵武孟《河西人物志》《陇右人物传》等书均湮灭无传,故武威、张掖、酒泉三郡人为官者不知其详;但从张澍辑录《续敦煌实录》众多敦煌人物来看,河西其他三郡士人为官者亦不少。

(2)军事人才

河西汉代为边防前沿,《后汉书·窦融列传》载郡县政府多以"修兵马,习战射,明烽燧之警"为要务。《汉书·地理志》云:"保边塞,二千石治之,咸以兵马为务。"《后汉书·陆康传》云:一般百姓每户一人"具弓弩以备不虞,不得行来"。整个社会生活表现出浓厚的军旅色彩,从而铸就了本地的尚武精神,涌现出了许多军事人才。

张奂既是饱读经书的儒者,更是难得的良吏和将才。除其为政治民的业绩外,在领兵安边方面亦卓有成效。他在永寿元年(155年)出任安定属国都尉,正身洁己,威化大行;后迁使匈奴中郎将,战中临危不乱,虽"安坐帷中,与弟子讲诵自若",仍获胜;奂为度辽将军,"数载间,幽、并清静";延熹九年(166年)秋,边塞不安,闻奂至,皆归附,降者二十万口,于是"三州清定"。

姑臧(今武威)人段颎,字纪明,也是一位文武兼备的著名将领。《后汉书·段颎传》载,颎少时"便习弓马,尚游侠,轻财贿,长乃折节好古学"。曾为宪陵园丞、阳陵令,"所在有能政"。段颎"行军仁爱"、身先士卒。史称,段颎"在边十余年,未尝一日蓐寝,与将士同苦,故皆乐为死战"。

《水经注·河水》载:"敦煌索劢,字彦义,有才略。刺史毛奕表行贰师将军,将酒泉、敦煌兵千人,至楼兰屯田……大田三年,积粟百万,威服外国。"其军事才能足以称道。

此外,《续敦煌实录》还记曹宗、索班、索頵等人也曾担任敦煌长史、西域戊己校尉等武职,这在《后汉书·西域传》中也有反映。而"无文不综"的曹全,曾任西域戊部司马,征讨疏勒,"攻城野战,谋若涌泉,威牟诸贲"。

（3）学术人才

《后汉书·张奂列传》载，敦煌人张奂少游三辅，师事太尉朱宠，学《欧阳尚书》，以《牟氏章句》"浮辞繁多"，遂将原文45万言减为9万言，汉桓帝"诏下东观"。奂以贤良对策第一而擢拜议郎。在其晚年，又收徒讲学，著有30多万字的《尚书记难》；另有铭、颂、书、教、诫述、志、对策、章表共24篇。

东汉末年敦煌人侯瑾，字子瑜，以文学见长，其作品除"讥切当时"的《矫世论》和抒发自我情怀的《应宾难》外，其他"杂文数十篇，多亡失"。范晔《后汉书》将其列入《文苑列传》，《隋书·经籍四》《旧唐书·经籍志下》《新唐书·艺文志四》均著录有《侯瑾集》二卷；另据《北堂书钞》《初学记》《艺文类聚》的记载，侯瑾还著有《述志诗》和《筝赋》。虽然流传至今的文学作品太少，但作品流传至宋代，其必然有相当高的文学价值和艺术造诣。侯瑾不仅是文学之士，也是一位史学家。其史学代表作《汉皇德传》共30卷，为编年体，《隋书·经籍志二·史志》《旧唐书·经籍志上》和《新唐书·艺文志二》均有记载。北宋初年编纂《太平御览》时也曾摘引本书，足见价值之高。

（4）书法名家

《后汉书·张奂列传》注引王愔《文志》云，张奂"少持高操，以名臣子勤学，文为儒宗、武为将表"，朝廷屡征不应，号"张有道"。"尤好草书，学崔、杜之法，家之衣帛，必书而后练。临池学书，水为之黑。下笔则为楷则，号匆匆不暇草书，为世所宝，寸纸不遗，韦仲将谓之'草圣'也。"《晋书·卫恒传》亦载。敦煌文书P2005号《沙州都督府图经》有云："张芝墨池，在县东北一里，效谷府东南五十步……于此学书，其池尽墨。书绝世，天下名传。因王羲之《书论》云：'临池学书，池水尽墨，好之绝伦，吾弗及也。'又草书出自张芝，时人谓之圣。"

此外，曾为东汉敦煌太守的京兆长安人赵袭，"与罗晖并以能草见重关西"，加之其个性自负张扬，又"与张芝素相亲善"，故在当时颇有盛名。张怀瓘《书断》将其列入"能品"。

在汉代敦煌悬泉置遗址中，曾发现了两件汉宣帝时书于缣帛之上的书信——《元致子方书》《建致中公夫人帛书》。另外，还发现了四件写在麻质纸上的书札，字体大致为草隶。饶宗颐先生称两件缣帛书信文字"行笔浑圆""古意盎然""笔力劲健……精妙绝伦，信书法之佳品"。另一件纸质书札，虽残存不过 30 字，但其"笔画清晰，瘦朗有力，体势宽博，疏宕匀整"，字体接近楷书，非西汉书体，或在魏时不可知，其"行气疏落，结体安详，峭绝之气，闲雅之容，倜傥朴茂，非晋人所能望其项背，书法价值最高"。

由此可见，汉代时期的敦煌确实是书学盛行、书家辈出。不论是简牍中默默无闻的书者，还是文献记载且颇负盛名的张芝、张昶、索靖、赵袭等人，"皆敦煌地区书家，足为汉晋书法史增入珍贵资料，不可不记……敦煌书学之盛，于此可见，西陲所出简帛纸札书牍，正其见证矣"①。

（5）医学人才

1972 年，在武威旱滩坡汉墓中还发现了一批医简，保存了 30 张比较完整的医方，所列药物约百味。简文内容涉及内科、外科、妇科、五官科等，还有针灸治疗的记录。这些医简大多是当地医疗实践的记录，有些则是从同时代其他医书中抄来的方剂。就其所记各科方剂而言，几乎每一条都列出了方名、病名、症状、药物、药量和炮制方法、用药禁忌及其反应等，方剂的剂型则有汤剂、丸剂、散剂、膏剂、澧剂、滴剂和栓剂等。② 不仅对外感和内伤病已有所区别，而且采用了不同的治疗方法。③ 在制剂方面，已较《五十二医方》有了明显进步。其中的蜜丸至今仍是中医最常见的药物剂型之一。尤其是汤剂，已

---

① 饶宗颐：《由悬泉置汉代纸帛法书名迹谈早期敦煌书家》，载中国文物研究所编《出土文献研究》第四辑，北京：中华书局，1998 年，第 3 页。

② 张延昌：《武威 X 代医间出土后的研究现状》，《甘肃科学学报》，1995 年第 2 期。

③ 刘耀、马开灵：《〈伤寒杂病论〉方药渊源探析》，《山东中医药大学学报》，1997 年第 6 期。

较《五十二医方》有完整明确的方名、药物组成、剂量、炮制、制剂、用药等记载，与现代处方相似。① 在敦煌和居延汉简中也有很多医方和治疗记录，有的还记有药物价格。

汉简所见医方还有很多，但仅此数简即可见当时河西医学之盛。其中既有治疗人们生活中常见疾病的方剂，也有治疗家畜疾病的兽医学处方。在敦煌悬泉汉简中见有"马医"，居延汉简又见"医吏""官医""府医"和"官遣医诊治"的简文。这说明河西边塞的各级屯戍组织中已设有专门的医疗机构，且配备了相应的医疗人员。汉代河西边塞"屯戍吏卒的疾病得到了及时有效的治疗，屯戍组织中的医疗管理，达到了相当高的水平"②。这在客观上也有利于整个河西医疗水平的提高。前述居延、敦煌和武威等地发现的大量药方，特别是武威汉墓发现的《治百病方》表明，不仅内地传统的医学知识已在河西广泛传播和应用，而且河西本地的医学人才也已崭露头角。

（三）两汉时期河西政治经济文化对五凉和隋唐的影响

两汉时期河西政治经济文化取得长足发展，经济繁荣发达、治理体系趋于完善、社会更加安定、交通优势显著、人文环境良好，吸引了很多中原学者到河西传道授业。正是他们的大量涌入，加快了河西文化发展的进程，使河西成为与中原一体同根的文化区域。

丝绸之路的畅通与河西政治、经济、文化的发展互为条件，互相促进。一方面，丝绸之路的畅通，使河西成为东西方文化荟萃和交流融合的中心；另一方面，汉代河西文化的发展，为汉唐间丝绸之路的繁荣奠定了基础。随着汉朝统治在河西的确立，汉族传统文化和儒家思想也迅速传入河西并与当地传统文化融为一体，加上汉朝政府的经营，保证了过往商旅、使者的安全和丝绸之路的畅通。

---

① 赵光树、余国友:《〈武威汉代医简〉与〈五十二病方〉的药物学比较研究》,《中国中药杂志》,2000 年第 11 期。

② 李振宏:《居延汉简与汉代社会》,北京:中华书局,2003 年,第 102 页。

　　汉代河西政治经济文化的发展，也为五凉文化的繁荣奠定了坚实的基础。五凉河西文化的源流，就其地域因素而言，一为"外来避乱之儒英"的教授传播，一为"本土世家之学术"的保存发扬。所谓"本土世家"，即指汉代以来河西本土学者。汉代河西不仅有许多"累世二千石"的官僚士大夫，且其学术代代相传、延续不绝。当东汉末年中原纷乱，京师太学博士传授学业之制名存实亡之时，河西本土世家学术的传承就成了延续"中原章句之儒业"的重要载体。加上"河西独安"的社会环境，吸引了大批"外来避乱之儒英"，促使北方学术文化中心"逐渐向西北转移"，以致"河西地区的文化水平，特别是经学一度超过了中原。以往是中原影响四周，自前凉起，是河西影响中原。魏孝文帝改制时，河西学者参与了许多典章制度的厘定，中原经学的复兴，在一定程度上受到河西文化的影响。正是由于汉代河西本土学术的发展得到了内地学人的认同，为外地"儒英"的大量涌入创造了良好的文化氛围，从而为五凉河西文化的空前繁荣奠定了基础。

第三章

烽火连绵——魏晋时期河西人口

三国时期，河西属曹魏统治。曹魏时期河西人口数字失载，根据相关资料可略作估算。西晋河西人口在《晋书·地理志》中有部分户数记载，但比实际要少。西晋统一后，占田制的推行使战乱后的流民逐渐回到故里。河西地区除流民还乡外，和平环境也使得人口自然增殖。因此，河西人口较东汉末年有较大增长。

第一节　魏晋时期河西人口变迁

一、曹魏时期河西人口

三国时期，河西由曹魏统辖，河西人口资料缺乏。西晋初陈寿撰《三国志》有纪传而无表志，对人口记述过简。杜佑《通典》记有三国末年的户口数，但具体到河西人口也是语焉不详。故曹魏河西人口只能根据部分历史资料推测。

史家说汉末战乱后"天下户口减耗，十裁一在"。陈志《杜畿传》载杜恕疏："今大魏奄有十州之地，而承丧乱之弊，计其户口不如往昔一州之民。"这里的"十州"包括河西凉州，"往昔"指的是东汉，此段话是说曹魏初期人口之少。河西地区战事不断。《三国志·魏书·张既传》载："武威颜俊，张掖和鸾、酒泉黄华、西平麴演等并举郡反，自号将军，更相攻击。"以显美（今甘肃永昌县东）为中心，活动在今武威、张掖一带的卢水胡也乘机起兵，"河西大扰"。社会的不安定，对河西人口发展很不利，河西出现了民夷流散、户口耗损的局面。

曹魏先后平定动乱，积极改进农业生产技术，并在较长时间内采取了安抚、招还流民的措施。如《册府元龟·将帅部·怀抚》载，武威郡太守毋丘兴，实行"内抚吏民，外怀羌胡"的政策。在酒泉黄华、张掖张进等反叛时，他临难无畏，以忠烈之气，说服将校民夷，于是有男女万口，誓死为之效忠。张掖番和骊靬二县"吏民及郡杂胡弃恶诣兴，兴皆安恤，使尽力田"。曹芳嘉平年间，敦煌太守皇甫隆组织民户进行农业生产，《三国志·仓慈传》注引《魏略》记载："初，敦煌不甚晓田……隆到，教作耧犁，又教衍溉，岁终率计，其所省庸力过半，得谷加五。"这样使得其岁大丰收，归附者甚多。曹魏在河西任用的这些为民办事的官吏，对河西农业发展有一定的促进作用。伴随农业的发展，人口逐渐增多。

至于三国曹魏时河西人口的数量，我们可以和毗邻的金城郡（治今甘肃兰州）作为参照，通过比较来推测。《三国志·魏书》载，汉魏之际的战乱，使河西人口锐减，金城郡甚至出现了"户不满五百"的状况。金城郡太守苏则到任后，"内抚凋残，外鸠离散，今（曹魏时）见户千余"，苏则为使更多的流民回乡生产，积极安抚回乡百姓，给他们以优惠政策，史称他"外招怀羌胡，得其牛羊，以养贫老，与民分粮而食，旬月之间，流民皆归，得数千家"。同时苏则非常重视招怀出塞羌胡，因而"归就郡者三千余落，皆恤以威恩，为官效用"。可以看出，此时金城郡的户口比曹魏初至少增长了6倍，也就是说魏时金城郡户数在3000户以上，河西诸郡的情况大致和金城郡相似，也有像苏则那样的好官，也有积极发展经济的事例，人口成倍增长。

东汉顺帝时，金城郡有户3858，到曹魏时户数在3000以上，可以说与东汉顺帝时的户数相当。我们以金城郡户口前后变化来推算河西诸郡人口，那么，河西在东汉时记载有40000多户，约160000口，到曹魏时河西也应接近这个数字。也就是说经过曹魏40多年的苦心经营，河西人口已接近东汉后期的人口数量。

二、西晋河西人口

西晋时，河西相对安定，大批流民还乡，人口稳步发展，史籍上只留有西晋太康年间河西诸郡的户数。《晋书·地理志》云："（凉州）统郡八，县46，户30700[①]。武威郡统县七，户5900；张掖郡县三，户3700；西郡县五，户1900，酒泉郡县九，户4400；敦煌郡县十二，户6300，西海郡[②]，县一，户2500。"河

---

① 这个数字包括金城郡和西平郡。
② 故属张掖，汉献帝兴平二年（195年）武威太守张雅请置。

西六郡总户数为 24700。西晋政权在三国经济发展的基础上，继续采取了一些恢复生产、发展经济、增加人口的措施，河西人口在稳定增长，《晋书·地理志》所记河西户数大有商榷余地。

《晋书·地理志》所载河西户数，其尾数都是取百位成数，显然是粗略估计的数字。记载的户数只是列入州县版籍的数字，西晋沿三国之旧，也有大量不入州县编户人口存在，如荫附户。这些游离于户籍之外的人口，使国家领民与实际户口数相距甚远。西晋时期，世家大族的政治经济势力较汉魏时期有了更大的发展，封建依附关系也进一步加强。西晋统治者继承和发展了三国时期的复客制，实行荫客制，使地主豪强荫附人户成为一种具有正式法律意义的固定化制度。况三国末年，政局动荡，人口流徙，造成了很多无主荒地，也为世家豪族大量兼并土地和隐匿人口提供了有利条件，李剑农先生论及"冒荫之事"已盛行于魏晋时，提出"盖依附私家之部曲、佃客，不列入国家编户者，当数倍已登记之户口也"，据此估计河西的部曲、佃客，很多都没有列入国家编户。除此之外，还有部分官私奴婢、兵户等也没有列入国家编户。

西晋河西人口中汉族人占大宗，《晋书·地理志》记载的是汉族人口。河西除了汉族人，还有大量的其他民族人口存在。鲜卑族进入河西是较早的，史籍将居于此地的鲜卑称为"河西鲜卑"。西晋末年，今山丹燕支山一带，就有鲜卑思磐部三千，除此之外，武威、合黎山、北大山一带也有大量鲜卑部落。匈奴族在西晋时也大量生活于河西，《后汉书》《三国志》《晋书》《魏书》称河西匈奴为卢水胡，《后汉书·窦融·窦固传》记载，永平十六年（73 年）"（窦）固与（耿）忠率酒泉、敦煌、张掖甲卒及卢水胡二千骑出酒泉塞"。由此可知，卢水胡很早就居住在河西，而《三国志·魏书·张既传》记载此时卢水胡居于显美附近。至晋代，卢水胡集中居于张掖郡的临松山。凉州原是屠各（休屠）居地，汉武帝时迁走了大部分，曹魏时又迁走一批，到晋时，凉州仍存，姑臧城至少有数千人。

西晋末年的敦煌、姑臧还有成千的粟特人。书写于 312 年至 313 年间的

《粟特语古信札》说："有 100 名来自撒马儿罕的粟特贵族现居黎阳①在□城有 42 人……"学者亨宁据此推断，当时在敦煌附近居住的粟特贵族及他们的家眷及奴仆，可达千人左右。另据陈国灿先生的研究，姑臧有可能是粟特商队的大本营，姑臧位于河西地区中东部，作为武威郡的治所，自古即为西北进入关中和中原地区的门户所在，也是河西地区一处重要的商业贸易枢纽，作为商业民族的粟特人，他们在姑臧的人口至少在千人以上。汉以后，粟特人被称为康居或康国人，河西的粟特人口数量多，还可从后来迁出河西的人数中推出。《梁书·康绚传》记载："其先出自康居，初，汉置都护，尽臣西域，康居亦遣侍子待诏于河西，因留为黔首，其后即以康为姓。晋时陇右乱，康氏迁于蓝田。绚曾祖因为苻坚太子詹事，生穆……宋永初中，穆举乡族三千余家，入襄阳之岘南。"康氏经过多次动荡和迁徙还能有乡族 3000 多家，可见定居于河西的粟特人数量是相当可观的。

在西晋短暂的 52 年中，河西地区经济发展，社会相对安定，人口处于增长态势，只是《晋书·地理志》所记的人口不全。综合分析，西晋河西人口应是各民族人口、荫附人口、奴婢和士兵人数的总和。东晋人口未有明确的史料记载，故略。

同时，自然灾害也使得人口减少，尤以东晋为重。

以凉州为例，旱灾：

西晋武帝泰始六年（270 年）夏五月，凉州旱，民饥。

东晋哀帝兴宁三年（365 年），凉州春旱至夏。

东晋废帝太和元年（366 年）夏，武威大旱。

东晋废帝太和四年（369 年），凉州春旱至夏，禾稼枯槁。

东晋孝武帝太元十二年（387 年），昌松郡（今古浪县境内）大旱。

---

① Srying，林梅村译作"泥阳"，日本学者译作"敦煌"。

东晋孝武帝太元二十年（395年），武威旱甚，野无青草。

东晋安帝隆安三年（399年）冬，姑臧旱，饥荒，谷价踊贵，斗值钱五千文。

东晋安帝隆安五年（401年），姑臧因旱致灾。

东晋安帝义熙元年（405年），姑臧以旱过甚，饥荒，谷价万钱，野无青草。

水灾：

东晋元帝大兴三年（320年）夏六月，凉州大水。

风灾：

东晋穆帝永和七年（351年）春三月己卯，凉州大风拔木，黄雾下尘，伤亡人畜甚多。

霜冻：

东晋穆帝永和十年（354年）五月，凉州大雪有霜，损坏禾稼、果实。

病虫害：

西晋惠帝永宁元年（301年）秋七月，姑臧县螟，显美县蝗。

地震：

晋武帝咸宁四年（278年）六月丁未，广武（含天祝）地震，甲子又震。

晋惠帝元康五年（295年）六月，金城郡（含天祝）地震。

东晋穆帝升平四年（360年）八月，凉州地震。

东晋穆帝升平五年（361年）八月，凉州地震。

东晋哀帝隆和元年（362年）夏四月丁丑，凉州地震。

东晋废帝太和元年（366年）二月，西平、凉州地震，水涌。四月，西平、凉州地震，山崩水泉涌出。

东晋简文帝咸安二年（372年）秋七月甲午，凉州地震，山崩。

东晋孝武帝宁康二年（374年）七月甲午，凉州地震，山崩水泉涌出。

第二节　魏晋时期社会经济发展变化

一、魏晋时期政治经济发展

（一）稳定的政治环境

魏晋时期，中原地区政治动荡，社会秩序混乱，而河西地区的政治环境却很稳定。西晋永宁元年（301年），汉族大姓张轨被封为凉州刺史，成为河西地区的实际统治者。在张轨的治理下，河西地区受到的冲击较小，司马迁在《资治通鉴》中写道："永嘉之乱，中州之人避地河西。张氏礼而用之，子孙相承，衣冠不坠。"因此，饱受战争之苦的中原人大规模地迁入河西地区，深刻改变了河西地区的人口结构。

（二）促进了经济的发展

受地理位置的影响，河西地区的开发程度落后于中原地区，魏晋时期移民的大量涌入促进了河西地区的经济发展。首先，中原人口大量迁入带来了先进的农耕文化，推动了河西地区生产结构的转变。其次，粟特商人群体的迁入促进了河西地区的商业发展，推动了各地区的商品贸易，也为河西地区的经济发展做出了重要贡献。

（三）促进了文化的繁荣

随着大量中原人口，尤其是世家大族迁入河西，河西地区的文教之风兴起，区域文化也得到了很大发展。陈寅恪先生对河西地区的文化发展给予了高度评价："上续汉、魏、西晋之学风，下开（北）魏、（北）齐、隋唐之制度。"

（四）促进了民族的交流

河西地区为多民族融合地区，各民族在河西地区的共同发展中相互交往，为中华民族的形成奠定了历史基础。魏晋时期是河西地区各民族交流融合的时期。从汉族人张轨建立前凉到鲜卑族秃发乌孤建立南凉，民族政策具有了延续性，在此期间，河西地区并未发生大规模战争。

二、魏晋时期文化发展

西晋后，河西文化仍稳步发展。需特别指出的是，由于当时中国北方其他地区文化的普遍衰歇，河西文化的这种稳步进展，便显得尤为突出。

（一）河西地区人才辈出

1.政治人才

敦煌人张恭为郡功曹，"素有学行"。因太守卒官，又无郡丞，而张恭"恩信甚著"，遂被推举行长史事。在"河右扰乱，隔绝不通"的不利形势下，张恭"率厉敦煌，忠义显然"，深得朝廷褒奖。黄初二年（221年）赐爵关内侯，拜西域戊己校尉。其子张就后为金城太守，"父子著称于西州"。

酒泉表氏人庞淯，字子异，为庞娥亲之子。东汉末年历任凉州从事、守破羌长、酒泉郡主簿，魏文帝时被拜为驸马骑都尉，迁西海太守，赐爵关内侯。淯死后，其子曾嗣爵。

2.谋略之士

贾诩，字文和，少时深得汉阳阎忠器重，认为其有张良、陈平之才。但阎忠本人仅官居县令，地位不显，故为其所赏识的贾诩也并不引人注目。贾诩先后在董卓及其婿牛辅军中任职。《后汉书·董卓列传》注引《魏志》曰："卓之入洛阳，诩以太尉掾为平津尉，迁讨虏校尉。"董卓败亡后，诸将如李傕、郭汜、张济等欲各归乡里，贾诩分析形势后，提出了西攻长安的建议，初步显示出其与众不同的谋略，李傕等乃拜贾诩为尚书，"典选举，多所匡济"。后又投奔南阳张绣，促其以败卒击胜兵，竟"以胜还"，令张绣佩服不已。随之又建议张绣拒袁（绍）而附曹（操），更使曹操大喜过望，称贾诩是令其"信重于天下者"。曹操败袁绍，定河北，皆依诩计而行；接着又破韩遂、马超，亦"诩本谋也"。事实证明，贾诩对许多重大决策的分析和建议，都是正确的。而他本人又能"阖门自守，退无私交，男女嫁娶，不结高门"，故深得曹操、曹丕父子信任，并被曹丕拜为太尉。曹丕曾踌躇满志地问贾诩曰："吾欲伐不从命以一天下，吴、蜀何先？"就当时魏、蜀、吴三方形势论，曹魏虽然地域辽阔、兵多将广，但并不能迅速消灭对方。尤其是吴、蜀利用各自的地理优势，又相互为援，攻虽不足，守则有余。贾诩清醒地认识到曹魏"虽以天威临之"，亦无必胜的把握。因此他建议"宜先文后武"以"俟其变"。应该说，贾诩的分析还是符合实际的，颇似诸葛亮的"隆中对策"。不料，此次贾诩之见未如魏文帝所意，不纳其言，致魏文帝"后兴江陵之役，士卒多死"。故陈寿在《三国志·魏书·荀彧荀攸贾诩传》中，不仅将贾诩与荀彧、荀攸并列合编为一传，而且称"荀攸、贾诩，庶乎算无遗策，经达权变，其良、平之亚欤"。

3. 军事人才

郭汜，与李傕、张济并为董卓女婿牛辅部将。董卓、牛辅败亡后，郭汜是凉州军事集团中仅次于李傕的首领。

段煨，东汉末年曾为董卓所部将军，并为董卓所倚重。兴平二年（195年），段煨以诛讨李傕有功，被授予安南将军、封闅乡侯。建安十四年（209年）卒官。

4. 学术人才

据《三国志·王肃传》载，曹魏初年，敦煌周生烈曾"历注经传，颇传于世"，是名冠当时的学者。裴松之注云，其人复姓周生，名烈。"何晏《论语集解》有（周生）烈《义例》，余所著述，见晋武帝《中经簿》。"陆德明《经典释文》云："周生烈，敦煌人。《七录》云：'字文逸，本姓唐，魏博士，侍中。'"又云："征士敦煌周生烈，注解《左氏传》。"周生烈所注经传，"颇传于世"，《隋书·经籍三》载，有"《周生子要论》一卷，录一卷，魏侍中周生烈撰，亡"。足见其经学造诣颇深，其著作当不止《论语义例》《左氏传注》两部。因此，东汉中期以后，敦煌地区文化水平的提高是非常显著的，其家族文化已赶上中原文化的发展步伐。魏晋时期，敦煌地区涌现了一批大学者，其学术造诣足可抗衡中原，影响中原。

河西大文学家是被称作西晋"才艺绝人"的敦煌人索靖，据《晋书·索靖传》：靖"累世官族"，"少有逸群之量，与乡人汜衷、张屺、索轸、索永俱诣太学，驰名海内，号称'敦煌五龙'"。其"四龙"早亡，"唯靖该博经史，兼通内纬"。靖善草书，与河东卫瓘齐名而出其右，所作《草书状》，《晋书》全部收录；又著《五行三统正验论》，辨理阴阳气运；撰《索于》《晋诗》各20卷。靖有五子：鳗、绻、场、聿、绀，皆举秀才。又靖不独"才艺绝人"，亦精武略，靖少子，更以武略而致显宦。如索靖这样的人物，没有一定的文化环境与长期的文化积累是难以出现的，"累世官族"正说明了这样的文化积累；而敦煌"五龙"俱诣太学、游学京师，也体现了敦煌一域良好的尚学风尚。

5.书法人才

韦诞，字仲将，是曹魏时期书法名家，有文才，诸书并善。太和中诞为武都太守，以能书留补侍中。魏氏宝器铭题，皆诞书。诞善草书，又善楷书。并作剪刀篆，亦曰金错书，其飞白入妙。尤精题署，南宫既建，明帝令诞以古篆书之。凌云台初成，舍诞题榜，误先钉榜而未题。以笼盛诞，使就榜书之。榜去地二十五丈，因致危惧，头须皆白。乃掷其笔，比下焚之，戒子孙绝此楷法，著之家令。韦诞亦善制墨，与张芝笔、左伯纸并称"三绝"。韦诞兄康，字元将，工书。子熊，字少季，亦善书。时人云"名父之子"。

（二）魏晋壁画见证繁荣一派

河西地区清理发掘魏晋墓时，嘉峪关第一、三、四、五、六、七、十二、十三号墓都有壁画，被称为壁画墓。这八座壁画墓根据墓葬形制、出土文物、壁画内容推断，上限起于魏晋，下限迄于十六国，墓主人是郡县一级文武官吏和地方豪绅。酒泉丁家闸壁画上面没有兵戎场面，而是庄园林立，农牧林桑兴旺，五谷丰登，一派祥和的景象。根据壁画所反映出的情况，结合史籍记载，推断墓主人或系原西凉迁治酒泉后某个世族大姓中的高级官僚。魏晋壁画墓直接反映了当时的社会生活，是十分难得的。凡墓室壁画，不外乎画天、地、人界几个层次。嘉峪关魏晋壁画墓中关于天、地、人界的虚幻神话故事的壁画数量很少，仅见于一些造型砖。大多数是以表现人界即人世间真实生活为主的壁画砖。这些壁画砖展现了墓主人所生活时代的社会现实生活，具有强烈的时代气息。

该墓中的绢帛图和丝束图数量甚多，这应该与墓中随葬财富钱币的意义相同。因为在东汉末年，经济衰败，货币混乱，绢帛逐渐有取代货币之势，曹操首先在建安九年（204 年）明令将汉代的人口算赋，更赋为户出绢二匹、棉二斤，确立了户调制。到了魏黄初二年（221 年），明令罢五铢钱，以谷帛相交易，绢帛便兼有货币的职能。而当时河西地区，自西晋一代，就不用钱币，代以绢帛。由此可见，墓中所绘之"绢帛""丝束"并非一般装饰性的图案，而是作为财富的象征随葬于墓中。因此，绢帛图和丝束图也在一定程度上反映出该时期河西民众的社会生活信息。

魏晋壁画墓反映了当时河西地区的经济经济发展状况。"墓主人在这里沉睡了很久。墓主人渴望死后依然过生前奢华的生活，因而墓室构建中有庭院、卧室。墓室中井然有序地摆放着许多陶制用具。壁上也画满歌舞升平、车马出行以及挂满鸡鸭鱼肉的庖厨等场景。"这是对统治阶级上层生活的描述，但也反映了当时河西地区经济的发展状况。壁画中呈现了世家大族居住的高墙围绕的坞壁，这种坞壁反映了当时阶级矛盾的尖锐程度。从进食图、乐宴图、农耕图以及放牧图中可以看出，当时强化封建的人身依附关系，坞主占有大片土地，役使着成千上万的部曲和贫困的族人、佃客、宾客和奴婢；畜养有成群的牛、马、羊等牲畜，房前筑有场圃，屋后有果木园林，仓库里堆满了粮食、绢帛和珍宝；在良朋嘉宾到来的时候则款以佳肴美酒，还有舞姬为他们歌舞。他们的生活奢侈至极，死后还进行厚葬。

（三）魏晋时期儒学盛行

在魏晋时期，由于统治者的倡导和推崇，传统儒学在河西地区得以传播。加之，河西大姓家族为使家族不衰或者再次崛起，士族子弟学习经术，以经致仕，东汉儒学世族的基本特征得以延续，河西著姓及其著姓中的家学（即儒学）也随着河西经济共同兴起。

在两晋之际涌入河西的流民之中，亦有许多有家世之学的名门望族和知识分子被卷入。故而《资治通鉴》说："永嘉之乱，中州之人士避地河西，张氏礼而用之，子孙相承，故凉州号为多士。"陈寅恪先生在《隋唐制度渊源述论稿》所云："盖张氏领凉州之后，河西秩序安定，经济丰饶，既为中州人避难之地，复是流民迁徙之区，百余年间纷争扰攘固所不免，但较之河北、山东屡经大乱者，略胜一筹。故托命河西之士庶犹可以喘息长子孙，而世族学者自得保身传代以延其家也。"在文化上，河西地区努力发展教育，重视对人才的培养，并把强化儒学思想视为发展教育、培养人才的主要手段。

第四章

一隅偏安——五凉、北朝时期河西人口

十六国时期，在河西有前凉、后凉、西凉、南凉、北凉五个政权，史称"五凉"。五凉的地域范围都超出了河西，本书只论河西范围内的人口。前凉政权重视发展生产，安抚流民，河西一时成为中州人士避难之所，大批中原流亡的汉族人民在此安居乐业。在此条件下，前凉的人口增长率提高，人口迅速增加。前凉盛时在河西的人口较多，后凉、西凉、南凉则人口减少，北凉时河西人口又略有增长。这时期人口变化大，主要是因为政局不稳。北魏灭北凉后，徙走凉州三万户，后又徙张掖几千户，河西人口变得稀少。西魏、北周时河西人口没有较大的增长，可统计者只有十几万。

第一节　五凉、北朝时期河西人口变迁

一、五凉时期河西人口

十六国时期中州动荡，河西由前凉、后凉、西凉、南凉、北凉统治，故称"五凉"时期。政治上的频繁改旗易帜，使得政局跌宕、户口数目进一步减少。河西因政局复杂多变，民众四处迁移，人口流动快、流量大，故五凉时期河西人口时增时减。

（一）前凉河西人口

西晋末年，先后发生了"八王之乱"和"永嘉之乱"，造成全国各地饥荒交加，民不聊生。河西经张轨治理，成为"士马强盛""刑清国富"的地方，当时有"天下方乱，避难之国唯凉土耳"的说法。前凉时河西吸收了中原避难民众，人口数量有所增加。

中原人口向河西地区的流入，贯穿前凉始终。永嘉五年（311年）洛阳陷落，"中州避难来者，日月相继"，为此，将关陇流民移到姑臧（今武威凉州区）西北，设立武兴郡（今武威凉州区西北），又分西平郡地置晋兴郡（今青海省民和县川口镇史纳一带），以供流民居住，可见移民数量之多。当时黄河中下游战乱，余者纷纷南逃，形成了中国历史上规模较大的一次人口迁移。永嘉年间，长安民谣云："秦川中，血没腕、唯有凉州倚柱观。"《资治通鉴》和《谣谶里的五凉》均有记载。处于水深火热中的官僚、平民抱着对生活的美好希望来到河西这片美丽富饶的土地。

张寔（张轨之子）时期，秦州（今甘肃天水）为晋室南阳王司马保所据，保死后，仅太兴三年（320年）一次"其众散奔凉州万余人"。《十六国春秋》有记，咸和初年（326年），张骏（张轨之孙）为刘曜所逼，曾"使将军宋辑、魏篡将兵徙陇西南安人二千余家于姑臧"。这也是前凉时迁秦州人到河西的记录。《晋书·张寔传》载,张寔平定麹儒后,亦"徙元恶六百余家"。虽未言明徙于何地,但按惯例推断,这六百多家应由从西平迁往姑臧。

前凉时期的河西地区,大批知识分子和名门大户也迁往河西。程骏,祖籍广平曲安(今河北南部),六世祖程良是西晋的都水使者,因获罪被发配到凉州。江强,祖籍陈留济阳(今河南兰考东北),曾祖江琼是一位古文字学者,永嘉大乱时,弃官西奔张轨,子孙居凉州,世传家业。《资治通鉴》曰:"凉州自张氏以来,号为多士。"这些富豪之家的到来,大大充实了前凉人口。由此可见,前凉张氏统治河西,人口大增,这是政治、军事影响的结果。

有学者指出,前凉控制区约有200000户,1000000口。[①]那前凉河西究竟有多少人口呢?因前凉控制区域一度达到葱岭,且向南发展越过黄河,大大超出了河西。具体到河西地区人口,只能结合在河西的郡县人口做一估计。《晋书》载,376年,前秦攻灭前凉,曾徙姑臧"豪右七千余户于关中"。姑臧是前凉的政治、经济、文化中心,人口较为密集,时称"古今一都会"。武威郡包含姑臧,整个武威郡有多少人口呢?据研究,前凉早期的武威人口大约有70000—80000人。其中西晋末年原居住29000人,中原迁移来的人口10000—20000,接收鲜卑军卒30000多人。经过前凉中后期60年的繁衍生息,至前凉终,武威人口大概有150000。前凉河西有八郡,分别是武威郡、敦煌郡、晋昌郡、酒泉郡、张掖郡、西郡、西海郡、武兴郡,其中以武威郡最大,人口也最多。

前凉军队数量约有100000。吕超说,"天锡承七世之资,树恩百载,武旅十万",这并非夸大之词。《晋书·张轨传》记有前凉出兵攻打刘曜的兵力:"今遣前锋督护宋配步骑二万,径至长安,翼卫乘舆,折冲左右,西中郎寔中军三万,武威太守张琠胡骑二万,骆驿继发,仲秋中旬会于临晋。"可以看出,

---

① 高敏:《晋南北朝经济史(上)》,上海:上海人民出版社,1996年。

张轨此次调遣了70000精兵。西晋灭亡张骏建立政权前夕，曾遣使通东晋，说要出步骑70000，听命于朝廷进兵中原，这足以说明其总兵力必超于此。这些士兵大多来源于河西各家且多居于河西，这都是前凉张氏政权长期在河西收纳流民、励精图治的结果。

（二）后凉河西人口

前秦苻坚灭前凉后，要开拓西域。《晋书·吕光载记》所记，苻坚于383年命吕光"总兵七万，铁骑五千，以伐西域"。可是当吕光完成使命回来时，前秦大势已去，于是他占领凉州，以姑臧为都城建立了政权，史称后凉。吕光的75000士兵就成了后凉在河西的重要兵力，后凉政权统治河西只有18年，常以75000士兵侵扰周边地区，且不注重农业发展，致使灾荒连年，河西人口损失严重。

吕光称凉州牧的第二年（386年），王穆袭据酒泉，自称大将军、凉州牧。接着，张掖太守彭晃亦反叛吕光，"东结康宁，西通王穆"。农业生产遭到破坏，凉州粮食非常紧张。吕光时，后凉人口减少。吕氏统治残暴，姑臧饥馑达到空前规模，人口继续减少。

后凉连年与邻国交战，边境摩擦，亡者也多，人口大量减少，使得后凉政权摇摇欲坠。正如胡三省在《资治通鉴》的注中所说："吕光新得河西，党叛于内，敌攻于外，虽数战数胜，而根本不固，宜不足以贻子孙也。"后凉末年如《晋书》所载："连兵积岁，资储内尽，强寇外逼，百姓嗷然，无糊口之寄。"王仲荦先生指出，吕光之所以能够称霸河西，主要依靠75000士兵。这支军队以氐人为骨干，但河西地区原来不是氐人居住的地区，吕光要扩充他的军事力量，必然受到限制。后凉经常与周围的部落贵族产生冲突。这样，军事力量也逐渐被削弱了，经过十多年时间，后凉积弱不振。后秦姚硕德攻掠后凉时，后凉国土除姑臧外，仅余仓松（今永昌县西）、番禾两郡而已。姑臧被围，城内大乱，姚硕德"徙河西豪右万余户于长安"。元兴二年（403年）后凉亡国，吕隆率户10000随齐难（后秦大将）东迁长安。《资治通鉴》记载了后秦"徙隆宗族，僚属及民万户于长安"。

（三）西凉人口

西凉是陇西狄道人李暠在河西西部建立的政权。西凉在河西的人口主要分布于敦煌和酒泉地区。敦煌自汉代以来就是丝绸之路的要冲，中西文化的交会处，经济繁荣，人口兴盛。汉代敦煌郡领六县，扼两关（玉门、阳关），拥有近 40000 人口。[1] 晋代在籍 6300 户，约 25000 口，在前凉统治的 76 年里，河西安定，敦煌人口有增无减。前秦灭前凉后，取得河西，虽然迁徙河西姑臧"豪右七千余户于关中"，但是敦煌人口并没有损耗，相反，前秦还将东南所掠得人户迁往敦煌等地。《十六国史新编·五凉史》记载，符坚于建元末年"徙江汉之人万余户于敦煌，中州之人有田畴不辟者，亦徙七千余户"。《晋书·凉武昭王李玄盛传》载，吕光麟嘉七年（395 年）后凉内乱，"郭馨之寇武威，武威、张掖以东人西奔敦煌、晋昌者数千户，及玄盛（李暠）东迁，皆徙之于酒泉"，这使敦煌至少增加了 20000 户。西晋时敦煌人口过 40000，加上前秦迁来的人口，前秦统治时敦煌人口可观。建立西凉政权并以敦煌为都城是敦煌人口稳定增长的原因之一。

敦煌作为当时河西的人口大郡，为西凉政权的巩固起了很重要的作用。后来，李暠为抵御东面强大的北凉，带着人户，迁都酒泉，敦煌的人口就大大减少了，但西凉的人口并未减少。

李暠迁都酒泉，从敦煌带来了不少人口。根据李暠在酒泉设郡安置流民的数目可以推算具体人口数量。《晋书·凉武昭王李玄盛传》载："及暠东迁，皆徙之于酒泉，分南人五千户置会稽郡，中州人五千户置广夏郡，余万三千户，分置武威、武兴、张掖三郡。"此次安置流民 23000 户，随同李暠迁出的敦煌人户达 23000 户。酒泉成为河西西部人口较密集的一郡。

---

① 段文杰：《十六国北朝时期的敦煌艺术》，载《敦煌研究文集》，兰州：甘肃人民出版社，1982 年。

西凉统治者注重农业发展，屯田积粮，人民安居乐业。史载："（北凉）沮渠蒙逊来侵，至于建康掠三千余户而归，玄盛大怒，率骑追之，及于弥安，大败之，尽收所掠之户。"

（四）南凉河西人口

南凉是鲜卑秃发氏在廉川堡（今青海省民和县西北）建立的政权。

《晋书·秃发利鹿孤载记》记载，南凉太初三年（399年），西秦乞伏乾归被后秦击败，带着很多人投奔南凉，秃发利鹿孤把他们安置于晋兴。建和元年（400年）吕纂来攻，掠8000余户而归。同年，后凉广武太守吕方投降后秦，广武民无主，有3000余户投奔南凉秃发利鹿孤。南凉建和二年（401年），秃发利鹿孤以大兵攻后凉昌松，徙2000户而还。同年，南凉掠迁北凉万岁临松民6000余户，后蒙逊许以子挈为质，秃发利鹿孤还其所掠。南凉建和三年（402年），北凉沮梁蒙逊大兴讨伐后凉，后凉吕隆无力抵抗，向南凉借兵。秃发傉檀率领10000人赴姑臧救援，后徙凉泽段家（汉时休屠泽）500多家而归。同年，南凉掠迁魏安焦朗部民，徙其民于乐都。以上这些人口都是南凉从河西迁到青海境内的，成为南凉兵力的主要来源。

南凉弘昌五年（406年）十一月，秃发傉檀迁都姑臧，将西平、湟河的30000多户羌人迁到武兴、番禾、武威、昌松四郡。

南凉弘昌六年（407年），秃发傉檀与大夏王赫连勃勃在阳武（今甘肃靖远县）发生了冲突，南凉人口损失惨重。勃勃率骑两万讨伐南凉，自杨非（今甘肃永登县西）至枝阳（今兰州西北）300余里间，驱掠27000口，牛羊数100000而还。第二年，秃发傉檀亦败，南凉从此走向衰落。

南凉好战，给河西人口发展造成很大破坏。《十六国春秋别传·南凉录》载，南凉末年，"连年不收，上下饥弊，南逼炽盘，北迫蒙逊，百姓骚动，下不安业"。多年冲突，造成河西居民食无定地，眠无定处，被迫流离失所。

（五）北凉河西人口

北凉是沮渠蒙逊建立的，都城先在张掖，后迁到姑臧（今武威）。在北凉政权建立的同时，河西境内出现"四凉"并立的局面，北凉人口多于其他"三凉"人口。

《晋书》记载，北凉先后与西凉、南凉、鲜卑、西秦等交战，所掠邻国人口不下 20000 户，这些人口大部分是在河西区域内迁移，并未外迁。但是在北凉与西秦的冲突中，北凉人口多次被西秦掠夺。《资治通鉴》载，玄始十三年（424 年）西秦太子暮末攻白草岭、临松郡，徙民 20000 余口而还。次年西秦又派大将叱卢犍袭击临松，掠走百姓 5000 多户，迁于抱罕（今临夏回族自治州）。

北凉后期，与北魏交战，人口损失惨重。北魏太延五年（439 年），北魏拓拔焘攻占北凉都城姑臧，徙"凉州民三万余家于京师"。《资治通鉴》载："徙牧犍及宗室民十万户于平城。"《十六国春秋辑补·南凉录》亦作"十万户"，《魏书》比《资治通鉴》的记载可能更符合实际，《魏书》记载的徙"凉州民三万余家于京师"就更可信了。北凉灭亡，北魏"收其城内户口二十余万，仓库珍宝不可胜计"。

西晋时整个凉州（广义指河西）统领 8 郡，46 县，30700 户，其中武威郡，统有包括姑臧在内的七县，有户 5900，而北凉姑臧被北魏先后徙"三万余家"，"户口二十余万"，姑臧一城人口远远超过了西晋时武威郡的人口，甚至超过了《晋书·地理志》上记载的西晋时期整个河西的人口。

北凉政权亡后，沮渠安周曾于宋元嘉十八年（441 年）十一月率军 5000 攻鄯善。次年四月，沮渠无讳率万余家弃敦煌，西就安周，迁出不少河西的人口。

敦煌向高昌地区的移民早于高昌国创建。有学者说："高昌国创建之前到来的大部分移民来自河西和陇右地区，其中以张氏家族为代表的敦煌籍汉族移民和以麹氏家族为首的陇西籍移民数量最多，成为高昌国最大的两个移民集团。"[①]在五胡十六国时期，河西的大量人口移入高昌地区，并影响了高昌的政治、经济、文化等各方面的发展。自前凉张轨统领凉州以来，河西未经大乱。但前秦、后凉、北凉时，河西地区纷争较多，先前涌向河西的流民和河西原来居住的居民，很多都西迁至高昌地区。河西的混乱自然危及到河西世家大族的安全，故河西大姓亦避地高昌，世代不归，敦煌张氏便在此列。

除了张氏家族的西迁，敦煌马氏、巩氏等大族也都西迁高昌，他们的迁入对高昌地区的人口结构、经济、文化等产生了深远影响。

纵观五凉时期河西地区诸政权的户口情况，大致呈现以下两个显著特点。

第一，人口总数时增时减。前凉河西人口最多，后凉人口减少，西凉人口与后凉接近，至北凉末河西人口再次下降。

第二，人口流动频繁。政权之间频繁交战，裹挟了大量其他民族人口，而原住居民大量出逃或被徙出。前凉时，中原大乱而河西独安，大量人口为逃避战乱流入河西，北魏初又将大批河西人口迁出河西。

五凉时期，从江南、中原、江汉迁入河西的人口总数不下200000，这无疑为河西增加了一支庞大的劳动队伍，中原文化、江南文化融合在了河西文化中。尤其是流落河西的士人学者，为河西文化的繁荣起到了至关重要的作用。相应的，河西到中原的移民，对西域文化(尤其是佛教文化)的向东传播做出了不可估量的贡献。由于迁到平城(今大同)的河西人口大部分迁入洛阳，河西移民对洛阳文化也有贡献。

二、北朝时期河西人口

（一）北魏河西人口

北魏攻灭北凉后，占领河西地区，因河西人口被大批迁往平城，又有大批

---

① 宋晓梅:《高昌国——公元五至七世纪丝绸之路上的一个移民小社会》，北京：中国社会科学出版社，2003年，第95页。

人口外逃，河西更显得荒凉。

《魏书·地形志》记有孝静帝武定年间的人口数量。北魏太和十年（486年），魏"造户籍，分置州郡"，罢镇为州，整个河西分属凉州和瓜州。凉州领郡10，县12，户3273[①]。其中武安郡（治今民勤县薛百乡境内），县1，户373；临松郡，县2，户389；建昌郡，县3，户657；番和郡，县2，户139；泉城郡，县1，户72；武兴郡（治今武威丰乐镇），县3，户385；武威郡，县2，户340；昌松郡（治今武威古浪县城附近），县3，户397；东泾郡，县1，户191；梁宁郡，县2，户331。瓜州户口缺载。

《魏书·地形志》只记有凉州各郡的户数，而没有记载人口数字，并且瓜州户、口数均缺载。这说明当时统计的河西人口数字相当粗略，与其他历史事实多有矛盾。西魏大统十二年（546年）春，凉州刺史宇文仲和反叛，太祖派遣独孤信平定凉州，《周书·帝纪第二》记载："擒仲和，迁其民六千余家于长安。"《魏书·地形志》所记的凉州户口数字，不知是独孤信迁凉州民6000户至长安之前还是之后？若是这一事件以前的凉州户数为3273，那独孤信又怎么能迁6000余家呢？若是独孤信迁民以后的数字，那么凉州在西魏大统十二年前人口则超6000余家。

依上面的统计数字，河西人口可谓稀少之至。《魏书·地形志》记武安郡，户373，领县1，县名"宜盛"。据《魏书·校勘记》记载，此"宜盛"为"宣威"之讹，传抄所致。武兴郡，户385，领晏然、马城、休屠3县。武威郡领林中、襄城2县，户340。此3郡总计有户1098，范围大致相当于北凉时的姑臧，但北魏初年"收姑臧民二十余万家"，而此时竟余1000多户。从户口数字的变化可见北魏时河西人口大幅减少。

瓜州的户口数可根据所领郡县数推测。据徐文范《东晋南北朝舆地表》载，

---

① 据《魏书·地形志》记载，凉州总户数3273，但按10郡计算总户数为3274，有所误差，特此说明。文章涉及总数依旧按3273表述。

瓜州当时所属仅 5 郡，即敦煌、酒泉、玉门、常乐、会稽。到西魏文帝大统十年（544 年）平定瓜州邓彦之乱后，又分置效谷、寿昌 2 郡，共 7 郡。七郡人数也不过数万而已。神龟年间，凉州刺史袁翻认为凉州地广民稀，粮仗素阙，敦煌、酒泉，空虚尤甚，建议加强河西屯田，发展经济。

《魏书·地形志》云："正光以前，时惟全盛，户口之数，比夫晋之太康，倍而已矣。"正光元年（520 年）的北魏人口比西晋太康年间的增加了一倍多。但这是就整个北魏人口而言的，河西人口不一定就是西晋太康年间的倍数。《魏书·地形志》记："永安末年，胡贼入洛，官司文簿，散弃者多，往时编户，全无追访。今录武定之世以为《志》焉。州郡创改，随而注之而不知则阙。"这说明《魏书·地形志》所记的户口数，是根据东魏武定年间的记载而记述的，但因资料散失严重，人口数字统计很不准确。

（二）西魏、北周河西人口

西魏、北周河西人口在《周书》《北史》《北周地理志》中均未记载，只能从相关的零星记载推测当时人口的大致状况。

因统治者重视河西经济和人口发展，西魏、北周河西人口较北魏有所增加，北周韩褒治甘州就是典型的事例。《周书·韩褒传》载："褒乃悉募贫人以充兵士，优复其家，蠲免徭赋，又调富人财物以赈给之。每西域商货至，又先尽贫者市之。于是贫富渐均，户口殷实。"河西为北周统一北方提供大量兵源足以证明北周时期河西人口在稳步增长。《周书·韦孝宽传》载，建德之后，武帝志在平齐，韦孝宽乃上书陈三策，其一策云："仍令各募关，河西外劲勇之士，厚其爵赏，使为前驱。"河西地处西北边境，历来是兵家必争之地，是阻止外敌入侵的大后方，假若当时河西不是"户口殷实"，人丁兴旺，北周统治者是不敢在河西大量募兵且送往东部前线的。

西魏、北周在河西地区普遍实行均田制，并且与"记帐制度""户籍制度"结合起来。周武帝宇文邕进一步推行改革，重视农村劳动力的利用，下诏释放奴婢，放免隶户、杂户，令僧徒道众还俗归农等，这些政策都有利于河西人口的增长。

北周时，河西还有数量众多的胡人，在个别地方胡人人口占比较大。如大统十二年（546年）瓜州之乱平息时，州人拟推令狐整为刺史，令狐整则推波斯使主张道义来主持州事。张道义或是一位出使波斯时滞留在瓜州的使者，或是一位与胡人打交道的头面人物，让他来管理州事，足见当时瓜州的胡人数量之多。此时还有胡人参与地方政权管理的现象。《周书》记载，西魏大统十二年（546年），以其为凉州刺史，废帝元年（552年）复除凉、甘、瓜三州诸军事，凉州刺史，北周保定三年（563年）卒于凉州。《康敬本墓志》载，甘州大中正康默"讳敬本，字延宗，康居人也，元封内迁家张掖郡……曾祖默，周甘州大中正"。《安怀墓志》载，甘州司马安朝"讳怀，字道，河西张掖人也……曾祖朝，前周任甘州司马"。《康留买墓志》载，凉州刺史康感"讳留买，本即西州之茂族，后因锡命，遂为河南人焉，曾祖感，凉州刺史"。据其姓氏、籍贯及事迹等推断，他们可能是粟特人。以他们为河西各级政权的地方长官，亦可知当时西域胡人定居河西的情况。

西魏、北周河西人口究竟有多少呢？我们可据北魏和隋朝的史籍记载人口数字来推测。《隋书·地理志》记载，隋朝武威郡有户11705，张掖郡有户6126，隋朝此两郡辖区大致相当于北魏时凉州的范围，二者相加，有户17831，比北魏时凉州户数（3273）增长了5倍多。隋朝敦煌郡有户7779，敦煌郡的辖区大致相当于北魏时瓜州的范围，户数比北魏瓜州户（2672）增长了3倍多，从时间上讲，北周处在北魏和隋朝的中间，因北魏所记人口比实际要少，估计北周河西人口至少是北魏官方记载数字的5倍。

同时，自然灾害也使得一部分人口减少。以凉州为例，风灾：

北魏景明四年（503年）八月，昌松郡（今古浪县境内）辛巳雨土，覆地如雾。

霜冻:

北魏宣武帝景明四年(503年)至永平三年(510年),雍、河、凉、武州和敦煌镇陨霜,雨土覆盖如雾,有螟蝗,间有大风发屋拔树和大雨、雹、雪。

病虫害:

北魏宣武帝正始元年(504年),凉州蝗虫为害。

北魏宣武帝正始三年(506年)八月,凉州蝗。

北魏宣武帝正始四年(507年)秋八月,凉州蝗。

北魏宣武帝永平元年(508年)六月,凉州蝗害稼。

北魏宣武帝永平三年(510年)夏,凉州蝗害。

地震:

北朝北魏孝文帝太和四年(480年)正月,凉州地震。

北魏宣武帝景明四年(503年)正月辛酉,凉州地震,殷殷有声,城门崩。七月乙丑又震,涌泉出。

北魏宣武帝正始三年(506年)秋七月己五,凉州地震有声,城圮。

北周武帝建德三年(574年)十二月癸卯,凉州地频震,地裂涌泉出,城廓多坏。

综上所述,十六国时期中国北方地区政权林立,纷争不断,社会经济遭到很大破坏。相比之下,河西地区仍是一个相对安定的地区,加之五凉政权的统治者大多注重安定民生，发展经济，在前凉统治时期，河西社会秩序稳定，人口增长迅速；此后至北朝，由于河西各霸主之间互相攻伐，社会动荡不定，河西人口出现了停滞和下降趋势。

由此可见，五凉时期河西人口发展是多种因素共同作用的结果：一是中原大乱而河西独安，大量人口为逃避战乱流入河西；二是自东汉末年以来其他民族的内迁；三是其他各种原因的迁徙也导致人口的大幅度变化；四是河西经济的发展大大提高了当地的人口承载力。其中，前两点主要存在于前凉时期，这也正是前凉河西人口迅速增长的主要原因。此后，掳掠和强徙就成为影响人口增减最为直接和重要的因素，后凉之后，河西人口的变化正是这种情况的反映。

第二节　五凉、北朝时期社会经济发展变化

一、五凉、北朝时期政治经济的发展变化

（一）政权林立朝代频更

五凉、北朝时期是中国历史上一个政治动荡的时期，河西地区建立了许多政权。五凉政权尤其为盛，在政治、经济、文化等方面都取得了较为显著的成就。

五凉、北朝时期统治者采取了一系列的改革措施，加强了中央集权，确保河西地区政治局势相对稳定。这一时期的经验为唐朝中央集权打下了坚实的基础。

五凉、北朝时期，河西地区政权不仅对中原社会产生了深远的影响，同时也诞生了一批新的政治、军事和文化领域的领袖人物。其中最重要的是张轨、拓跋珪等，他们统治下的前凉、北魏时期是文化交融最密切的时期，也是北朝时期的开端。拓跋珪在位期间，推行的一系列改革，使北魏政治和经济迅速发展。他把北方各个部落联合起来，组成了强大的政治力量，在他的领导下，北魏政权的统一和强大为后来的北朝的发展奠定了基础。随着北魏统治的逐渐稳定，社会经济也得到了快速发展，北魏实行统一的政治制度和经济制度，亦加强了对农业、手工业和商业的管理和监督。

（二）经济繁荣发展

五凉前期和北朝时期，河西地区政局的相对稳定推动了农业快速发展。种植业主要以种植小麦和大米为主，同时种植棉花和麻等经济作物，这些作物的种植保障了河西地区的粮食和纺织品供应，为前凉和北魏的统一奠定了基础。在手工业方面，北朝时期的制瓷、制纸、制铁等技术都有了更好的发展。

同时，河西地区商业繁荣，主要以集市贸易为主，贸易品种多样，有粮食、马匹、金属器等。商业通道畅通便捷，贸易往来频繁，对外交流密切，河西与中亚的贸易非常活跃，对于河西地区的经济发展起到了积极的推动作用。

（三）社会阶层愈加明晰

五凉、北朝时期社会结构发生了较大的变化。河西地区社会也逐渐产生了不同的阶层。河西社会的主要财富集中在富有的地主和商人手中，而普通百姓则日益贫困，这一社会结构的变化在隋唐时期得到了进一步的发展，对中国封建社会的形成和发展产生了重要的影响。

而随着社会的动荡和政治的不稳定，社会阶层之间的差距逐渐加大。贫富差距加大导致农民和地方豪族的矛盾加剧。同时，新的文化和新的思想不断涌现。新兴的思想流派在这个时期得到了发展，并对中国古代思想的发展产生了深远的影响。

总之，这个时期社会背景呈现出复杂多变的特点。政治、经济、文化和社会等各个方面都存在着矛盾和问题，其社会变革对中国古代社会的演变和发展具有深远的影响。

二、五凉时期文化的兴盛

西晋十六国时期，不仅是河西经济社会不断向前发展的一个重要阶段，而且也是学术繁荣、文化昌盛、人才济济的时期。此时的河西区域特色鲜明，并在中原文化因战乱而遭摧残的形势下成为中国北方学术文化中心。其文化成就不仅奠定了河西区域文化的基础，而且对后世中国封建社会也产生极其重要的影响，在中国文化史上留下了光辉灿烂的篇章。

（一）五凉文化繁荣的背景和原因

自东汉末以来，中国北方长期处于动荡状态，中国传统的儒家思想呈现出了衰微的状态。然而，河西却出现了一个文化空前兴盛的局面，以致"学者埒于中原"。河西不仅保持和延续了中原传统文化，而且在此基础上创新发展，并成为当时中国北方学术文化的中心。

其原因如下：

第一，河西地区独特的地域环境既是五凉政权得以偏安的前提条件，也是这一时期文化发展和有其鲜明特色的首要因素。

第二，汉魏以来特别是五凉时期河西经济的发展为这一时期文化的发展与繁荣奠定了坚实的基础。

第三，河西自汉魏以来逐渐形成的文化传统是五凉时期文化发展和繁荣的根本。

第四，五凉统治者崇尚文教、倡明学术的立国之策是河西文化发展和繁荣的内在主因。

五凉时期各割据政权崇尚文教、倡明学术的具体措施，可概括为以下几个主要方面。

1. 弘扬儒学，兴办教育

五凉统治者把传统儒学作为兴邦立国的方略，大力倡导，不遗余力地推行教化。其中振兴教育、兴办学校就是实施这一方略的重要举措。《晋书·张轨传》载，前凉张轨时曾"征九郡胄子五百人，立学校，始置崇文祭酒，位视别驾，春秋行乡射之礼"。又令各郡县举荐"高才硕学、著述经史"者，以备选用。将学校教育与察举征辟制相结合，极大地推动河西教育和学术活动的发展。张骏时又设国子学，立辟雍、明堂以行礼焉。此后，南凉、西凉、北凉也都兴学重教，倡导儒学。

在五凉政权的大力倡导下，河西地区私人讲学之风也十分兴盛。学校教育的发展和普及，不仅使中原传统儒学得以重振，崇儒读经的风气得以延续，而且培养了大批人才，有助于各政权文治的开展，极大地推动了学术的发展，使偏居一隅的河西成为中国北方文化的盛地。《魏书·胡叟传》引程伯达语："凉州虽地居戎域，然自张氏以来，号有华风。"

2. 重视人才，量才擢用

五凉政权为了倡导儒学，对知识分子尤为重视。无论是世居河西的高才硕学，还是来自中原的世家名流，一律礼而用之。对那些造诣高深的知名学者，还给予较高的政治荣誉。大批知识分子在各级官府任职，成为各政权稳定社会秩序的重要力量。如郭荷明究群籍，特善史书，张祚遣使者以安车束帛征为博士祭酒；敦煌大儒宋纤明究经纬，张祚遣使者张兴备礼征为太子友。敦煌学者郭瑀精通经义，雅辩谈论，多才艺，善属文，张天锡遣使者孟公明持节，以蒲轮玄纁备礼而请之；酒泉名流祈嘉博通经传，精宪大义，被张重华征为儒林祭酒，张天锡则谓为先生而不名之。对于避地河西的中原学者，张氏政权更是倍加珍惜。故胡三省说："永嘉之乱，中州人士避地河西，张氏礼而用之，子孙相承，衣冠不坠，故凉州号为多士。"

南凉秃发乌孤时，"金石生、时连珍，四夷之豪隽；阴训、郭倖，西州之德望；杨统、杨贞、卫殷、麴丞明、郭黄、郭奋、史嵩、鹿嵩，文武之秀杰；梁昶、韩疋、张昶、郭韶，中州之才令；金树、薛翘、赵振、王忠、赵晁、苏霸，秦雍之世门，皆内居显位，外宰郡县。官方授才，咸得其所。"[①] 其中，既有河西著姓，秦陇世家，又有中州名流，可谓人物荟萃，英才济济。

西凉李暠思贤若渴，《述志赋》所记，"采殊才于岩陆，拔翘彦于无际"，广泛吸纳各方面人才。他不仅罗织了宋、索、汜、阴、令狐、张氏等大姓族人，而且对其他有学之士也倍加恩宠。

在这方面做得尤为出色的是北凉政权。敦煌人张穆博通经史，才藻精赡，沮渠蒙逊擢拜中书侍郎，委以机密之任；敦煌人张湛弱冠知名凉士，好学能属文，沮渠蒙逊以其为黄门侍郎、兵部尚书；敦煌人阚骃博通经传、聪明过人，蒙逊甚重之，常侍左右，访以政治损益；金城人宗钦少而好学，有儒者之风，

---

① 《十六国春秋辑补》卷89《南凉录》。又《晋书》卷136《秃发乌孤载记》："阴训"作"阴顺。"

博纳群言，声著河右，仕沮渠蒙逊，为中书郎，世子洗马；金城赵柔少以德行才学知名河右，沮渠牧犍时，为金城郎。对曾在西凉任职的知识分子，也全部予以重用，毫无歧视之意。五凉诸政权对知识分子的政策，不但加强了割据政权的基础，而且创造了较为宽松的学术文化环境，有力地促进了河西文化的发展和繁荣。

3.校勘整理典籍，加强学术交流

五凉政权十分重视文化典籍的搜求和整理。如在北凉时就曾以敦煌学者阚骃为首，配备文吏30人，典校经籍，刊定诸子3000多卷。阚骃本人还曾给王朗《易传》一书作注，撰写《十三州志》，甚为当世学者所推崇，使学者籍以通经。另外，前凉学者宋纤曾校注《论语》；著述甚丰的敦煌学者刘昞也曾注《周易》《韩子》《人物志》《黄石公三略》。河西学者对古籍的整理校注工作，大大推动了学术活动的开展。与此同时，在政治环境和交通条件许可的情况下，还经常与长安和江左诸政权进行图书文化交流。前凉政权就曾送经史图籍于京师。

这一系列活动对促进河西与江左文化的交流和发展，保存和传播文化成果，具有重大的意义。

（二）五凉文化的主要成就和特色

在五凉政权"崇尚文教"、倡明学术的立国之策引导下，教育得以振兴、文化得以复苏，一位位当地学者脱颖而出，一批批中州士人辗转而来。他们谈经论道、著书立说、开门授业、培养人才、弘扬学术、传承文化，偏居一隅的河西遂成为当时北中国文化的鼎盛之地，在学术文化的各个领域取得了令人瞩目的辉煌成就。

1.河西学者及其著述

关于五凉时期河西学者及其著述，清张澍辑录《续敦煌实录》多收集引录并作按语考注。《晋书》《魏书》《北史》等书籍中也有载录。

这一时期还有许多留居河西的中原人士，他们"子孙相承，衣冠不坠"，直到北魏灭北凉而入魏。其中学术成就斐然、影响巨大的人在《魏书》中有立传。

有的可能在唐以前就已失传，《隋书·经籍志》著录者有十几部。

2. 文学

五凉时期，文学创作也十分活跃。上自各政权的统治者，下至民间普通百姓，均创作了许多具有时代特色的文学作品。这些作品体裁广泛，内容丰富，数量众多，在当时纷争频繁的情况下呈现出一枝独秀的景象，受到了后世学者高度评价。

若以诗歌而论，当首推前凉张骏。其诗歌以五言为主，内容多是咏史和感怀之作。如现存《薤露行》一诗，仿建安风格，通过回顾西晋末王朝衰亡的历史，抨击了朝政的混乱和积弱，抒发了对西晋以来北方民族战乱频繁的扼腕之情。

赋作为两汉魏晋时期主要的文学作品形式，同样为五凉文学家们所擅长。其中西凉主李暠的赋在十六国文学史上占有一定的地位。他们的赋作有很多见于著录，但流传至今的只有《述志赋》。

除此之外，五凉时期还流传下来了许多以谣谚为主的民歌。这些歌谣或寄情传意，或影射时政，反映出这一时代的某些变化和特征。其中较典型的如前凉时期的《姑臧谣》。

3. 佛学

魏晋十六国时期也是佛教传入中国并进一步发展的重要时期。河西作为中西交通的重要孔道，也是佛教东渐的前沿和主要中转站。特别是五凉时期，由于河西相对安定以及各割据统治者崇奉，佛教首先在河西地区发展，成为当时佛教发展的昌盛之地。

4. 艺术

（1）音乐舞蹈

晋末永嘉之乱，"京华荡覆""海内分崩"，中原自汉魏以来传统文化遭到极大的冲击。永嘉之乱后，汉魏宫廷乐舞在动荡颠沛中一为前赵、后赵政权所获，一为前凉政权所获。前赵、后赵所获晋伶官乐器，后来又在变乱中迭经前燕、后燕而为北魏政权接受。然北魏道武时虽"获晋乐器"，但"不知采用，皆委弃之"，以至于后来在太祖时"颇有遗失"。而前凉时流于河西的中原乐舞艺术至北魏统一河西前，一直在河西得以保存和传承。大业中隋炀帝定九部乐，其中《清乐》《西凉乐》《龟兹乐》《天竺乐》的流变与五凉时期的河西关系密切。

五凉时期，由于河西与西域各国关系相当密切，各方面的交流十分频繁。当这些西域胡声乐伎传入河西后，遂与河西传承的汉魏传统乐舞相融合。除此之外，这一时期西域杂技百戏等表演艺术也在河西地区广为流行。

（2）绘画雕塑

五凉时期，河西绘画艺术在继承前代和借鉴不同民族绘画艺术风格的基础上得到了发展，并不断创新。20世纪70年代末，河西走廊魏晋墓葬壁画砖的出土，为世人展示了这一时期河西绘画艺术的灿烂天地。此外，在嘉峪关市新城乡发掘出的8座彩绘砖画墓，又展示出另一种不同凡响的绘画艺术。敦煌莫高窟中五凉时开凿的三个洞窟（268、272、275窟）的雕塑作品，也集中体现了这一时期河西雕塑艺术的成就。此外，在酒泉一带出土的北凉时期的几座造像古塔，也在一定程度上反映了河西雕塑艺术的风格和水平。

（3）建筑

五凉时期，河西的建筑艺术集中体现在姑臧城的修缮和改扩建上。由于姑臧重要的政治和军事地理优势以及良好的自然环境，前凉、后凉、南凉、北凉等政权先后以此为都。因此各政权统治者都十分重视这一政治、军事中心的建设和巩固。

张骏时期修建的建筑，显示了姑臧都市建筑在布局和工艺方面"穷尽珍巧"的风格。其后，后凉、南凉、北凉先后建都姑臧，基本沿用原有的宫署设置，仅修缮恢复了因战乱而毁坏的一些建筑，增修了太庙（后凉）、高昌殿（南凉）、游林堂、陆沉观（北凉）等有限的建筑。[1] 因此，在整个十六国时代，当晋朝东、西二都成为丘墟之后，凉都姑臧建筑的规模和水平，在北方无疑是首屈一指的。正如陈寅恪先生所言："姑臧本为凉州政治文化中心，复经张氏增修，遂成河西模范标准之城邑，亦如中夏之有洛阳也。"

（三）五凉文化的深远影响

五凉时期的河西文化，是在特殊的历史背景下和独特的地域空间里，在保存汉魏以来中原传统文化的基础上，经过融合创新而形成的一种地域文化。在魏晋南北朝各民族相融合的历史时代，其所产生的影响是极其深远的。陈寅恪先生曾指出，五凉时期的河西文化"上续汉、魏、西晋之学风，下开（北）魏、（北）齐、隋唐之制度，承前启后，继绝扶衰，五百年间延绵一脉"。此论深刻阐述了十六国时期地处西北一隅的河西文化源流及其深远的历史影响。后世学者从不同层面和角度对五凉文化的影响进行了全面的分析，概括起来，主要表现在以下几个方面。

一是五凉文化为河西文化的进一步发展奠定了坚实的基础，孕育和滋养了高度发达的敦煌文化。在南北朝之后的隋唐五代，河西迎来了文化发展的第二个高峰，即以敦煌莫高窟艺术为代表的敦煌文化艺术的诞生。敦煌文化艺术不仅以大量精美的壁画、雕塑令世人惊叹，同时也以其珍藏的数万卷古代遗书而闻名中外，更以它地处荒漠绿洲而能创造如此辉煌的文化成就而自豪。以此为研究对象产生的敦煌学早已成为显学。太和元年（366 年），乐傅开凿莫高窟第一座石窟，成为隋唐五代敦煌佛教石窟艺术的开端，使河西成为中古中国佛教的昌盛之地。反映五凉绘画艺术的古冢丹青——河西魏晋墓葬画，无论是绘画的时代承接，还是表现技法和艺术风格，都是敦煌壁画兴盛的源流。

二是五凉文化的进一步传播和辐射对南北朝社会产生了广泛而深远的

---

[1] 梁新民：《前凉张氏增筑后的姑臧城的变迁》，《西北史地》，1987 年第 4 期。

影响，强化了北朝文化的多元化格局，为隋唐文化的高度发展奠定了基础。十六国时期江南地区群雄割据，交通不畅，但出于政治和外交的考虑，诸凉政权与江左政权间的联系并未中断。前凉、西凉、北凉等皆与东晋、南朝有贡使往来，其间还将保存于河西的大批图书典籍转运至江南，在一定程度上扩大了南北之间的学术文化交流，促进了江南文化的发展。元嘉十六年（439年），北魏统一北方后，对河西境内的大批硕学名士"皆礼而用之"，同时又迁徙凉州豪右30000多户到平城，为其所用。这些有着深厚河西文化背景的代表人物在北魏政权中的作为，很大程度上对当时的社会文化产生了广泛的影响，大致可将其概括为开启儒风、振兴礼乐和完善官制律令三个方面。

三是五凉文化开启了一种文化创新的范式，为后世中国文化的发展创新树立了典范。五凉文化作为一种地域文化，有着独特而深厚的内涵。无论是河西自古以来所传承的人文精神，还是植根于河西的中原传统文化；无论是来自西域的各种文明，还是来自北方游牧民族的风尚，都能在这里得到传播与发展，进而相互融合，创新繁荣。更重要的是，五凉时期的统治者，不论是累世高门以家学见长的汉族豪右，还是逐水草而居以雄武著称的胡夷酋帅，在民族融合的环境中，都能博采众长，为我所用，并不断向外辐射传播。这一特殊环境中的文化创新模式，推动了五凉文化的繁荣发展，也为隋唐多元文化发展奠定了基础。

三、北朝时期文化的发展

北朝时期也是中国文化发展的一个重要时期。儒家思想与佛教思想并存，佛教在河西地区得到了广泛传播，对中国文化产生了深远的影响。同时北朝时期的文化也表现出了一定的地域特色，例如北魏时期的壁画、佛教雕塑、石窟建筑等都有独特的艺术风格，涌现出不少艺术珍品。

同时，北朝时期的文化背景也是丰富多彩的。在政治和经济背景的影响下，北朝时期的文化出现了一些变化。文学方面，以诗歌为代表，在写作中吸收了先秦、汉代的文学风格，形成了一种自由奔放、豪放不羁的艺术风格，被称为"魏晋风骨"。

第五章

盛唐景象——隋唐及五代时期河西人口

继两汉之后，隋唐时期是河西地区经济社会发展的又一高峰。太建十三年（581年），北周隋国公杨坚代周而建立隋朝；唐天佑四年（907年），唐哀帝逊位徙曹州遇刺，唐朝亡。其间共326年，河西经历了隋、唐两个王朝的统治，其间经隋末唐初薛举和李轨的割据以及唐中期吐蕃的长期占领，成为中西丝绸之路的交通要冲、贸易市场和思想文化交流的处所。唐朝中叶，丝绸之路的发展达到历史的顶点，河西自十六国以来出现的经济、文化的辉煌也步入了历史顶峰，河西人口的发展也出现了新的高峰。"安史之乱"爆发后，中原王朝失去了对河西地区的有效控制，河西人口经历了"大换血"式的变迁，吐蕃、瓜沙归义军、甘州回鹘、西凉六谷族和西夏党项族等都同时或相继在河西建立了政权。自此，河西经济、文化衰落，失去了对外来人口的吸引力，也失去了人口发展的优越条件，河西人口发展的历史条件和背景被彻底改变。

第一节 隋代河西人口

太建十三年（581 年）[1]，北周权臣杨坚废周静帝宇文阐自立，建立隋朝，8 年后一举消灭了偏居江南的陈朝，结束了中国自西晋末以来 270 多年分裂割据的局面，又一次建立了大一统国家。为进一步开通西域，保障丝路贸易，隋朝将河西作为重要的战略基地，全力经营河西。在此过程中，隋朝统治者不断加强河西的政权建设，完善边防保障体系，大兴屯田，发展农牧，开展互市，繁荣贸易。这些措施取得了显著成效，有力地促进了河西经济社会的发展。特别是隋炀帝西巡张掖，对加强隋朝在河西及西域统治、保障丝绸之路畅通、促进河西经济文化的发展起到了积极作用。隋朝国祚虽短，但其为隋唐河西地区人口的增长奠定了坚实的基础。

一、人口记载年份释疑

《隋书·地理志》记载的人口未明确说明记载于哪一年。王育民教授认为《隋书·地理志》总序所称实为大业二年（606 年）户口数。[2]但很多学者认为《隋书·地理志》记载的包括河西在内的人口数系大业五年（609 年）。葛剑雄教授在《中国人口发展史》中称："正史户口数一般都记极盛年份，此数应属大业五年。"[3]薛平拴先生认为："《通典》中将此数系于大业五年。"[4]据此，本书

---

① 太建十三年和开皇元年是同一年，即 581 年。

② 王育民：《中国人口史》，南京：江苏人民出版社，1995 年。

③ 葛剑雄：《中国人口发展史》，福州：福建人民出版社，1991 年。

④ 薛平拴：《隋代陕西人口研究》，载中国人民大学复印资料《魏晋南北朝隋唐史》（双月刊），2002 年第 2 期。

采用"大业五年说",即《隋书·地理志》记载的河西三郡户数为大业五年(609年)的统计数。

二、人口数目释疑

有关隋代河西人口的记载很少,《隋书·地理志》记有河西武威、张掖、敦煌三郡的户数:武威郡,统县4,户1150;张掖郡,统县3,户6126;敦煌郡,统县3,户7779。其没有记载人口数,三郡共计25405户。

《隋书·地理志》记载大业五年河西只有25405余户,笔者认为这个官方户数比实际户数要少,官方人口也偏少。造成隋代官方统计人口数与实际情况相差较大的原因有以下三点:首先,户口统计"禁纲疏阔,户口多漏",官方统计的户口有大量的"隐漏"人口。《隋书》对河西人口的记载是很粗略的,有大量私家人丁和屯田士卒没有统计入册。隋初(开皇三年,583年)虽有"大索貌阅""输籍定样"等措施检查户口,河西很多人户曾一度归入国家户籍,但到开皇十年(590年)以后,"大索貌阅""输籍定样"遭到士族的抵制而不能执行,官方人口数字多有疏漏。其次,当时酒泉境内有突厥、吐谷浑、党项羌等民族,他们不会按课纳税服役,故不在朝廷的户口统计之列。当时酒泉北部边界地区常有突厥出没,西突厥臣服隋朝后,一部分突厥人长期留在酒泉境内。大业五年(609年),隋军击败吐谷浑,可汗伏允逃入分布在今青海东部的党项部。而这些来降的吐谷浑肯定有一部分分布在酒泉境内。最后,《隋书》记河西人口时,只有户数,而无口数,更见其记载的粗疏。基于以上原因,河西户口的统计自然不实。

隋大业五年(609年),全国人口回升到4600多万。隋朝征服吐谷浑,开通丝绸之路,选派良吏治理河西,使河西逐渐安定,从而吸纳了大量西域商贾。《隋书·裴矩传》记载:"时西域诸蕃,多至张掖,与中国交市。"这是因为裴矩给西域诸蕃以厚利,从而招引他们入朝。这样,隋代西域诸国在河西的贸易活动活跃起来。如粟特国的商贾从中亚及塔里木盆地绿洲进入河西,多定居在凉州。大业五年，隋炀帝西巡焉支山，在张掖召见 27 国使臣。在山丹河流经的大黄山山麓的平原山，集中了令人惊叹的众多来自高昌、伊吾及其他西域诸国的民众。这是隋炀帝对国力和经济的一次大检阅，虽看不出人口的变化，但反映了河西的复兴。从 584 年隋朝建立到 618 年隋朝灭亡，大约 30 年时间，河西基本上没有发生较大的战争。随着丝绸之路的畅通，来到河西的驻军和实边者与日俱增，人口数量必定处于增长态势。

大业十三年（617 年）七月，武威人李轨举兵反隋，攻陷河西诸郡，自称凉王，建元安乐。从此，河西战乱不断，人口数量开始下降，直到唐代前期人口数量才开始上升。

第二节　唐代前期河西人口

唐代河西的人口史料虽然没有全国人口史料那么丰富，但也留下了贞观、开元、天宝等三个历史时期较为完整的户口统计材料。这些人口史料和有关历史记载表明，唐代河西人口的发展有自己的特点，但其总体趋势与全国人口的发展大体一致：唐初人口下降，此后逐步恢复和发展，到天宝年间达到峰值，接着便急剧下降，到大中年间跌至谷底，晚唐为停滞发展阶段。

一、人口政策

隋末长期战乱，严重破坏了社会生产。唐初，出现大片的荒田废地。为改变"田地极宽，百姓太少"的局面，唐朝在推行均田令、实行租庸调法、"政尚简肃"的同时，还采取了一系列有利于人口增长的政策。

一是提倡早婚，鼓励生育。为了增殖人口，唐初实行了"简出宫人"的政策。武德九年（626年），放还宫女3000多人；贞观二年（628年），遣尚书左丞戴胄、给事中杜正伦等将"离宫别馆"的官人"于掖庭宫西门简出之"。唐朝极力奖励婚姻。早在贞观元年（627年）二月，即下诏："宣命有司，所在劝勉，其庶人男女之无家室者，并仰州县官人，以礼聘娶……男年二十，女年十五以上，及妻丧达制之后，孀居服纪已除，并须申以媒媾，命其好合。若贫窭之徒，将迎匮乏者，仰于其亲近，及乡里富有之家，哀多益寡，使得资送以济。"与此同时，还要求育龄人口及时结婚："其鳏夫年六十，寡妇年五十以上，及妇人年尚少而有男女，及守志贞洁者，并任其情愿，无劳抑以嫁娶。刺史县令已下官人，若能使婚姻及时，鳏寡数少，量准户口增多，以进考第。如其劝导乖方，失于配偶，准户减少，以附殿失。"唐代法律不仅规定了男女婚嫁必须及时，无力婚嫁的贫庶还可以得到照顾，而且规定特殊情况的寡妇、鳏夫必须再婚。唐太宗诏令中规定男 20、女 15 是及时婚配年龄，但是正式的法律规定是在唐玄宗时期。开元二十五年（737 年），唐玄宗更令："诸男年十五，女年十三以上，并听婚嫁。"这一诏令将男女婚配的年龄提前，从中可以看出唐政府对于鼓励人口增长的决心和态度。此外，唐政府规定"鳏夫六十、寡妇五十、妇人有子若守节者勿强"。这表明，男女凡在生育年龄之内，若失去配偶，应另择配偶，以继续生育；已经有了儿子的妇女，不强迫她们改嫁，没有儿子的妇女大概是要强制改嫁的。贞观元年（627 年），战争结束不久，全国总人口耗损近 70%，所剩家庭必然有很多是残缺不全的，只有鼓励婚姻，才能加快人口增长。唐政府的这项诏令，就是要推动残破家庭的重新组合，以解决人口减少的社会问题。武则天统治时期也曾颁布过类似的诏令，力图做到"内无旷妇，外无旷夫"。贞观三年（629 年）四月，又有"赐妇人正月以来产子者粟一斛"的诏令，对生育者给予资助。通过政令奖励婚姻，并提倡早婚、规定及时婚配，目的都是为了增加人口。

二是改善户籍管理。首先，将天下男女分为黄、小、中、丁、老五等。武德七年（624 年）颁布的诏令规定："男女始生者为黄，四岁为小，十六为中，二十一为丁，六十为老。"开元二十五年（737 年）重新规定："诸男女三岁以下为黄，十五以下为小，二十以下为中。其男年二十一为丁，六十为老。"其次，进行团貌，即令地方官按照黄小中丁老的原则，将所辖百姓对号入座，即"天下诸州，每岁一团貌"。开元二十九年（741 年），对比稍加改革，定为"三年一团貌"。

唐政府重视户籍的造册登记。"武德令"规定，每岁一造叫计帐。《唐会要》"籍帐"条载，开元十八年（730 年）十一月敕，"诸户籍三年一造，起正月上旬。县司责手实计帐，赴州依式勘造，乡别为卷，总写三通，其缝皆注某州某县某年籍，州名用州印，县名用县印。三月三十日纳讫，并装潢一通送尚书省。州县各留一通……有析生新附者，于旧户后以次编附。"唐代规定，民户必须按期向官府申报户口和土地，这种严格的户籍管理制度称为"手实"。凡隐漏户口、假报年龄和身体健康状况者，按律要被判处笞刑或徒刑。若发生上述情况而里正、州县官不能及时发现，也要被治罪。在籍人户如有逃亡者，按日计算罪之轻重，并处以笞刑或徒刑。县令必须每年亲自审查户口，核定年龄和在籍人口的身体状况，这种制度在当时被称为"貌阅"。此外，唐代还将全国的人户分为士、农、工、商和课户、不课户。户内有课口者为课户，无课口者为不课户。唐政府重视户口统计和户籍登记造册，便于按照户口征调赋役，增加国家财政税收，这些都有利于人口增长。

三是招抚流亡，减轻刑罚。唐代初期，政府重视赎回在外族的汉族人。隋末唐初，天下丧乱，很多汉族人口逃亡到周边地区。对此，为尽快恢复人口，增加劳动力，唐朝采取了赎还安置的政策。贞观三年（629年），即招附塞外民族120万口。贞观五年（631年），"复以金帛自突厥赎还华人八万余口"。与此同时，严禁隐匿户口。开元九年（721年），复令有司捉逃人，"诸州背军逃亡人，限制到百日内，各容自首。准令式合所在编户情愿住者，即附入簿籍……过限不首，并即括取，递边远附为百姓"。

唐政府还多次诏令，凡死刑要经多次奏请而判定，除叛逆罪之外，常多赦免。此外，《唐令拾遗·户令》记载："诸鳏寡孤独贫穷老疾不能自存者，令近亲收养，若无近亲，付乡里安恤。"地方官员必须落实这些规定。以上抚恤政策的实行，均有利于人口数量持续上升。

四是将人口发展纳入官员考核。唐代将官员能否使人口增长及户籍增加作为官员政绩考核的标准之一。唐代考核地方户口增减的主要内容有四条：第一条是户口增加多少；第二条是田野开辟多少；第三条是赋税征收多少；第四条是上司派遣的各项任务是否先期完成。唐代法律规定："诸州县官人，抚育有方，户口增益者，各准见在户为十分论，加一分，刺史、县令各进考一等。每加一分进一等……若抚养乖方，户口损减者，各准增户法，亦减一分降一等，每减一分降一等。"唐代的诏、敕中，特别强调"刺史以户口增减为其殿最"。

唐政府始终把户口增减放在地方官员政绩考核的重要位置，这说明唐朝对增加人口的重视。显庆元年（656 年）颁布的诏令定制：户满 30000 以上为上州，20000 以上为中州。如果户数少的州，户口能增加到中州、上州的标准，州刺史的俸禄也随之上升。这一政策调动了州、县官吏发展人口的积极性，促进了人口的增长。

二、初唐河西人口

初唐时期，河西地区经济凋敝，人口很少。《旧唐书·李大亮传》记载："河西氓庶，积御蕃夷，州县萧条，户口鲜少，加因隋乱，减耗尤多。"《旧唐书·褚遂良传》记载："河西供役之年，飞刍挽粟，十室九空，数郡萧然，五年不复。"《通鉴》记载，贞观年间"秦陇之北，城邑萧条，非复有隋之比"。《新唐书·地理志》《旧唐书·地理志》均记有贞观十三年（639 年）河西各州的人口数：凉州 8231 户，33030 口；甘州 2926 户，11680 口；肃州 1731 户，7118 口；瓜州 1164 户，4322 口；沙州 4265 户，16250 口。河西共计 18317 户，72400 口。整个河西人口还不到 100000，户数只是隋大业五年（609 年）的 70% 左右（25405 户），人口仅仅为《隋书·地理志》所记数字（约 130000 口）的 50% 左右。

当然，河西历来是民族聚居区，各民族的人口数量并不少，而《唐书·地理志》所记的仅为汉族人口，没有将生活在河西的其他民族人口统计在内。这是造成《新唐书》《旧唐书》统计的河西人口数比实际人口偏少的原因。

唐初，汉族人口以外的其他民族人口占河西人口的比重较大，他们或是河西老住户，或是迁徙而来。唐朝对这些人口实行羁縻政策，他们的户口不入户簿。河西的原住户有生活于张掖一带的"昭武九姓"胡商等，但更多的是从外地迁徙而来。

唐朝河西地区的其他民族的人口数量庞大。《旧唐书·地理志》河西道条云："凉州中都督府。吐谷浑部落，兴昔部落，阁门府，皋兰府，卢山府，金水府，蹜林州，贺兰州，已上八州府，并无县，皆吐浑、契苾、思结等部，寄在凉州界内，共有户五千四十八，口一万七千二百一十二。"值得注意的是，这些内徙的人口绝不限于凉州一地，而是分布于甘、肃、凉、瓜、沙等河西各地，只是在凉州的最多，有17000多人，其他州的略少于此数。

除了汉族以外的其他民族人口没有记入史书以外，还有很多逃户。例如，沙州（今敦煌）因自然条件差，百姓常逃至瓜、甘、凉、肃4州，而他们出逃后，"例被招携安置，常遣守庄农作，抚恤类如家僮"。武则天长安三年（703年）派遣"括逃使"进行搜刮，鼓励他们回乡。"今年逃户所有田业，官贷种子，付户助营。逃人若归，苗稼见在，课役俱免，复得田苗。"逃户离开本乡就成为"户籍不挂"的客户，遂从户籍上流失，这也是造成户籍人口偏少原因。

唐初到武则天时期，河西人口在200000左右，可谓人口稀少。《大唐新语·极谏上》记载："陇右诸州，人户寡少。"这句话道出了当时的实际情况。垂拱二年（686年），陈子昂巡视河西后上疏："顷至凉州，问其仓储，惟有六万余石，以支兵防，才周今岁，虽云屯田收者，犹在其外，略问其数，得亦不多。""甘州地广粮多，左右受敌，其所管户不满三千，堪胜兵者不足百数，屯田广远，仓蓄狼籍，一虏为盗，恐成大忧。""甘州宜便加兵，内得营农，外得防盗……今若加兵，务穷地利，岁三十万，不为难得。"看来，甘州可耕地相当多，《新唐书·陈子昂传》记载："但人力寡乏，未尽垦发。"于是，武则天便在河西大兴屯田，发展农业生产，这就为河西人口的恢复和发展创造了条件。

三、开元、天宝年间河西人口

玄宗开元年间，河西人口较贞观年间有所增长。《元和郡县图志》记有开元二十八年（740年）的河西户数，但无口数记载。凉州户26165，甘州户5440，肃州户2253，沙州户6466，瓜州（晋昌）缺载。

《通鉴》记载，褚遂良上疏唐太宗："河西者，中国之心腹。"可见唐代早就认识到河西地理位置的重要，只是唐太宗时期未能在河西采取防御措施。高宗时期，唐政府逐步在河西驻扎军队，尤其是在陈子昂巡视河西防务以后，唐代在河西大力推行军政方针。到开元年间，唐为"断隔羌胡"在河西设节度使，统辖九军二守捉，分布在凉、肃、瓜、沙等州，治所在凉州。河西节度使管兵"七万三千人"，仅次于设于幽州（治在今北京市）的范阳节度使，分别统有赤水军（驻在凉州城内，管兵 33000 人）、大斗军（今民乐永昌县永固乡一带，管兵 7500 人）、建康军（在今高台县骆驼城，有兵 5300 人）、玉门军（在今玉门镇，管兵千人，实 300 人）、宁寇军（今张掖市东，有兵 1700 人）、黑离军（瓜州西北 1000 里，有兵 5000 人）、新泉军（会州西北 200 里，有兵 7000 人）、豆卢军（沙州城内，管兵 4500 人）、张掖守捉（管兵 6500 人）、交城守捉（凉州西 200 里，有兵 1000 人）、白亭军（凉州西北 500 里，管兵 1700 人）。河西屯兵 73000 人，是开元年间河西在编人数的 37%，这个比例是比较客观的。玄宗时，河西"大军万人，小军千人，烽戍逻卒，万里相继"，正所谓"猛将精兵皆聚于西北"。

因河西地区地理位置非常重要，唐朝政府在河西地区常年驻有数目庞大的军队，还不断地安置流亡人口及其他民族人口。开元年间，除原有的河西羁縻州的人口外，还有新迁来的。开元十一年（723 年），吐谷浑"率众诣沙州降，河西节度使张敬忠抚纳之"，遂于沙州安置。《通鉴》记载，开元十五年（727 年），铁勒回纥、契苾、思结、浑四部在突厥的侵夺下，徙居甘凉之间。

在唐朝近 300 年的历史中，以开元年间和天宝年间为鼎盛时期，而在此 42 年中，又以天宝十二载[①]（753 年）为唐代人口的最高峰。

天宝年间的河西户口数见于《通典》和《旧唐书·地理志》。《通典》载：凉州有 25693 户，128192 人，甘州 6639 户，22304 人，肃州 1758 户，7912 人，沙州 6395 户，32234 人，共计 40485 户，190642 人。《旧唐书·地理志》载，天宝年间武威郡（凉州）领县 5，户 22462，人口 120281；张掖郡（甘州）领县

---

① 即天宝十二年，753 年。唐玄宗于天宝三年正月下诏改"年"为"载"。

2，户 6284，口 22092；酒泉郡（肃州）领县 2，户 2330，口 8476；晋昌郡（瓜州）户 477，口 4987；敦煌郡（沙州）领县 2，户 6395，口 32234。[①] 五郡共计户 37948，口 188070。《通典》无瓜州人口数，但所记凉州人口比《旧唐书·地理志》所记的多 7911 人，甘州和肃州的户口数相差无几，他们应当同出一源或《通典》系抄录《旧唐书·地理志》。《旧唐书·地理志》所记的河西各郡人户数，又有几点需要说明的，一是瓜州旧领县 2，贞观年间有户 1164，口 4322，而天宝年间却成了户 477，口 4987，户数减少而口数增加，显然是有问题的。可能在户数前脱一"千"字，当为"一千四百七十七"。二是《旧唐书·地理志》缺沙州人户数，沙州人口数据来源于《新唐书·地理志》和《通典》。

由于各州地域范围不同，仅仅探讨各州户口数量的变化是不够的，只有将户口数量的变化与地域范围结合起来考察，即揭示人口密度的变化，才能深入了解人口分布状况。现将天宝十二载（753 年）河西所领各郡人口密度列表如下：

天宝十二载（753 年）河西所领各郡人口密度表

河西领郡	县数	户数	口数	面积（平方公里）	密度	附：贞观十三年密度
武威郡（凉州）	5	22462	120281	44201	2.72	0.75
张掖郡（甘州）	2	6284	22092	59119	0.37	0.2
酒泉郡（肃州）	2	2330	8476	77168	0.11	0.09
晋昌郡（瓜州）	2	1477	4987	56541	0.09	0.08
敦煌郡（沙州）	2	6395	32234	359872	0.09	0.05
小计	13	38948	188070	596901	0.32	0.23

《旧唐书·地理志》所载系天宝十二载（753 年）的人口数，是人口极盛时

---

①《旧唐书·地理志》缺载敦煌郡，此数引自《新唐书·地理志》和《通典》卷 174《州郡典》敦煌郡条。

的统计，而河西人口数还不到 200000。人口最多的武威郡也只有 22462 户，120281 口。河西平均人口密度每平方千米只有 0.32 人。密度最高的武威郡也只有每平方千米 2.72 人，瓜、沙、肃三州人口密度更小，每平方千米 0.1 人左右，从记载来看，天宝年间河西也是人烟稀少。《资治通鉴·唐记三》记载："凉地土薄民贫。"《大唐新语·极谏上》记载："陇右诸州，人户寡少。"《资治通鉴》记载，开元年间，韦凑指出"秦陇之西，户口渐少；凉州已往，沙碛悠然"。河西一向就被认为是地广人稀、沙碛累累的地区。其实，天宝年间河西人口的官方数字，与实际相差甚远，河西很多人口未被统计进去。杜佑在《通典》就曾指出官方户口"所在隐漏甚也"。

四、凉州、沙州、甘州人口

唐代的河西，人口较多的依次是凉州、沙州、甘州，现将此三州人口进行单独研究。

（一）凉州人口

凉州户口数在河西诸州中遥遥领先。唐初有户 8000 有余，天宝年间增至 22000 多户，不仅在河西诸州中居首位，就是在陇右道中亦仅次于秦州（今天水市）。其人口增长的原因，具体有以下三点：

第一，重兵守护走廊，凉州富庶安定。边疆稳定，人民安乐，是人口发展的重要外部因素。唐初，由于西突厥、吐谷浑、吐蕃等少数民族不断骚扰凉州，使凉州在战略上的地位日益突出。因此，唐政府在这里派驻了强大的兵力，河西节度使统兵 73000 人，为唐十个节度使中兵力最强的一个。如此多的兵员驻扎河西五州，守护河西走廊，保障了边境一带和凉州的安全。这在客观上为人口发展提供了安定的社会环境和有力保障。

第二，农业生产发展，百姓安居乐业。农业发展，百姓就可安居乐业，而这又可促进人口增长。在农业生产方面，唐朝主要实行了屯田、屯牧以及和籴等积极政策。屯田以军屯为主，民屯次之。屯牧主要是发展以养马为主的畜牧业；"和籴"者，则"官出钱，人出谷，两和商量，然后交易也"，即国家出钱购买农民的粮食，反过来又提高了农民耕种的积极性。《读史方舆纪要》甘肃镇录云："屯修于甘，四郡半给；屯修于甘、凉，四郡粗给；屯修于四郡，则内地称苏矣。"这充分说明凉州"强兵足食"的条件非常优越，农业连年丰收。《通典》记载，天宝八载（749年）全国屯田收成总数为191.39万石，其中河陇地区总收入79.99万石，占全国总数的37%。《资治通鉴》又说，天宝十二载"天下称富庶者，莫如陇右"。

第三，商业贸易发达，外来人口众多。唐太宗说"西突厥已降，商旅可行矣"，鼓励商业贸易。于是，大批西域商人来凉州经商，并定居凉州，玄奘西行凉州，自此"凉州为河西都会，襟带西蕃，葱右诸国，商旅往来，无有停绝"。胡商常年云集于凉州，隋末李轨占领凉州，为唐朝的劲敌，其时凉州胡人众多，竟能左右李轨的政局。后来帮助唐攻打李轨的安兴贵兄弟就是居于凉州的胡人。肃宗时，凉州七城发生的九姓胡商争占凉州城的事件，说明唐朝凉州流动人口数量之庞大。《资治通鉴》载："至德二载，河西兵马使盖庭伦与武威九姓商胡安门物等杀节度使周泌，聚众六万。武威大城之中，小城有七，胡居其五，二城坚守。"这说明，唐凉州城规模空前，而且丝路贸易的兴盛使居凉州城的胡商多达60000人，而且有很多商人后来定居凉州。在当时凉州经济繁荣、人口殷繁的情况下，人口迁入必定远大于流出，所以人口的增加是必然的。

天宝年间，诗人岑参由长安前往安西，路过凉州，写有"凉州七里十万家，胡人半解弹琵琶"的诗句，有学者据此推测当时的凉州人口。清人张澍所辑的《凉州府志备考》①，武伯纶先生在序言中说："唐代有名的边塞诗人岑参在《凉州馆中与诸判官夜集》诗中有两句说'凉州七里十万家，胡人半解弹琵琶'；每家以五口计算，凉州当是五十万人口的大城市。"其实文学作品中的数据是

---

① [清]张澍：《凉州府志备考》，西安：三秦出版社，1988年。

不宜用来作学术考据的，这是由文学作品本身的特点所决定的。岑参是用诗的语言来形容凉州人口众多，数字不足为凭，但通过岑参的诗可见凉州在天宝年间是一个市面繁荣、人口众多、胡汉杂居的城市。诗人元稹在《西凉伎》中云："吾闻昔日西凉州，人烟扑地桑柘稠，葡萄酒熟恣行乐，红艳青旗朱粉楼。"这首诗同样反映了唐天宝年间凉州人口众多、农业发达、城市繁荣的景象。后来欧阳修撰《五代史》追记时指出："唐之盛时，河西陇右三十三州，凉州最大，土沃、物繁而人富乐。"

（二）沙州人口

天宝年间，河西除了凉州人口最多外，其次便是沙州。沙州即汉时敦煌郡，《太平寰宇记》记载沙州"地当乾位，华夷所交，实一都会之府也"。这句话是唐宣宗大中年间张议潮归唐以后说的，沙州在唐代后期遭吐蕃破坏后仍以"都会"相称，那么在唐最强盛的天宝年间的繁华景象可想而知。根据《新唐书·地理志》和《通典》记载，天宝十三载（754年）沙州有户6395，口32234，每户平均约5人，沙州有2县（敦煌、寿昌2县），每县平均约有16000人，已超出隋代的官方记载的数字（隋敦煌郡领县3，敦煌县、常乐县、玉门县，全郡人口约30000，每县约10000人）。可以说，这是自前秦以来敦煌人口的又一个高峰。

从敦煌藏经洞出土的文献分析，一些学者对敦煌人口又有一些新的发现。天宝年间的敦煌人口状况，根据保有文字较多的《天宝六载敦煌郡敦煌县龙勒乡都乡里籍》分析，有如下两个特点：第一，户籍所记每户的口数大为增加，平均口数是9.87，比《元和郡县图志》和《新唐书》《旧唐书》所记开元、天宝时期各州平均户口数要高得多。这是因为此时的家庭合籍倾向突出，有些家庭是包括祖母及成婚兄弟、子女一起构成的复合家庭。同时也有作籍伪的原因，中央对州县官的考核基准是户口的增损，增加户口可以受到奖励，所以有的州县官把已经出嫁的女性同时登录在娘家和夫家户籍内，可能还有男性冒充女性或已亡人口登记的例子。第二，男女数的比例也不均衡，女性人口的比率十分高，女口大约是男性人口的 3 倍。这是因为出征的男丁死而不返，但可能也是地方官做了手脚。[1]《唐书·地理志》和《通典》所记的敦煌户口数，学者们的解说尚不一致，而敦煌出土文献资料无疑对深入考察敦煌人口问题提供了至关重要的资料。至于唐前期敦煌人口性别比例失调的问题，这里还需要进一步说明，池田温《中国古代籍帐研究》记载了唐代敦煌户籍，大部分属于唐前期，郑学檬先生对 59 户非绝户户籍进行了统计和分析。[2] 成丁妇女比丁男多 94.7%；中女比中男多 366.7%，这表明男性人口比女性人口多。不仅如此，敦煌户籍表明，敦煌人口自然增长有许多不利条件，许多妇女不能适龄婚配。未婚妇女中有 60.3% 属于婚配较迟，或很难有婚配机会。妇女婚配较迟，或难以婚配的原因是敦煌地处边陲，军务和公务差役负担远远超出内地，离乡从役的丁壮过多，导致敦煌丁壮减少。正因如此，敦煌人生产能力或无配偶不具备人口增殖能力的家庭，占总农户数的 71%。[3]

（三）甘州人口

甘州是河西诸州最为富庶的。唐天宝十三载（754 年）甘州只有 6000 多户，20000 多人口，远不及凉州人口（户 22462，口 120281），此时甘州人口远远少于当时的实际人口。我们还要考虑到当时常年驻守在甘州的屯田士卒及其他脱籍人口。《旧唐书·郭元振传》记载，武则天时期，郭元振镇守凉州，曾使人屯田甘州，"尽水陆之利，所积军粮可支数十年"。不仅凉州仰给于甘州，就是瓜、肃诸州也唯甘州是赖。大头屯田就在甘州境内，管兵 7500 人，马 2400 匹。建康屯田区也在甘、肃两州交界处，军驻甘州境，屯田对甘州农业发展起了积极促进作用。《唐六典》云，甘州屯田达 50 屯，屯种 2500 顷土地。

① 以上两点出自冻国栋《唐代人口问题研究》，武汉：武汉大学出版社，1993 年。

② 郑学檬：《七世纪后期至八世纪中期敦煌县人口结构试析》，《敦煌学辑刊》，1984 年第 1 期。

③ 吴廷桢、郭厚安：《河西开发研究》，兰州：甘肃教育出版社，1996 年。

从这些史料可以看出，甘州定有成千上万的从事屯田生产的人口，而这些人口又是游离于户籍之外的。

综上，唐前期河西人口曾经有过一些显著变化，唐代初年较隋末人口大量减少，到开元时才逐渐恢复到和隋末相差无几的地步。天宝年间，河西各州人口数都比贞观年间有所增长，出现了自汉代以来又一次人口高峰。

第三节　吐蕃统治时期河西人口

唐前期的历代统治者非常重视对西北的经营。唐太宗时，先后打败了东突厥、吐谷浑，为进一步经营西域创造了条件。与此同时，青藏高原的吐蕃也迅速崛起，并与唐朝争夺西域、河陇以至西南地区，尤其争夺西域地区，"安西四镇"的几度弃置就是唐蕃势力在西域消长的反映。天宝十四载（755 年），"安史之乱"爆发后，唐朝将驻守西北的精兵锐卒调往中原，致使河陇防务空虚，吐蕃乘机占领了河西等地。直至五代、北宋时期，中原王朝失去了对河西的有效控制。河西继吐蕃统治以后，瓜沙归义军、甘州回鹘、西凉六谷族和西夏党项族等都同时或相继在河西建立了自己的政权。

一、"安史之乱"与吐蕃占据河西

天宝十五载（756 年），安史叛军攻陷长安，唐玄宗逃奔成都，太子李亨在灵武即位，是为肃宗，改元至德。次年春，唐朝命"哥舒翰悉河、陇兵东守潼关，而诸将各以所镇兵讨难，始号行营，边堠空虚，故吐蕃得乘隙暴掠"。至德元年（756 年），吐蕃攻陷威戎、宣威、制胜、金天、天成等军，入据石堡城（又称铁刃城，在今青海湟源西南，又有天威军）、百谷城（今青海贵德东南，又有武宁军）、雕窠城（今临夏西百余里，又有振威军）。唐代宗广德元年（763 年）入大震关（亦称陇关，位于今清水县东陇山一带），取兰（今兰州）、河（今临夏）、洮（今临潭）等州，陇右之地尽为吐蕃所有。

河陇失守，固然与"安史之乱"爆发后边兵内调有直接关系，但"与人户稀少关系尤大"。正如唐将李晟所云："河陇之陷也，岂吐蕃力取之，皆因将帅贪暴，种落携贰，人不得耕稼，辗转东徙，自弃之耳！"吐蕃"始下凉城时，围兵厚百里，伺其城既窘，乃令通唐言者告曰：'吾所欲城耳，城中无少长即能东，吾亦谨兵，无令有伤去者。'城中争号曰：'能解围即东。'其后取他城尽如凉城之事。"

广德二年（764年），吐蕃开始向河西推进。当时唐朝叛将仆固怀恩与之联合攻占了长安，身处险境的河西节度使杨志烈采取"围魏救赵"的策略，发兵攻灵武，迫使仆固怀恩回军救援，长安之围始解。杨志烈此举虽有"安唐室之功"，但河西主力也丧失大半。同年十月，"吐蕃围凉州，士卒不为用"，杨志烈无力固守，乃退保甘州。大历元年（766年）吐蕃攻陷甘州。不久，肃州陷落。大历十一年（776年）吐蕃攻陷瓜州。吐蕃赞普"徙帐南山"，令尚绮心儿率兵围攻沙州。沙州刺史周鼎欲据城固守，乃向回鹘求救。但回鹘援兵"逾年不至"，周鼎遂欲焚毁城郭，引众东奔，但遭到众将反对。奉命巡视水草的都知兵马使阎朝等人借进谒辞行之机，缢杀周鼎，并取而代之。阎朝上任后，率沙州军民拼死抵抗达8年之久。此间，为解决食粮，曾下令"出绫一端，募麦一斗"，结果"应者甚众"。直至贞元二年（786年），沙州城内"粮械皆尽"，在吐蕃承诺"毋徙他境"后，才开城出降。如果从吐蕃尚绮心儿围攻沙州算起，沙州军民坚守了11年之久。至此，吐蕃占据了整个河西地区。

二、吐蕃统治时期的河西人口

吐蕃统治河西近100年，没有留下人口数量的记载，现根据已有的有关人口的史实，对吐蕃统治的河西人口作一探讨。吐蕃占领敦煌初期，由于战争混乱，社会动荡，一些吐蕃将领乘机掠夺人口和土地。《吐蕃子年（808年）沙州百姓汜履倩等户籍手实残卷》[①]在奴紧子名下注云："论悉芶息将去"，奴金刚、婢落娘名下注云："已上并论'论悉芶息'。""论悉芶息"即"论悉芶乞里悉去

---

① 李正字：《〈吐蕃子年（808年）沙州百姓汜履倩等户籍手实残卷〉研究》，《1983年全国教煌学术讨论会文集》，兰州：甘肃人民出版社，1987年，第179页。

啰"。此人一度担任过瓜州节度使,当时敦煌就属其管辖。这位瓜沙地区的最高长官,凭借其权势,侵夺属民,仅从汜国琛一户就夺走了三个奴婢,反映了吐蕃官员侵夺人口的现象在当时已相当严重。①

像"论悉飒息"这类侵夺人口的事,在沙州并不是偶然的。吐蕃占领敦煌初期,这类扰民事件引起了吐蕃陇州军帐会议的重视,并下达了严禁掠夺沙州人口的禁令。吐蕃占领敦煌不久,便着手清查户口,为重新编籍造册作准备,其目的在于理清沙州户口数,检括隐匿人口,限制侵夺人口,增加赋税差役,稳定社会秩序。《资治通鉴考异·建中实录》记载,吐蕃占领河陇后,"河陇之士约五十万人,以为非族类也,无贤愚,莫敢任者,悉以为婢仆,故其人苦之",该言论具有片面性。

吐蕃重视河西的士家大族,也极力保护,利用他们直接管理百姓,士家大族人口并没有大幅减少。阴氏一族就是一个典型的例子。现存大蕃岁次己未(839年)的《阴处士碑》记:阴处士名嘉政,其曾祖、祖父均曾任唐地方军吏,其父为吐蕃"沙州道门亲表部落大使",弟嘉议为"大蕃瓜州节度使行军先锋部落二将"。又弟嘉珍为"大蕃瓜州节度行军并沙州三部落仓曹及支计等使",碑文说:阴氏一族补职蕃朝,"承基振豫,代及全安,六亲当五秉之饶,一家蠲十一之税,复旧来之赋,乐而亡利,新益之园池,光流竟岁……"②世为陇右大姓之李氏一族"虽云流陷居戎,而不坠弓裘,暂冠蕃朝,犹次将军之列"。这些政策使世家大族人口得以发展。

吐蕃重视河西人口发展还可以从在沙州设勾检职官以清查户口得到证实。吐蕃统治敦煌初期,曾一度实行清查户口的措施,并派金牟使,专门负责此项事宜。P.3774《吐蕃丑年沙州僧龙藏牒》:"大兄初番和之日,齐周附父脚下,

---

① 金滢坤:《吐蕃统治敦煌的户籍制度初探》,《中国经济史研究》,2003年第1期。
②《敦煌石室真迹录》二卷,又见《陇右李氏再修功德碑》。

附作奴。后至金牟使上，析出为户，使有差税身役。"[1] 文中"番和之日"即"丙寅年"，亦即贞元二年（786年）；"金牟使"即吐蕃清查户籍的官员。[2] 由此可知，"金牟使"将"齐周"等隐匿人口，从其父户籍下检括出来，并令其承担差税身役。吐蕃占领敦煌初期曾设金牟使，专门负责清查民户人口，为在沙州组建部落及编籍户口提供依据。从以上的史实和敦煌发现的大量汉藏文文书来看，河西地区汉族百姓并非全部或大部分沦为奴婢。吐蕃重视河西人口，"计口授田"[3]，河西地区的汉族人拥有自己的土地，人口得到相应的发展。

关于敦煌的人口，敦煌吐蕃文献中有间接记述。《为赞普赤祖德赞缮写无量寿经卷数册》云：

> 鼠年夏季六月八日，沙州二僧尼部落为王妃樊氏母子之大迦叶（光护）宫功德，为沙州地方民户做功德回向，举行祭祀法会。从宫殿志书、告牒及给寺院长老、节度使之告牒中得知，向二千七百户民户行祭祀法会时，将大施主之资粮交与长老僧人洪䚗和旺乔登记。由经营人云海和李旦恭核对写经数。以后结算为经帐时，正式支出单据与登记账目相校，若相符则做入账并交签名单据。

此件事透露沙州有民户"二千七百户"，所指"民户"不包括诸寺僧尼。根据手实残卷统计，吐蕃时期每户平均为9.4人，户的规模有所扩大。按户平均9.4人计算，沙州2700户当有25380人，比天宝年间的人口数还要多。

其人口增长，外地人迁入沙州是很重要的原因。广德元年（763年），吐蕃陷河、陇、秦、成、渭、兰、鄯、岷诸州，自此，凉州及其以西甘、肃、瓜等

---

[1] 金滢坤：《吐蕃统治敦煌的财政职官体系——兼论吐蕃对敦煌农业的经营》，《敦煌研究》，1999年第2期。

[2] 陈国灿：《唐朝吐蕃陷落沙州的时间问题》，《敦煌学辑刊》，1985年1期。

[3] 杨际平：《吐蕃时期敦煌计口授田考》，《甘肃社会科学》，1983年第2期。

州官府、军队及民众东逃之路已被遮断。广德二年（764年），凉州沦陷，河西节度府的官员、军队及部分百姓只得西退，最后在大历元年（766年），河西节度府迁到沙州，随之而来的凉、甘、肃、瓜州的官员、军队、家属及百姓为数可观，沙州户口因而大增。

《太平寰宇记》记瓜州户口"唐天宝户四百七十七，至长庆一千二百"。长庆是唐穆宗的年号，这正是吐蕃占领瓜州时的户数。

吐蕃统治河西时，在河西有大量的沙陀人口。贞元六年（790年）吐蕃陷北庭，沙陀部不能忍受回鹘的奴役，归附吐蕃6000帐[①]，被徙置甘州而"役属之"。6000帐至少也有30000多人，这对当时的甘州来说是重要居民，也意味着这部分沙陀人被吐蕃人所征服和统治。元和三年（808年），回鹘攻吐蕃，吐蕃怀疑沙陀与回鹘同谋，欲围迁沙陀，沙陀首领率沙陀30000多人向东归唐。《册府元龟》记载："举帐东来，转战三千余里，本出甘州，有九千余人，五月到灵州者，小才二千余人，橐驰千余头、马六七百匹，余者战死馁死及散失。"到灵州，唐朝设阴山府安置他们，一部分没有逃到灵州的沙陀部众，被吐蕃置于祁连山一带。后晋天福三年（938年），《高居海使于阗记》云："甘州，回鹘牙也。其南，山百余里，汉小月氏之故地也，有别族号鹿角山沙陀，云朱邪氏之遗族也。"根据沙陀首领带出甘州的30000多人，估计吐蕃统治时期留在祁连山一带的沙陀人只有两三千了。

吐蕃统治河西时期，河西还有一定数量的吐火罗人。在吐蕃文书中，"phod—kar"是指称活动在河西和楼兰地区的吐火罗人。斯坦因在麻扎塔格吐蕃古代戍堡遗址中所获的几件吐蕃文书中有记"吐火罗部落的Ska-baKlu"[②]。在吐蕃文书 Padma–BkaHi–Than–Yig（Writing of the pronouncements of padma

①《旧五代史·武皇纪上》谓"七千帐"。
② F.W.Thomas: *Tietan literary and Documents Concerning Chinese Turkstan*，Ⅱ P294，P466，P294。

[sambhara]）曾经提到："Lan-mi，吐火罗是 pa-tshab 千户区（Thousanddistricts）。" [①]
这个千户区通常被认为在吐蕃的东北部。[②] 而上引文书中的 "Ska-ba"，又与
《丹珠尔》中所谓的 Bog-yul 相连，被认为位于 Lem-cu（凉州）地区。而吐火
罗人所在的千户区和婼羌（Skyan-ro）亦属这一地区，是吐火罗部落和民众活
动的地方。[③] 因此，吐蕃文献中的 "phod-kar" 和希腊文献中的 "Thagouroi" 均
指称活动于河西一带的吐火罗人。[④] 在吐蕃统治时，不见有吐火罗人的记载，
直到 9 世纪末，他们才重新出现在于阗使臣致王庭的奏稿中。"Ttaudagara" 人
有 2000 之多，且以掠夺为生，这表明河西吐火罗人已摆脱了吐蕃的统治，成
为一支独立的力量，并出现在河西的历史舞台上。据研究，河西吐火罗人
（Ttaudagara）活动范围此时似乎到达了甘州一带。[⑤]10 世纪后，有关吐火罗人
的活动情况在各种文献的记载中基本消失，可能是火罗人融入其他民族之中。

　　最后，值得一提的就是吐蕃统治时期的敦煌僧尼人口。这一时期，敦煌僧
尼人口大大增加。吐蕃占领敦煌的时期，正是佛教兴盛的时代。在这种情况
下，沙州的佛教迅速发展，僧尼人口大量增加。在吐蕃统治敦煌初期，沙州有
僧寺 9 所，尼寺 4 所，僧尼 310 人。

　　在元和十三年（818 年）前后，《戌年沙州诸寺丁口车牛役簿》[⑥] 记载的丁口
共 191 人，年代稍后的《沙州寺户放毛女娘名簿》中记载的女眷共 220 人，总

　　① F.W.Thomas: *Tietan Documents Concerning Chinese Turkstan*，Jounal of the Royal
Asiatic Society, 1931, P278.

　　② F.W.Thomas: *Tietan literary and Documents Concerning Chinese Turkstan*，
Ⅱ P294, P466, P294。

　　③ F.W.Thomas: *Tietan literary and Documents Concerning Chinese Turkstan*，
Ⅱ P294, P466, P294。

　　④ 王欣：《吐火罗在河西一带的活动》，《兰州大学学报（社科版）》，1998 年第 1 期，第
97—103 页。

　　⑤ H.W.Bailey: *Ttaugara, Bulletin of the School of Oriental studies*. Ⅷ, part 4,
1935—1937, P883—885。

　　⑥《英藏敦煌文献》第二卷，成都：四川人民出版社，1990 年，第 25—32 页。

计411人。两件名籍中都未包括男性非丁口者，故寺户的总人口当大大超过此数。另据9世纪初的僧尼数记录，以相应的12寺作一统计，约有僧尼382人。则寺户丁口人数与僧尼总数大致相当，若一丁人口按5人计，则寺户人口近1000人，一些研究者估计，敦煌寺户及家口总人数已到2000人。[①]唐乾元元年（758年）敦煌户数为4256户，口数为16250口。[②]吐蕃统治末期，寺院增加到17所，僧尼人数猛增，据李正宇先生《〈吐蕃子年（808年）沙州百姓氾履倩等户籍手实残卷〉研究》一文推测，吐蕃时敦煌的僧尼约2800人，而沙州的总人口在吐蕃统治末期只有25000人左右。沙州僧尼人口约占沙州总人口的11%。可见寺户在敦煌已经成为重要的社会力量，并为敦煌佛教文化的传承奠定了基础。

三、张议潮起义与吐蕃在河西统治的结束

大中五年（851年），唐朝收复了清水（今清水）、原州（今固原）、玉门等六关和威州（今中卫）、扶州（今文县）。张议潮率领沙州地区的百姓，如敦煌望族张氏、李氏、索氏等，联合居住在沙州以安景旻为代表的粟特人和以阎英达为代表的吐谷浑人等，攻下瓜州。然后，"差押衙高进达等驰表函，入长安城，已献天子"，表示归唐。唐宣宗对此十分高兴，任命张议潮为沙州防御使，并令其继续收复失地。大中五年（851年）十月，张议潮又先后克复了瓜、伊、西、甘、肃、兰、鄯、河、岷、廓十州，并派其兄张议谭奉十一州地图去长安觐见。至此，除凉州外，河西故地复归唐朝所有。

唐宣宗接到瓜沙十一州图籍和张议潮的捷报后，于同年十一月在沙州设归义军，以张议潮为归义军节度使、十一州观察使，负责十一州的行政和军务。唐懿宗咸通四年（863年）三月，张议潮"自将蕃、汉兵七千克复凉州"。同年，

---

① 布目潮沨、栗原益男：《中国历史》，东京：讲谈社，1974年，第200—201页。
② 金滢坤：《吐蕃统治敦煌的户籍制度初探》，《中国经济史研究》，2003年第1期。

唐朝复置凉州节度使，统领凉、洮、西、鄯、河、临六州，治所在凉州。

河西人民为了纪念张议潮，将他的事迹编成了说唱故事，其中有云："河西沦落百余年，路阻萧关雁信稀；赖得将军开旧路，一振雄名天下知。"这反映了当地百姓对他的崇敬和怀念。

第四节 归义军时期河西人口

一、历史背景

大中五年（851 年），唐朝在敦煌置归义军，以张议潮为归义军节度使。直至宋仁宗景祐三年（1036 年）为西夏所灭。除张承奉一度称金山国和敦煌国外，瓜沙归义军在张、曹两家的统治下，共存在了 180 多年，其中 851 年至 914 年为张氏归义军治理时期，此时正当唐朝晚期至五代初期，故张氏归义军时期又被称为晚唐时期。

张议潮建立政权后，主要采取了以下有利于人口发展的政策。

（一）人口调查

大中二年（848 年），张议潮一方面向唐朝告捷，另一方面且耕且战，以人口和土地作为其控制的主要对象，以巩固统治基础。大中四年（850 年）初，张议潮下令调查人口。其调查的范围非常广泛，不仅仅是正常的人户，而且还包括僧尼奴婢等，即包括当时的所有人口。户籍申报完成以后，张氏归义军政权所属各基础组织首先对各人户的申报进行了调查核对，然后在此基础上进行官府户口登录工作，如《唐（年代不详）沙州阴屯屯等户口簿》，这件文书的登录内容与上引令狐进达申报户口牒完全一致，只少了申报中的"应管户"三字，其字体也显示由一人书写，这应该是基层胥吏对本地人口的整理定本。官府登录工作的完成，意味着张议潮人口调查工作的完成。根据刘进宝教授的研究，到大中四年（850 年）底，张议潮已经基本完成了人口的调查、登记工作。人口调查和户口登记的目的就是掌握辖区内人口的状况，便于督促百姓为新政权缴纳赋役，从而也为政权进一步巩固、发展奠定了基础。

（二）土地分配

大中五年（851年），张氏归义军政权建立之初，就废除了突田制，并于大中六年（852年）开始了对土地的调查、登记及分配工作。从文书《唐大中六年四月沙州都营田李安定牒》所述的土地"四至""生荒空闲，见无主是实"及最后三行的内容可知，这是归义军政权土地调整、登记的正式官文书。归义军政权于大中六年（852年）初完成了人口和土地的调查、登录工作，当秋收结束后，于十月开始了土地的分配、授予工作。当然，归义军政权初期的土地分配，并没有触动旧有的土地占有关系，而是承认原有土地的占有，只不过让其将人口、姓名、年龄及土地方位、亩数、四至等申报清楚，以便官府掌握，并据此征收赋税。

此外，张氏归义军政权允许官民向官方请射承佃，可申请耕种的土地除官荒田、绝户地外，还包括无力承担土地税的民户的田地。与授田有关的"请"及"请射"，意思就是按照规定，受田者可以履行请授或请射的手续被授予应受的土地，不是制度规定的受田人，不能请授或请射土地。这些"请授""请射"等都是具体的，都是各类授田的必要手续，都是实行均田制过程中的一个必要程序。在制度规定的前提下（或范围内），应受田者在狭乡的要申请授田，在宽乡的可指定地点地段请授。指定地点地段的请授，就是请射。指物而取曰射，这里的物就是地。归义军政权将土地分配给百姓耕种，并优先照顾有劳力而无地或少地民户的做法，在很大程度上稳定了民心，减少了人口流动。从敦煌文书可知，归义军时期土地买卖比较频繁，出现"私契"，即土地交易双方不再受国家的制约，也不需要官府审核和裁决，可根据个人意志自由买卖土地。私契的公开与合法化，正是土地私有化的反映。大中六年（852年）十月及十一月在分配土地的同时，归义军政权通过调查人口、土地，发现有些民户的住宅与耕地较远，有些民户的耕地过于分散，不利于农业生产，于是允许民户之间可以自愿对换土地、调整土地位置。归义军政权在将土地分配给百姓耕种的同时，还专门设立了营田使等官职，具体负责管理授田事宜。官府在核准请地人的呈状后颁发公凭，到制定户状时记入户状，即可成为私产。然后，官府开始审批请地呈状，优先照顾有劳力而无地或少地的民户。

归义军政权从大中四年（850年）十月的人口调查开始，到大中六年（852年）三月及四月的土地调查登记，再到大中六年（852年）十月及十一月的土地分配、授予及允许土地的对换，完成了政权初建时期的基本工作，即人口、土地的调查、登记与分配，从而为归义军政权的巩固及人口发展奠定了坚实的基础。

（三）人口管理

归义军政权时期，为了加强有效管理，张议潮对各民族采用了分类区别的管理办法。一方面将吐蕃统治以前已开始汉化的粟特、龙家等各少数民族大多编入乡里，其中有些人还成为张议潮收复河西、陇右的重要将领，如康通信等；另一方面对于吐谷浑和通颊人，则允许其继承吐蕃旧制，仍以部落的形式加以统治。归义军政权并没有将吐蕃时期编组的部落全部打散，而是保留了通颊、吐谷浑等民族组成的十个部落，这些部落仍和吐蕃统治时期一样，设立部落使及副使统领。对这些部落的管理，下达的文书仍采用藏文书写。这种分类管理各民族的措施取得了很好的管理效果，使当地少数民族"驰诚奉质，愿效军锋""以为军势"，同时也对周边人口大量迁入、人口增长起到了很好的作用。咸通二年（861年），张议潮"自将蕃汉兵七千克复凉州"，就是归义军政权民族政策取得实效的有力见证。

通过上述措施，归义军政权得到了境内各方力量的支持，政治比较稳定，经济也得到发展。咸通二年（861年），张议潮收复凉州。至此，归义军政权"西尽伊吾，东接灵武，得地四千余里，户口百万之家，六郡山河，宛然而旧"，势力达于极盛。敦煌随之成为西北地区的政治中心。

二、归义军时期河西人口

归义军统治河西时有多种民族杂居于此，主要有汉、吐蕃、吐谷浑、羌

（主要是党项羌）、嗢末、龙家、回鹘等。

（一）汉族人口

汉族居民较唐天宝年间有大幅减少，《宋史·吐蕃传》载，归义军时期凉州城的汉族民户只有三百户，据高居诲《于阗记》记载："灵州至凉州间的沙丘地区为党项住地，甘州是回鹘牙帐所在，州南的祁连山有沙陀遗族，出玉门关经吐蕃界，沙州西有仲云部落，惟瓜、沙二州多汉人。"河西其他州的人口正史无载，只有根据方志中的有关人口记载推测。齐陈骏教授根据《寿昌县地境》载寿昌乡"户三百五十九"推测，敦煌县当时有十三乡，"大约应有五千余户"①。《寿昌县地境》是五代后晋时的写卷，其户口数是抄袭原撰于光启之前的晚唐时期的《沙州志》而来的（今存有该志残抄本，编号S·788及S·367），是晚唐时期的寿昌县户口数。在寿昌县并入敦煌县期间，寿昌只是敦煌的一个乡。晚唐时，寿昌又另置为寿昌县。把它作为敦煌县一个乡的户口基数加以利用大体是可以的。

金山国后期人口锐减，瓜、沙二州只有10000人。写于911年的《沙州百姓一万人上回鹘天可汗状》，其中所谓"沙州百姓一万人"，实际上是金山国（包括瓜、沙二州）的全部人口。从初唐经吐蕃占领时期到晚唐时期，且不说瓜、沙二州，只沙州一州，人口不少于15000。到金山国时，人口当又有增长。撰于金山国初年的《龙泉神剑歌》说"前日城东出战场，马步相兼一万强"，又曰"蕃汉精兵一万强，打却甘州坐五凉"，金山国初期军队就有10000多，百姓当更多。到金山国末期（实际上距金山国建立政权只有5年），其全部人口只剩10000，可见其户口减损很大。

金山国之后，曹氏归义军治理敦煌的120多年，敦煌社会安定，经济文化达到了空前繁荣的阶段，人口有较大的增长，为此在原属敦煌县东南部的紫亭

① 齐陈骏：《河西史研究》，兰州：甘肃教育出版社，1989年，第91页。

一带，析置出一个紫亭县①。紫亭原来只是敦煌的一个乡，李正宇先生认为即通颊乡。②五代时由乡升县，意味着该乡户口有所增加。根据史料记载，晚唐及五代前期归义军下辖六个防镇，五代后期和北宋时增设二镇，成为八镇，这意味着五代时归义军兵员有所增多。在没有战争的和平年代里，兵员增多意味着居民人口有相应增长。《庚辰年正月十五日夜见在巡礼都官》③载38人。《新唐书·兵志》云："及僖宗幸蜀，田令孜募神策新军为五十四都，离为十军——诸都又领以都将，亦曰都头。"《田令孜传》记田令孜"别募神策新军，以千人为都，凡五十四都"。晚唐中和四年（884年），归义军中肃州防戎都有两军④，按《兵志》"五十四都，离为十军"，则每军得5400人。晚唐归义军防戎都有2军，不知每军若干人。宋初曹氏归义军有38位都头，这并不意味着有38都，每都员额亦不知多少。但从敦煌遗书资料大体可以知道曹氏归义军节度使下有左右2个马步都指挥，左马步都指挥统辖左厢10将，右马步都指挥统辖右厢10将，共20将。每将置将头1人，将头所统兵员为100名，《唐故河西归义军节度押衙兼右二将头浑子盈邈真赞并序》记浑子盈为"节度押衙，兼百人将务"是也。那么20位将领，计兵员2000人。除此之外，还有亲从都头率领的亲从兵和衙前子弟兵，又有分守八镇的镇戎兵。可以看出，这一时期兵员充足，进而有理由认为当时居民人口数较之前有增加。

（二）吐蕃人口

《张议潮进奏表》记载："张议潮奏：咸通二年收凉州，今不知却废，又杂蕃、浑。"蕃即指随张议潮军队东进而逐渐集结撤退到东部地区的吐蕃及其余部的残余势力。

---

① 《太平寰宇记》失载，而敦煌遗书及莫高窟题记中证据颇多，确知五代及北宋时置有此县。

② 李正宇：《敦煌历史地理导论》，北京：新文丰出版社，1996年，第83页。

③ 庚辰年即北宋太平兴国五年（980年）。

④ 《肃州防戎都状》云："右，当都两军军将及百姓平善提备。"

凉州吐蕃人口有一条重要的材料，曾巩《隆平集·夷狄》记有党项占领河西后，本区东部的西凉六谷族大首领斯铎督率部 100000 逃奔角斯啰。[①] 宋初，居住在凉州及凉州城外的吐蕃人汉籍称之为六谷部落，或称六谷蕃部。从这一资料可知归义军时期的吐蕃人口至少有 100000。

甘州吐蕃人口较凉州要少，宣宗大中四年（850 年），原在鄯州一带游牧的吐蕃在论恐热的率领下，放弃鄯州，"率部落三千余人就水草于甘州西"，后论恐热作乱，吐蕃人口失散，或逃到河州，或降于鄯州吐蕃军队。《肃州防戍都状》记载：中和四年（884 年）回鹘围攻甘州城，城中有龙家、吐蕃、吐谷浑等15 家部落并力拒守，后寡不敌众，甘州为回鹘占据。

从肃州到瓜沙一带，也有大量的吐蕃人被归义军安置在这里，人数约有3000，[②] 势力举足轻重，后归义军还专门设置了蕃部落使一职，管理吐蕃人。[③]五代后晋高居海出使于阗，路经河西走廊，"自灵州渡黄河至于阗，往往见吐蕃族帐"，可见晚唐五代的河西境内吐蕃人口数量不少，由上面的史实可知归义军时河西吐蕃残余人口约在 100000 以上。

（三）吐谷浑人口

河西地区有大量吐谷浑人居住。《新唐书·吐谷浑传》记载："圣历三年，拜左豹韬员外大将军，袭故可汗号。余部诣凉、甘、肃、瓜、沙等州降。"另外，《通典·边防典·吐谷浑》记载郭元振安置吐谷浑，"今吐谷浑之降者，非驱略而来，皆是渴慕圣化……当凉州降者，则宜于凉州左侧安置之；当甘州，肃州降者，则宜于甘、肃左侧安置之；当瓜州、沙州降者，则宜于瓜、沙左侧安置之。"这表明河西诸州都安置有吐谷浑降者。

凉州吐谷浑人口不少，《张议潮进奏表》云："张议潮奏：咸通二年收凉州，

---

① 又见《西夏书》列传卷 4。

② 李冬梅：《唐五代归义军与周边民族关系综论》，《敦煌学辑刊》，1998 年第 2 期。

③ 郑炳林：《敦煌碑铭赞辑释》，兰州：甘肃教育出版社，1992 年。

今不知却废，又杂蕃浑。"这里的浑即指吐谷浑。乾符元年（874 年）十二月吐谷浑与嗢末联合击破回鹘，使其"逃遁不知所之"，组建凉州地区吐谷浑人口之多。另外，张议潮节节东进，把吐谷浑的残余势力驱至河西东部，凉州应是河西各州中吐谷浑人口较多者，估计至少有 1000 多人口。

吐谷浑是驻军在甘州城内的一支重要力量，约有 100 多人。[①]《肃州防戍都状》记载甘州诸族难敌回鹘，不得已部分撤退："其退浑（吐谷浑）王拔乞狸妻则迁牵驮夫则遮驱眷属细小等廿已来随往，极甚苦切，余者百余奴客并不听去。"留守甘州城的 100 多吐谷浑人仍与龙家等族坚城据守，也终因粮断，只得撤出甘州，进入肃州。

瓜沙地区的吐谷浑人完全从属了归义军。为方便对他们的管理，归义军仍以部落的形式加以统治。吐谷浑居民以浑、慕容为姓，敦煌地区还有慕容氏命名的村庄聚落，这都表明了敦煌地区吐谷浑人的居住情况和规模。敦煌文献《敦煌诗》记载：

> 万倾平田四畔沙，汉朝城垒属蕃家。
>
> 歌谣再复归唐国，道舞春风杨柳花。
>
> 仕女上梳天宝髻，水流依旧种桑麻。
>
> 雄军往往施鼙鼓，斗将徒劳猃狁夸。

"蕃家"既指以粟特人为主的胡姓居民，也指敦煌地区的吐蕃、吐谷浑居民。从"蕃家""猃狁"等字看，敦煌地区常住居民不但有吐蕃人，而且还有北方民族。

吐谷浑部落在敦煌地区活动居住情况如何？《甲辰年—丁未年（944—947）李闍梨出便黄麻麦名目》记载有通颊孔曹子、石狗奴、孔憨奴，还有吐谷

---

① 李冬梅：《唐五代归义军与周边民族关系综论》，《敦煌学辑刊》，1998 年第 2 期。

浑慕容略罗借贷黄麻四笔，表明吐谷浑部落的居民在敦煌地区活动很活跃。

（四）羌族人口

据《敕河西节度兵部尚书张公德政之碑》，归义军前期河西境内有羌族人居住，主要分布在甘、肃两州，人口并不多。《肃州防戍都状》记载有羌族人居住在甘州城内，与龙家、吐蕃、吐谷浑、通颊等杂居共处。甘州城破，"羌大小三十七人"随龙家等撤离甘州，投奔肃州。可见，河西羌族人口不多，不过几百人。

（五）嗢末人口

嗢末亦曰浑末，是归义军时期一支重要力量，人口不容忽视。嗢末原系吐蕃奴部，《新唐书·吐蕃传》记载："虏法，出师必发豪室，皆以奴从，平居散处耕牧。及恐热乱，无所归，其相啸合数千人，以嗢末自号。"嗢末是吐蕃在河陇地区的统治崩溃之后出现于河西的，后发展壮大，人口较多。《肃州防戍都状》称："我龙家共回鹘和定已后，恐被回鹘侵凌。甘州事，须发遣嗢末三百家已来同住，甘州似将牢古（固）。"河西部分汉人、吐蕃人反依附于嗢末。广泛散于甘、肃、瓜、沙河西各处及河东一些地区。

（六）龙家人口

据敦煌发现唐光启元年（885年）写本《沙州·伊州地志》记载："龙部落本焉耆人，今甘、肃、伊州各有首领，其人轻锐，健斗战，皆禀皇化"，则知龙家或龙部落本焉耆胡人，时散居于甘、肃、伊等州。《肃州防戍都状》云，甘州城内"龙家丁壮及细小一百九人，退浑、达票、拱榆、昔达票、阿吴等细小共七十二人，旧通颊四十人，羌大小三十七人，共计二百五十七人"。后来，甘州城内的龙家109人迁到肃州。回鹘人故在884—887年间[1]在甘州建立政权。

① 荣新江:《甘州回鹘成立史论》,《历史研究》, 1993 年第 5 期。

敦煌地区的龙家不仅仅以龙为姓，而且还以何为姓。①《乙丑年（929年）何愿德贷褐契》记载，乙丑年十二月二十三日龙家何愿德于南山买卖，于永安寺僧长千面上贷出红褐三段、白褐一段。龙家居民中包括的姓氏除了胡姓之外还有汉姓，如《（年代不明）吴留德等便豆历》记载有龙张政子和龙安善通，表明晚唐五代敦煌地区的龙部落是归义军管辖下十部落之一。在龙家部落的名号之下，还包括了除龙家之外的粟特人等。敦煌文书记载龙家的文书比较多，龙家人主要从事农业、商业、畜牧业等社会经济生活，在畜牧业经济中以牧马而著称，放牧的区域主要是常乐县一带。

敦煌地区的居民人口结构从部落与乡的结构上看，吐谷浑与通颊基本上是平级。如《（年代不明，9世纪后期）孔再成等贷麦豆本历》记载有玉关、部落、慈惠、效谷、洪池、神沙、洪润、通颊、平康、赤心及龙家、绿家、常住、张家、马家等，这里的部落当指吐谷浑部落，通颊即通颊部落。这里将通颊部落和吐谷浑部落与乡等同看待，所以通颊、吐谷浑已经成为敦煌诸乡之一，其管辖下的居民人口数量也不在少数。

敦煌地区居民结构从唐代天宝年间到吐蕃时期、张氏归义军时期、曹氏归义军时期，到底发生了哪些变化，我们可以通过敦煌文书来推测。

《（年代不明）黑眼子等便地子仓麦历》文书中的□衍讷、王黑眼子、□社子、杨百奴、朱悉吉略、仍善子、杜悉吉子、杜令丹、王不勿子等很可能都是居住在敦煌的吐蕃人，对这些人的记述占到了文书记载人数的41%。《（年代不明）程富奴等便王都头仓斛斗历》记载11人，其中粟特人康愿德、康清奴2人，吐蕃有仍钵悉鸡、邓宇悉鸡、邓悉子3人，粟特人与吐蕃人占总人数的45.4%。可以看出，归义军后期敦煌地区的吐蕃居民数量还是很大的。《经坊供菜关系文书》记载请菜蕃僧5人，长对写经25人，行人部落供菜人中有乞结夕、遁论磨、罗悉鸡等，丝绵部落中的苏南、触腊、婆志力、勃浪君君、屈

① 郑炳林：《晚唐五代河西地区的居民结构研究》，《魏晋南北朝隋唐史》，2007年2期。

罗悉鸡、摩指猎、尚热摩、苏儿等基本都是吐蕃人，还有 4 人为粟特人。吐蕃居民占了 30.5%，吐蕃、粟特居民共占了 41.7%。

归义军时期，作为商业行会的凉州行中也有吐蕃居民田悉矹等和粟特人安粉粉等，这表明吐蕃人和粟特人在敦煌从事农业和商业贸易。《甲子乙丑年（964—965）翟法律出便与人名目》反映的居民结构是曹氏归义军时期的状况。另外，《便粟历》记载便粟人 28 人，其中胡姓人 7 人，占总人数的 25% 左右，至于其中还有多少吐蕃居民，一时难以确定。《壬申年（972 年）正月廿七日褐历》记载便褐人 29 人，可以确定的 6 人为胡姓居民，占 20.7% 左右。《唐沙州诸乡欠枝人户名目》记载敦煌 104 户，胡姓 21 户，蕃 4 户；神沙 42 户，胡 1户；龙勒 95 户，胡 7 户；赤心 61 户，胡 14 户，蕃 4 户；洪润 88 户，胡 10，蕃 1 户；慈惠 56 户，胡 16 户；平康 58 户，胡 5 户；效谷 28 户，胡 8 户。从这个统计数据可以看出胡姓和蕃姓居民主要分布及其在各乡居民结构所占比例情况：敦煌（24%）、龙勒（7%）、赤心（29.5%）、洪润（12.5%）、慈惠（17.8%）、平康（8.6%）、效谷（28.5%）。这是张淮深后期的文书，该文书反映了归义军时期的敦煌地区居民结构的基本状况，平均占 18.27% 左右（除神沙乡之外），若加上神沙乡，平均占 16.28%。《壬申年（972 年或 912 年）三月十九日敦煌乡官布籍》记载登记人名 83 人，其中 16 人为粟特人，占当时居民人口的 19.2%。

（七）敦煌僧尼人口

据学者统计，敦煌在归义军时期有僧尼 1100 多人，寺户、常住百姓及其家眷的人口数在 1000—2000 之间，僧尼及其依附性人口约占沙州总人口的 10%。[①] 在中古时期，就全国来说，僧尼的人数始终不是很多，大体上徘徊在 1% 左右。[②] 可见敦煌僧尼占敦煌总人口的比例大大超过了僧尼在全国人口中

---

① 姜伯勒：《唐五代敦煌寺户制度》，北京：中华书局，1987 年，第 139 页。

② ［法］谢和耐著，耿昇译：《中国五—十世纪的寺院经济》，兰州：甘肃人民出版社，1987 年，第 13—43 页。

所占的比例，甚至超过了武宗灭佛时的僧尼在全国人口中所占的比例。[①]敦煌众多的僧尼对张议潮建立政权成功做出过贡献，但因僧尼不婚配，一定程度上也影响了敦煌人口的增长。

唐后期河西民族杂居，仅中和四年（884 年）左右的甘州城内，便集中了吐蕃、吐谷浑、龙、羌、通颊及后来的回鹘等数个少数民族，《申报河西政状残片》也记载："河西诸州，蕃浑嗢末羌龙狡杂，极难调伏。"归义军时期，河西民族较多，各族都重视人口发展，在河西人口发展史上留下了重要的一笔。众所周知，人口和土地是历代统治阶级赋役征敛的基础。一个新王朝的建立，哪怕是一个极不完备的新政权的建立，也都是以人口和土地作为其控制的主要对象。[②]地处西北边陲的归义军政权非常重视人口调查，张议潮的统治渐趋稳定后就开始了人口调查工作。日本京都有邻馆藏敦煌文书第51号《唐大中四年（850 年）十月沙州令狐进达申报户口牒》记载：

> 令狐进达应管□妻男女兄弟姐妹新妇僧尼奴婢等共三十四人，妻阿张，男宁宁，男盈盈，男再盈，女盐子，女娇娇；弟嘉兴，妻阿苏；弟华奴，女福子；弟僧恒祭，婢耍娘；弟僧福集，婢来娘；弟僧福称；妹尼胜福；兄兴晟，妻阿张；母韩，男含奴，男佛奴，妹尼胜□，妹尼照惠，婢宜宜；侄男清清，妻阿李，母阿□，弟胜奴，弟胜君，妹尼渊□，妹银银，奴进子。右具通如前，请处分。牒件状如前，谨牒。
>
> 大中四年十月日令狐进达牒。[③]

---

① 谢重光：《关于唐后期五代间沙州寺院经济的几个问题》，转引自赫春文《唐后期五代宋初敦煌僧人的税役负担》，《敦煌学辑刊》，1998 年第 2 期。

② 冻国栋：《中国人口史》，上海：复旦大学出版社，2002 年，第 39 页。

③ 唐耕耦、陆宏基：《敦煌社会经济文献真迹录》第 2 辑，全国图书馆文献缩微复制中心，1998 年，第 462 页。

大中四年（850年）十月，沙州的吐蕃政权虽已被推翻，归义军政权还未建立。此时，张议潮掌控沙洲，可称为前归义军时期。这件牒文就是令狐进达一家上报给张议潮的。

归义军时期，张议潮开始着手整理内政，其中重要的一项就是掌握当时的人口状况。关于调查人口的政令，很可能是大中四年（850年）颁布的。其调查的范围非常广泛，不仅仅是正常的士族大户，而且还包括僧尼奴婢等，即当时沙州的所有人口，因此才有了大中四年十月令狐进达一家的牒文。

在各人户申报的基础上，张议潮政权所属各基础组织首先对各人户的申报进行了核对，然后在此基础上进行官府户口登录工作，到大中四年底，张议潮已基本完成了人口调查。人口调查的目的就是掌握各户人口的情况，使百姓为新政权缴纳赋役，从而也为政权进一步巩固、发展奠定了基础。

第五节　甘州回鹘人口

甘州回鹘是9世纪晚期到10世纪初期河西地区的回鹘人将甘州作为发展中心建立的一个政权。这一时期中，首先经历了五代十国的对峙，随后经历了辽、宋、西夏的针锋相对。甘州回鹘人迁入河西走廊的时候，首先是归吐蕃管理，之后又被归义军统治。直到9世纪晚期，甘州回鹘的势力才得以发展，同时也摆脱了归义军的制约，真正登上历史舞台。

一、甘州回鹘的前世

回鹘在贞元四年（788年）前叫回纥，隋时称为铁勒，分布在今贝加尔湖一带。隋末，趁突厥南下之机，南迁到娑陵水（今色楞格河）流域一带。《旧唐书·回纥传》记载，当时"胜兵五万，人口十万人"。突厥被唐朝攻灭之后，回纥吸收了其部分人口，人口数量得以增加。永徽二年（651年），回纥派"五万骑"帮助唐朝破西突厥收复北庭。如果仅凭其本部的100000人口，派出50000骑兵助唐显然是不可能的事情。天宝初年，唐朝再度灭突厥后，回纥逐渐控制了突厥旧地，达到极盛。

回纥是由九姓氏族联合组成，安史之乱发生后，回纥出兵助唐收复长安、洛阳后，与唐结成了"甥舅姻亲"关系。回纥，按其本意，乃是"联合""结合""同盟"之意，据《旧唐书·回纥传》云：

> 回纥，其先匈奴之裔也，在后魏时，号铁勒部落。其众微小，其俗骁强，依托高车，臣属突厥，近谓之铁勒……特勒始有仆骨、同罗、回纥、拔野吉、覆罗，并号俟斤，遂称回纥焉。

唐初，以强大的回纥为基础，联合或收并仆固、吐谷浑、同罗、拔野古、思结、契苾、拔悉密、葛逻禄，加上阿跌部，又称"十姓回纥"。甘州回鹘进入甘州后，他们与原属于甘州境内的回纥、契苾、思结、同罗、仆固等原铁勒诸部融合相附，成为甘州回鹘的主体。

二、甘州回鹘的三次迁徙

唐贞观初年，回鹘酋长菩萨联合薛延陀一同起兵，以反抗东突厥汗国的统治。贞观三年（629年），菩萨遣使入唐朝贡。贞观二十年（646年），唐派遣萧嗣业为使宣慰其部，并发兵进击薛延陀。贞观二十一年（647年），其首领吐迷度率众归唐，以其地方为瀚海都督府，吐迷度被拜为都督。吐迷度死后，其子婆闰袭位，帮助唐平定西突厥。龙朔元年（661年），其部发生比粟毒之乱，唐出兵戡平之，扶立婆闰子比粟主政，移瀚海都督府于其部，置为天山县漠北，于是得以保持较长时间的安宁。垂拱元年（685年），仆固、同罗联合反叛，进攻漠北回鹘，被唐兵平破。长寿二年（693年），后东突厥第二代君主默啜可汗大举北征，破其部，回鹘分裂为二，一支南徙甘、凉。经三次迁徙后最终形成了甘州回鹘。

第一次迁徙，是从唐初到武则天执政时期。唐朝初期，朝廷开始重视西北地区的治理和管辖，并推广了"羁縻州制"，得到了当地民众的支持。这吸引了回鹘人内迁。唐贞观六年（632年），回鹘、契苾羽部率部族众开始依附于唐朝。《旧唐书·契苾何力传》记载："贞观六年，契苾何力随其母率众千余诣沙州奉表内附，太宗置其部落于甘、凉二州。何力至京城，授左领军将军一职。"唐廷将何力的部落安排在了甘州和凉州。其中，内附部众约为1000多人。刘再聪在《隋唐河西地区的回忆——兼论赣州惠水的起源》中做了论证，他说："同期约有4000—5000人搬迁，相当于凉州六分之一的人口，这与河西瓜州的人口比较相近。"这次内迁增加了河西走廊地区的人口。高宗永徽四年（653年），何力部被设为贺兰都督府，隶属于燕然都护。陆庆夫在《思结请粮文书与思结归唐史事考》对其做出了论述："唐政府不仅仅划给他们专门的区域供其游牧，而且还设置了专门的行政机构进行管理，其设置的目的是令这些人在这一带的生活保持稳定。"这是回鹘部族规模比较大的一次迁徙。契苾部落较早进入河西，这是甘州回鹘之始。

在唐高宗执政时期，西突厥沙钵罗可汗阿史那贺鲁因为唐太宗驾崩，宣布叛乱。唐政府不得不派兵对西突厥进行讨伐，唐军也因为回鹘从中协助，很快收复庭州。唐政府授予回鹘首领婆闰右骑卫大将军兼任瀚海都督作为褒奖。"龙朔三年，独解支立，其都督亲属及部落征战有功周，并自碛化移居甘州界。"独解支其子伏帝匐则被唐政府任命为唐河西经略副使，同时还兼任赤水军使，这增加了河西的人口，在首领的引导下，很多回鹘人愿意迁移到甘、凉等地生活。同时，唐朝开始在当地采取了较为严格的人口管辖方式，羁縻州的数目也开始增多。《新唐书》记载，陇右道凉州都督府下有回鹘部落三州一府。并且，在《旧唐书》里也曾经记载，河西道凉州中都督府下辖州府情况，吐浑部落、兴昔部落、阁门府、皋兰府、卢山府……寄在凉州界内，共有户5048，人口17212。这17212人中大部分是回鹘人。河西走廊地区拥有较为完善的行政建制，这给迁徙到这一地区的回鹘人建立政权奠定了基础。

在武则天当政时期，回鹘四部族占据的领地不断缩小，回鹘有很多部落再次向河西地区迁徙。《新唐书》记载："突厥默啜方强，取铁勒故地，故回纥与契苾、思结、浑三部度碛，徙甘、凉间。"这次迁徙规模大、数量多，壮大了回鹘力量。

第二次迁徙发生在唐德宗至唐宪宗时期。河陇地区开始被吐蕃占领，回鹘人也占领了河西地区。安史之乱后，"边兵精锐者皆征发入援……西北数十州相继沦没，自凤翔以西，邠州以北，皆为左衽矣"。贞元四年（788年），唐朝和回鹘和亲成功，吐蕃和回鹘之间的关系开始紧张，双方发生战争。《资治通鉴》记载："八月……吐蕃攻灵州，为回鹘所败……十二月，甲午，又遣使献所获吐蕃酋长尚结心。"此外，回鹘在789—792年之间，发动了北庭之战；

之后又在贞元十三年（797年）占领了凉州等地区，从这之后双方之间的战争不断。史书记载："回鹘取凉州，吐蕃疑尽忠持两端，议徙沙陀于河外，举部愁恐。""十月，回鹘发兵度碛南，自柳谷西击吐蕃。"最后，在长庆元年（821年），双方选择和亲以化解战争。《旧唐书》记载："唐穆宗即位，逾年乃封第十妹为太和公主……迎太和公主回鹘三千于柳泉下营拓吐蕃。"到了这一时期，回鹘在河西地区的势力得到了扩张，管辖的地方越来越多，成为最具实力的政权之一。

第三次迁徙是在漠北回鹘汗国灭亡后，残部进入河西走廊区域。840年，黠戛斯人反抗，回鹘汗国灭亡。在《旧唐书·回鹘》中有言："又有近可汗牙十三部，以特勒乌介为可汗，南来附汉。"回鹘余部也逐渐迁到河西地区。《旧唐书》记载："会昌三年，回鹘特勤叶被沾兄弟李二部南下投奔吐蕃。"回鹘进入吐蕃以后，整个部落不但遭遇解散，还被迫参与战争。史书记载，大中元年（847年）五月，"吐蕃论恐热乘武宗之丧，诱党项及回鹘余众寇河西"。因此上述人便被同化了。回鹘的人口逐步稳定地增加，河西区域回鹘部族的居住范围在不停地扩张，从最先的凉、甘区域慢慢扩大到河西走廊，于是就有了"各部族各立君长，居四郡外地者，分领族帐"的说法。

900年左右，回鹘设立牙帐，正式建立甘州回鹘政权。后梁乾化元年（911年），"西汉金山国"与甘州回鹘订立了割地求和的"城下之盟"，将甘州、肃州正式归甘州回鹘。至此，肃州被甘州回鹘控制。

三、甘州回鹘政权的崩溃

甘州回鹘几次与强大的西夏交战，最终被西夏击溃，河西走廊的甘、凉、肃、瓜、沙诸州，为西夏所有。随着甘州回鹘政权的崩溃，甘州回鹘各部落再次离散。据记载，投奔青唐（今西宁）吐蕃首领角厮啰的一支就有"数万"

人。① 这一部分甘州回鹘人口大概融于吐蕃了。另一部分人，则逃入北宋境内，居秦陇之间。还有一部分甘州回鹘人口，可能还包括甘州回鹘可汗"夜落隔"的后裔，退至沙州以南，仍过着游牧生活。这支甘州回鹘部落的余部可能就是不久之后出现的"黄头回纥"，即今日河西裕固族的祖先。其余没有迁徙的甘州回鹘部落，均被西夏征服，沦为附庸，②"八年瓜州王以千骑降于夏"③ 等少量史料记载了当时的人口数量，投降西夏的人口数究竟是多少，目前尚不清楚。

---

① 《宋史·吐蕃传》记载："及元昊取西凉府，潘罗支旧部往往归角厮啰，又得回纥种人数万。"

② 《西夏书事》记载："自元昊取河西地，回鹘种落窜居山谷间，悉为役属。"又《松漠纪闻》载："甘、凉、瓜、沙旧有族帐，后悉羁縻于西夏。"

③ 《西夏纪》记载："角厮罗、回鹘降者复数万，由是富强。"八年即为天圣八年（1030年）。

第六节　隋唐及五代时期社会经济发展变化

一、隋代社会经济发展变化

（一）解除西北边患，保障河西安全

隋朝建立伊始，其所面临的内外形势相当严峻，原北周宗室诸王和地方势力桀骜不服，相继起兵反抗，江南的陈朝亦伺机兴兵攻击。这些势力，以东北的高丽为主谋，东西勾结，南北呼应，形成了一股对抗隋朝的强大军事伏流，严重威胁着隋朝的安全。开皇九年（589 年），隋文帝灭陈后，实现了南北统一。

隋炀帝继位后，国力空前增强，"户口兹盛，中外仓库，无不盈积"，"计天下储积，得供五六十年"。于是，隋炀帝下决心彻底清除外患，进而开拓西域，畅通丝路。隋朝对突厥、吐谷浑的军事胜利，消除了困扰隋朝安全的西北边患，不仅拓展了疆域，保障了丝路的畅通，也为地处西北要冲的河西地区创造了一个较为安定的社会环境，有力地保障了河西地区经济的发展和人口的增长。

（二）加强政权建设，选派良吏治理

河西自东汉末以来，长期处于封建地方割据势力和游牧民族政权掌控之下，故其行政管理体制随着中央政权的频繁更替和割据势力的沉浮消长而屡有变化。在隋统一前，河西地区行政区划的变更和管理体制调整是频繁、混乱的，这显然不利于统治和管理。时人杨尚希指出："当今郡县，倍多于古，或地无百里，数县并置，或户不满千，二郡分领……所谓民多官少，十羊九牧。今存要去闲，并大为小，国家则不亏粟帛，选举则易得贤才。"隋文帝深以为然，遂罢天下诸郡，改州郡县三级制为州县二级制（隋炀帝时又改州为郡）。

在河西地区设立了武威、张掖、敦煌三郡。武威郡治姑臧，领姑臧、昌松、番和、允吾四县；张掖郡治张掖，领张掖、山丹、福禄三县；敦煌郡治敦煌，领敦煌、常乐、玉门三县。改制后，河西重新确立了地方郡县管理体制，改变了长期以来河西地区机构重叠、行政隶属变化不定的局面，有利于河西地区社会稳定和经济的发展。

在加强河西政权建设的同时，隋朝还十分重视河西地方官吏的选用。这固然与隋朝地方官由中央任命的制度和"选才授官"的用人原则密不可分，但也反映了隋朝对河西地区的高度重视。隋代，河西涌现出了一批强干精明、恪尽职守、政绩卓著的地方官，如：裴矩以"颇有干局"而著称，樊子盖以"执操清洁"而简拔，贺娄子干以"晓习边事"而称誉朝野等，他们为河西地方稳定和经济发展做出了突出贡献。

（三）大兴屯田，发展畜牧

1.大兴屯田

河西自西汉大规模经营开发以来，农业经济得到了快速发展，曾出现过"风雨时节，谷籴常贱，少盗贼，有和气之应，贤于内郡"的盛世局面。其中，屯田在河西开发史上发挥了重要作用。河西屯田自西汉开始，历经东汉、曹魏、十六国及北魏等，成为中原王朝和河西地方割据政权经营河西、巩固边防的重要方式。

隋统一后，为解决边防军需"转输劳敝"的困难，继续大规模屯田。首先是健全屯垦制度，在尚书省工部尚书之下设屯田侍郎二人，专掌全国屯田事宜。"缘边交市监及诸屯监，每监置监、副监一人"，至于各地屯田，则分别由司农寺及郡县管理。开皇三年（583年），隋文帝令赵仲卿等在长城以北"大兴屯田，以实塞下"，正式拉开了北方地区屯田的序幕。"于时塞北盛兴屯田，仲卿总统之。"他严格执法，使屯田得以推行。其间"微有不理者，仲卿辄召主掌，挞其胸背，或解衣倒曳于荆棘中。时人谓之猛兽。事多克济，由是收获岁广，边戍无馈运之忧"。

隋炀帝时，因节节击退突厥、吐谷浑，隋朝的疆域进一步扩展，河西的屯田规模越来越大。当时以河西为基地向四周拓展，"盛兴屯田于玉门、柳城之外"。大业四年（608年），隋炀帝联络铁勒部共击吐谷浑，大获全胜，伏允被迫南奔雪山，故"其故地皆空，自西平临羌城以西，且末以东，祁连以南，雪山以北，东西四千里，南北二千里，皆为隋有。置郡县镇戍之，发天下轻罪徙居之"。次年，隋炀帝西巡途中，再次打败吐谷浑残余势力，威震西域，伊吾吐屯设主动向隋献西域数千里之地。隋炀帝乃于其地设西海、河源、鄯善、且末等四郡，"谪天下罪人为戍卒以守之。命刘权镇河源郡积石镇，大开屯田，捍御吐谷浑，以通西域之路"。刘权留镇五载，"诸羌怀附，贡赋岁入"。不仅增加了政府的财赋收入，保障了军需，而且有效地巩固了边防，确保了丝绸之路的畅通。

隋代河西屯垦是基于军事需要而实施的，它以军屯为主，民屯为辅，生产带有军事强制性，很大程度上显现出战时经济的特点，不利于河西经济的协调发展。但是，隋代在河西的屯垦扩大了耕地面积，同时军队和大批罪犯谪发河西，增加了农业劳动力，推动了河西农业的恢复和发展。大规模屯垦，在一定程度上缓和了军需开支的压力，减轻了军民沉重的馈运负担。河西的屯垦，保障了丝绸之路的畅通，促进了各民族之间的联系和经济文化交流。

2. 发展畜牧

河西地区是发展畜牧业的天然场所。隋代在河西大力发展畜牧业，使其成为全国战马的主要供给地之一。隋代畜牧业虽然受到河西屯垦过度的制约，但仍是河西地区畜牧业经济发展的一个重要阶段，其盛衰消长对河西地区的生产结构和生态环境都有直接影响，是隋代河西经济开发的主要内容之一。

贺娄子干依据河西地区的历史传统、自然条件以及社会现状等，向隋文帝建议将河西地区开辟为畜牧业基地，河西地区因此得以进一步开发，这使得河西居民以"勤于稼穑，多畜牧"著称于世，史实充分反映了隋代河西地区农业经济与牧业经济同时并重。

随着河西地区畜牧业的发展，这里的畜牧加工业也得到发展，畜牧加工业已涉及衣、食、住、行等各个方面，其他民族的情形当与此差不多。由此可见，河西地区的物质资源在隋代得到了充分的发掘和利用。再如大业五年（609年）隋炀帝在张掖主持大型国际交易会时，曾令诸国、各族首领及使节佩戴类似毡的高级毛织品，这也从侧面反映了隋代河西地区畜牧加工业的发达。

（四）发展民族贸易，注重文化交流

河西走廊是丝绸之路必经之道，两汉时期，这里的民族贸易就已初具规模。"使者相望于道"和"胡商贩客，日款塞下"正是当时河西的真实写照。随着中西文化与经济交流的不断扩大，河西地区的贸易日益发达。即使在十六国时期，中原与西域的交往也并未中断。然而自西魏以来，突厥、吐谷浑"分领羌、胡之国，为其拥遏，故朝贡不通"，阻断了中原与西域的丝路交通。隋统一全国后，为确保河西民族贸易顺利进行，树立隋朝在国际贸易中的地位而采取了一系列行之有效的措施，使河西的民族贸易出现了前所未有的繁荣局面。

随着隋朝的强大，西域各国与中原发展经贸往来的愿望也愈来愈迫切，西域"商人密送诚款，引领翘首"。自发的贸易交往首先在民间展开，"西域诸蕃，多至张掖，与中国交市"。对此，隋炀帝采取了许多鼓励和引导西域各国到中原贸易的措施。隋代以互市为主要内容的河西国际贸易，其盛况是东汉以后数百年间从未有过的，它客观上促进了河西地区经济和文化的发展，刺激了河西商品经济的繁荣，加强了河西与中原、河湟和西域各地的联系，扩大了河西的对外影响。通过河西互市，张掖、敦煌、武威等成为隋唐国际贸易都市和中原王朝对外开放的"桥头堡"，带动了河西经济的全面发展，使这一地区出现了历史上少有的农牧并举、工商兴旺、文化交流活跃的繁荣局面，为唐代河西经济的进一步发展奠定了基础。

二、唐代社会经济发展变化

随着唐朝统治的逐渐稳定和西北局势的日益严峻，唐前期的历代统治者在不断强化河西军事防御力量、加强政治统治的同时，还重视河西的农牧业经济和人口增长。经过太宗、高宗、武后及玄宗时期 100 多年的经营，河西的经济、文化、人口有了显著发展。安史之乱以前，"自安远门西尽唐境万二千里，间阎相望，桑麻翳野，天下称富庶者无如陇右"。河西走廊俨然成了全国最富庶的地区之一。此说虽有夸饰之嫌，但唐朝前期河西经济社会的再度繁荣却并非虚言。

（一）农牧业发展

河西自汉以来，备受历代中原王朝和诸割据政权的高度重视。随着唐前期向西北的扩张，河西遂成为控扼西境的战略要地，其在政治和军事战略上的重要性更为突出，当时有"河西者，中国之心腹"之说。因此，唐朝在率先控制陇右、河西，消弭突厥、吐谷浑等对河西威胁的同时，借鉴以往经略河西的成功经验，采取了一系列行之有效的措施，如移民河西、兴修水利、屯田等方式，大力发展农牧业经济，揭开了新一轮开发河西的序幕。

河西走廊是唐代陇右地区最重要的屯垦区域，在行政建制上包括凉州、甘州、肃州、瓜州、沙洲等。该区域的地形地貌具有典型的内陆山地高原特征。从河西走廊东端的凉州起往西，山地高原占据着这片区域的大部分地区。河西走廊地区地势平坦，在历史上一直是军事屯垦的前沿重地。虽然其间也有沙地荒漠分布，但在凉州、甘州、沙州、敦煌等地区，绿洲农业的存在使河西走廊地区在整个唐代屡屡被称赞为富庶之地。河西走廊的农耕业是以绿洲农业为主，水资源多以内流河和高山冰雪融水为主。以河西走廊东部的一条较大的内流河——石羊河为例，其水上承姑臧武始泽，最终汇入休屠泽。汉代时，源自姑臧南山的谷水北至武威入海，"休屠泽在东北，古文以为猪野泽"；到唐代武德初年"平李轨，置凉州"时，仍有"州界有猪野泽"的记载。这表明修屠泽的主要补给水源——源于祁连山山脉的诸河流在唐代依然存在，且唐代在凉州附近的屯垦是有充足的水源保证的。

截至目前，并没有直接的史料表明河西走廊地区在武周之前进行过屯垦。但结合前文河湟地区的唐蕃军事形势，笔者认为迫于南方和西方吐蕃扩张的军事压力，河西走廊地区在唐初也应该有规模较大的军事屯垦。根据《全唐文新编》记载，垂拱元年（685年）前后，陈子昂上书武则天：

> 臣窥见河西诸州，地居边远，左右寇贼，并当军兴，倾年已来，师旅未静，百姓辛苦，殆不堪役，公私储蓄，足可忧嗟。顷至凉州，问其仓贮，惟有六万余石，以支兵防，才周今岁。虽云屯田，收者犹在，此外略问其数，得亦不多……又至甘州，责其粮数，称见在所贮积者四十余万石。今年屯收，犹不入计……甘州地广粮多，左右受敌，其所管户，不满三千，堪胜兵者，不足百数。屯田广远，仓蓄狼藉，一虏为盗，恐成大尤……今瓜、肃镇防御仰食甘州，一旬不给，便至饥馁。

这则史料表明，垂拱元年（685年），凉州和甘州已经有相当数量的屯田，并且甘州的屯田距离州城较远，由于劳动力的限制，很难全部收获。同时，上述史料也透露出几点极为关键的信息。其一，由于屯垦的时效性较长，从开垦、播种到农作物成熟需要的时间较长，这就说明当时的甘州、凉州在垂拱之前就极有可能已经有了规模较大的屯田。其二，垂拱之际，凉州应该是河西走廊上规模最大的屯垦地区。六万余石的粮食储存勉强够驻军一年的消耗，说明驻军数量是极其庞大的，从另外一个角度来看，这也说明凉州的军事屯垦有充足的劳动力，因此其屯田规模也应该是最大的。其三，凉州的屯垦在时间上与黑齿常之在河湟地区的屯垦相距数年，结合当时的军事形势可以推断，在高宗之前，河西走廊地区作为河湟地区军事行动的后方，其屯垦出现的时间应该是不晚于后者的。其四，"今瓜、肃镇防御，仰食甘州，一旬不给，便至饥馁"，清楚地表明至少在武周初期，河西走廊地区的屯垦主要集中在凉州、甘州、沙州。瓜州、肃州由于自然条件的限制，"瓜州地多沙碛，不宜稼穑，每年少雨，以雪水溉田"，能够进行屯垦的地方极其有限。

武周后期，河西走廊上的屯垦情况和之前类似，凉州、甘州仍然是屯垦的中心地。郭元振为凉州都督时，"遣甘州刺史李汉通辟屯田，尽水陆之利，稻收丰衍。旧凉州粟斛售数千，至是岁数登，至匹缣易数十斛，支廥十年，牛羊被野"。此时的甘州、凉州基本上互为依靠，成为唐廷经营西域和河湟的重要补给地，屯垦自然被置于极其重要的位置。

开元、天宝之际，甘州、凉州仍然是河西走廊地区主要的屯垦地，但由于史料中并没有详细的产量记载，无从考证其具体规模和粮食产量，仅能在只言片语中寻找佐证。"《旧唐书·吐蕃传》记载："散骑常侍崔希逸为河西节度使，于凉州镇守。时吐蕃与汉树栅为界，置守捉使……于是吐蕃畜牧被野。"虽然崔希逸为河西节度使时，吐蕃曾一度通过甘州地区直逼凉州边境，但由于驻守双方似乎已经达成某种默契进而形成对峙局面，吐蕃所占区域"畜牧被野"，那么唐军所守之地的屯垦成效自然也不会太差。天宝十二载（753年），哥舒翰为西平郡王兼任河西节度使，民间有其转输河西粮食救济关内道的记载："河州敦煌道，岁屯田实边食，余粟转输灵州，漕下黄河，入太原仓，备关中凶年。关中粟麦，藏于百姓。"由于这些记载出自唐传奇小说，学界均认为该记载缺乏一定的可信度。史念海先生虽然认为该记载不足为信，但他通过论证"正仓""义仓"的设置及其关系之后，认为哥舒翰从河西所运送的粮食属于军屯的产物。笔者也认为，类似记载的出现表明此时河西陇右和关内道的跨区域粮食调动已经成为尽人皆知的事情，结合河西和河湟地区的屯垦效益，有余粮转运关内救急的情况也是极有可能发生的。该条史料可以作为河西陇右军事屯垦成效的佐证。

（二）手工业、商业的发展

唐前期河西的手工业和商业在原有的基础上也有了一定的发展。首先，手工业方面，河西手工业基础薄弱，与素称发达的农牧业相比较为滞后。这从各州以白绫、龙须席、毡毯、野马革、麸金、黄矾、石膏等物为土贡可略见一斑。因此，唐前期河西的手工业生产主要集中在与百姓生活密切相关的纺织、皮革、酿造、木器制作等领域，也有少量的玉器和金属加工等。河西作为运送西域军需物资的中转基地，不仅承担了各种军需品的筹措和运输任务，而且贮存了大量的布帛等物资。虽然这些布帛大部分来自中原，只有少部分是河西当地征收的，但大量过境中转的布帛，对河西本地的丝织业发展，仍具有十分重要的影响。唐代河西的丝纺织品主要是素绢，只有凉州可生产少量较高等级的丝织品。这从河西各地的土贡物品也可得到印证，据《元和郡县志·陇右道下》及《新唐书·地理志》载，唐代河西各州只有凉州武威郡土贡细褐、白绫等纺织品，其他各州均无。不过从当时河西百姓的衣帽被服等日常生活所需和前述敦煌文书所记桑麻织品"并足自供"、完纳庸调的情况，以及"驱羊亦著锦为衣，养蚕缫茧成匹帛"和"万顷平田四畔沙，水流依旧种桑麻"等诗句描述的内容来看，纺织业在河西是非常普遍的。当然，凉州土贡白绫等物并不意味着其他各州没有纺织品生产，但凉州的确是河西纺织业生产最发达的地区。褐是毛、麻织品，绫为丝织品。细褐、白绫列为凉州的土贡物品，自然是当地特产，而且品质上乘，是继北魏"凉州绯色"之后河西本地创造的又一特产，在一定程度上反映了唐代河西纺织业生产的水平。

其次，商业贸易。唐前期国家的统一强大、社会经济的空前繁荣和丝绸之路的畅通，为商业贸易的活跃和发展奠定了基础。而河西得天独厚的地理位置和宜农宜牧的自然条件，决定了这里既是丝绸之路的咽喉和农牧业繁盛之地，又是中西方经济文化交流融合的交会地和枢纽站。河西经济社会的发展，既得益于这些有利条件，又不能不受其制约和影响，商业贸易尤其如此。一方面，河西农业的发展使粮食贸易成为当地商品交换的重要内容；另一方面，作为丝绸之路的咽喉要道，过境贸易成了河西商品经济繁荣的主要标志。位处丝路沿线的凉州、甘州和沙州（敦煌），也因此成了著名的商业都市。早在贞观初年玄奘西行途经河西时，就盛称"凉州为河西都会，襟带西蕃、葱右诸国，商旅往来，无有停绝"。

（三）城市的崛起

商业贸易的繁荣促进了城市的发展。唐代前期，河西的敦煌、武威、张掖等在前代基础上又有了进一步的发展，并已成为相当繁荣的商业城市。

凉州为汉代武威郡治所，也曾经是前凉、后凉、南凉和北凉诸政权的都城所在。唐初有8000多户，天宝年间增加到22000多户，在河西各州中居于首位，在河陇地区仅次于秦州。元稹《西凉伎》称："吾闻昔日西凉州，人烟扑地桑柘稠，葡萄酒熟恣行乐，红艳青旗朱粉楼。"盛唐时的正月望夜，长安"影灯之盛，天下固无与比，惟凉州信为亚匹……灯烛连亘十数里，车马骈阗，士女纷杂"。岑参说："凉州七里十万家，胡人半解弹琵琶。"这些资料反映了凉州安定祥和、商贸繁荣的景象。凉州为河西节度使驻地，大小总7城，周长30里，称"凉州七里十万家"，可见这座商业城市的规模。《元宗幸西凉府观灯赋》在描绘唐时武威上元灯会时说："关陇途尽，河湟景新。到沓杂繁华之地，见骈阗游看之人。千条银烛，十里香尘，红楼逦迤以如画，清夜荧煌而似春。郡实武威，事同仙境。彩摇金像之色，光夺玉蟾之影。一游一豫，忽此地以微行；不识不知，竟何人而望幸。"这种繁华，只有城市发展为大商埠时才会出现。

甘州位于河西走廊中部，为汉代张掖郡，北凉政权曾定都于此，唐设河西节度副使亦驻甘州。武则天时期，甘州刺史李汉通开置屯田，尽水陆之利，所积军粮可供数十年，可见其土地肥沃，农业发达。另外，甘州地处中原通往西域的交叉路口，东西交通贸易较为发达，早在隋朝时，就有"西域诸蕃，多至张掖，与中国交易"的记载。但在天宝年间，甘州人口只有6000多户，远不及凉州，这可能是凉州为唐代河西军政重心的缘故。

敦煌位于河西最西端，西汉时为敦煌郡，十六国时期曾为西凉都城，唐代为沙州治所。这里是丝绸之路唯一不变的"吐纳口"，尤其是自开元、天宝以来，国力昌盛，丝绸之路畅通无阻，沙州也因此成了名副其实的商贸中心。当时的敦煌，既有来自内地的客商，也有来自阿拉伯、波斯等地的所谓"商胡"。据《旧唐书·地理志》载，天宝年间，敦煌复置郡，人口回升到16000多人。城市繁复，商业兴盛，时称"都会未及于沙州，繁复大出于陇右"。有人甚至夸耀"天下元宵灯会，长安第一，敦煌第二，扬州第三"。诚然，由于丝路贸易的繁荣，敦煌已发育成为一个国际性的都市。

三、吐蕃统治河西时期对经济社会发展的影响

吐蕃远处青藏高原，其经济文化和社会发展水平与其新占领的河西、陇右等地都存在一定的差距。因此，其对河西陇右的统治政策，不可避免地要受到唐朝制度的影响。如在统治机构及统治政策方面，吐蕃在河西及陇右的凉、瓜、鄯、河等地实行节度使制度。由于统治地域、对象的变化，这种节度的建制不仅采用了汉地节度使的名称，而且在节度使的组织和职能上，也产生了新的变化，表现出具有封建官制的某些特征。

经济方面，王建《凉州词》中写道："多来中国收妇女，一半生男为汉语。蕃人旧日不耕犁，相学如今种禾黍。驱羊亦著锦为衣，为惜毡裘防斗时。养蚕缲茧成匹帛，那堪绕帐作旌旗。"这生动地描绘了河西地区先进农业生产技术和社会生活对吐蕃的影响。

在吐蕃统治下，河西地区吐蕃、吐谷浑、羌等各族在文化上的交流也非常频繁。敦煌发现的各种汉、藏对照字书，就是提供给吐蕃人学习汉语言文字的。其中 S.2736 号、S.1000 号卷子就是有名的《藏汉对照语汇》。而在敦煌曲子词中，往往有吐蕃人的作品。在吐蕃人学习汉语、汉文的同时，汉人也学习吐蕃语言及文字。《张司业集》中的《凉州词》就有"去年中国养子孙，今蕃毡裘学胡语"的诗句。另据研究，现存于河西地区的7—9世纪的藏文写本3000多卷，其外部特征完全是吐蕃式的。而其写本校录人员中，吐蕃人最多，占到总人数的20%。吐蕃统治结束后，从于阗至甘州一带，藏文还长期作为官方文字使用。

吐蕃对于河西文化的影响，在吐蕃占领时期敦煌佛教的兴盛及其莫高窟洞窟的开凿上也有反映。吐蕃占领敦煌后，在当地大兴佛事，建庙宇、度僧尼、任命佛教官吏等，使佛事活动空前发展。在建中二年（781年）至大中元年（847年）吐蕃占领的60多年间，莫高窟开凿洞窟107个。吐蕃时期的洞窟，也有许多杰出的作品，在整个布局和设计上，粗犷豪放的少数民族风格明显，刻画则细腻流畅。在此以前，一壁仅画一幅经变画，此时期则改成一壁多画，并且在经变像之下，还留出地方画屏风画。藏汉文化的交融在壁画内容上体现得更为明显。第159窟东壁南侧有一幅吐蕃赞普听法图。图中赞普与中原皇帝对面而立，其头戴红毡帽，手执熏香，脚踏长垫，作礼佛状，为典型的藏装；其身后的奴婢，则身着左衽长袍，头束双童髻，这是蕃汉混合装束。由此可见，在吐蕃占领期间，各族人民在"义同一家"的长期生活过程中，服饰、习俗相互影响，出现了新的特征。

四、甘州回鹘时期对经济社会发展的影响

甘州回鹘统治时期，积极开展与周边民族的经济文化交流。不仅与中原、西夏及东北的契丹、女真交往频繁，而且也与西方的波斯、印度等保持着直接或间接的商业交往。五代至宋，回鹘与中原王朝始终保持着密切联系，经常派遣使者朝贡并接受中原王朝的册封和回赐，同时也以朝贡的名义和方式，进行贸易活动。

甘州回鹘统治时期，河西是中原文化、波斯文化、印度文化、希腊文化等荟萃聚集之地，对回鹘文化的形成产生了较大影响，尤其是汉文化影响最为深远。回鹘文化在保留部分旧有传统的基础上实现了由草原型向农业型转化。这种文化类型的转化与共存，使回鹘文化兼有农耕文化与草原文化这两种文化类型，也使回鹘人更容易接受外来文化。自宋至元，回鹘人长期充当着汉文化向北方民族传播的媒介。

甘州回鹘在政治上实行和平外交策略，使得甘州回鹘政权在很长时间内保

持了河西的和平安定局面。经济上接受汉族的生产生活方式，由畜牧业逐渐向农业转变；文化上兼容并包，吸收多种文化，实现了由草原型向农业型的转化。所以在甘州回鹘统治前期和中期，肃州一带政治安定、经济发展、文化繁荣、人口缓慢增长。

北宋真宗大中祥符三年（1010 年），契丹将领肖图玉攻破肃州。这一历史记载中没有被劫人口的具体数字。天圣六年（1028 年），李元昊率精兵袭破甘州，甘州回鹘政权遂告灭亡。这一时期，正常的农业生产与安宁的游牧生活被破坏，丝绸之路也基本断绝，商旅通行更无保障，严重损害了肃州的经济发展，也导致了肃州人口的下降。

第六章

战马昂歌——西夏及元明时期河西人口

天圣六年（1028 年）到景祐四年（1037 年），党项先后攻占了甘、凉、肃、瓜、沙州等地，占领河西全境。自此至宝庆元年（1225 年）成吉思汗取河西，河西地区在西夏的统治下走过了近两个世纪的历程，最繁盛时人口达 80 万。西夏末期，河西动荡萧条、灾害频发，致使人口总量下降。宝庆元年（1225 年）春，蒙古占领河西地区，通过赈灾济困、迁徙人口、兴修水利等重农政策，使河西人口又有了增长。明朝经略西域，故在河西采取了保护人口、养老助残、释放奴婢、提倡早婚、同姓不婚等一系列鼓励人口发展的政策，加之洪武年间的大移民，大大增加了河西人口基数，人口机械增长和自然增长双轨并进，嘉靖以后河西人口不少于 30 万。

第一节　西夏河西人口

安史之乱后，唐朝逐渐走向衰颓，无力西顾。居于中国西北的党项羌在纷乱的历史局面中日益强大，并不断将势力向陕、甘、宁一带渗透，河西走廊为其殚力争夺的地区之一。五代以来河西走廊一直为吐蕃、回鹘、吐谷浑等民族以及瓜沙曹氏占据。从天圣六年（1028 年）到景祐四年（1037 年），党项先后攻占了甘、凉、肃、瓜、沙州等地，奄有河西全境。自此始至宝庆元年（1225年）成吉思汗取河西止，河西地区在西夏的统治下走过了近两个世纪的历程。西夏由党项羌族人李元昊于 1038 年建立，其统治地域辽阔，"东尽黄河，西界玉门，南接萧关，北控大漠"。西夏建立第二年将河西走廊并入版图，并在河西走廊设立府州建制，设置监军司，对当地进行有序管理，有效避免内乱纠纷，维护了河西走廊地区的安定，促进了河西走廊地区经济的恢复和发展，为当地经济社会的发展打下坚实基础。

一、西夏的户籍制度

西夏政权建立后，李元昊通过制定、实施一系列政治、经济、文化等政策，为我国西北地区的开发、统一与西北民族融合做出了贡献，进而促进了人口的缓慢增长。西夏户籍登记工作由各租户家主根据人口变化情况自行填写手状，上报小甲；小甲对所管辖家主的人口变化进行核校之后，统计上报小监；小监对所辖家主的人口状况核实汇总，再上报郡县；郡县据此编制出新的户籍册子，上报国家。手状，也称手实或手实状，所谓"手实者，令人户具其丁口、田宅之实也"，即民间向官府申报户口、土地等的牒状类文书。西夏户口登记工作的程序应和西夏各租户种地纳租法的程序一脉相承。在《天盛律令·纳领谷派遣计量小监门》中规定了西夏各租户种地纳租的程序，每年对人口和土地变化情况，按照家主所报手状进行核校，三年进行一次大规模的人口普查，其"行用次第者：农迁溜、小监、小甲于自己所辖家主人中推寻有无变卖田地"。

据此推断，户口登记是从每年对有所变化的家主所报上来的手状开始，由小甲进行补充登记，上报小监，小监参考原有户籍并汇总后报农迁溜。农迁溜在西夏官府每三年进行一次的人口大普查中，将所辖的两小监，即一百户家主的户口情况核校后整理汇总上报郡县，郡县据此可以编定所属郡县新的户籍册子。

《天盛律令》的规定和西夏故地黑水城出土的户籍文书均记载了当地人口状况和人口税等方面的内容。

人口状况是西夏户籍登记的主要内容，包括每户的人口状况和迁溜管辖范围的总人口状况两部分。编号为6342号的户籍文书记载的每家人口部分登记的主要内容有：一是户主姓名。户主即家主，一般由男性直系尊长担任，但也有女性户主。二是户主之下按照人口大小从男到女的顺序登记家庭成员，其内容包括人口数量、男子数量、大小姓名及亲属关系、年龄等。编号6342号的后半部分主要是西夏迁溜所管辖范围的总人口状况部分，首先登记迁溜所管辖的总户数、总人数及大小人口数量；其次是将以前的人口状况抄录在前，按照总人数、男总人数、男大小人数、女总人数、女大小人数进行登记；再次登记单身人口总数、男单身人数、男单身大小人数、女单身总人数、女单身大小人数；最后登记新增加（或减少）的总户数、总人口数、男人口总数及大小人口数、女总人口数及女大小人口数。由此文书可知，西夏户籍中有新户和旧户的区别。这17户新户，共计39人，是三年一次的户籍普查时登记在户籍册上的，这17户新户的来历可能是逃荒、战争掠夺或其他因素，因为古代人口的流动性比较大。

西夏建立户籍制度，还有一个很重要的作用，就是收缴人口税，这也是西夏经济收入的又一重要渠道。黑水城出土的编号为4991号的文书就是一份人口纳税账。这份人口税账从开头至"一户梁吉祥势"之前为这一农迁溜"梁肃寂"所管辖的人口纳税的统计总账，其总账内容包括农迁溜负责人、总户数、单身人数、总人口数及总纳粮数情况；又分别统计男女大小的人口数和缴纳粮食数，然后再统计59户男女大小的人数和纳粮数，39人单身男女的人数和纳粮数。从"一户梁吉样势"开始到末尾都是诸户人口及纳粮登记，包括户主姓名、人口数、每户缴纳粮食总数、男女大小各自缴纳粮食数。

西夏《天盛改旧新定律令》(简称《天盛律令》)规定，新生男子从出生之日起至10岁，要在被所辖范围内的家主户籍册上进行注册，即"诸院军各独诱新生子男十岁以内，当于籍上注册"。若在10—14岁之间不注册隐瞒的则要承罪，"若违律，年及十至十四不注册隐瞒时，隐者正军隐一至三人者，徒三个月；三至五人者，徒六个月……十人以上一律徒二年"。尤其是对15—70岁之间的男子不注册隐瞒者更要加重处罚，"上述新生子当注册者中，年十五以上不注册隐瞒时，其正军之罪：隐一至二人者，徒四年……十人以上一律徒八年"，更不允许随便更改户口、年龄或注销。"及丁籍册上尤著年幼者，当比丁壮不注册罪减一等……诸人现在，而入死者注销，及丁则当绞杀，未及丁则依钱量按偷盗法判断。又以壮丁入转老弱，亦按人数多少、年岁长幼，比及丁不注册隐瞒之正军、首领、主簿知闻之罪状当依次各加一等。"

西夏政权有定期举行户籍登记和检核的规定。《天盛律令》规定：每年年底，西夏各租户要向官府缴纳人头税和地租税等，此时就要进行一次人口和土地数量登记，"年年死亡、外逃、地头无人、依次相卖，所改变之情须有，虚杂不入，典册清洁，三年一番"。即每年对户口进行一次核实，若有变化则要及时补充登记，三年进行一次人口普查，并向官府汇总上报。

户籍制度还规定了户口注销的程序，"人、马、坚甲、正军、辅主新生等所有当注销者，均应依殿前司诸案职管顺序通过"。特别是群牧司、农田司、功德司三司中所有人口注销者，每隔三个月上报殿前司一次。同时还规定成丁及老人的年龄界限，"诸转院各种独诱年十五当及丁，年至七十入老人中"。

二、西夏河西人口

西夏政权近乎 200 年，没有留下一条人口统计数据。西夏时河西这片土地上究竟有多少人？在长期的探索中，学者们以西夏在河西的军队人数作为线索，估算出河西的壮丁数，进而估算出河西人口总数。

西夏在河西到底有多少军队呢？我们认为大约有 10 万，理由如下：

西夏的军队布防，将全域分为左右两厢，设十二监军司，委豪右分统其众。河西属右厢，置有甘州甘肃（驻山丹），瓜州西平（驻瓜州），黑水镇燕（驻兀喇海城，今山丹北）三个监军司；又由榆林窟 29 窟题记中见"沙州监军使"字样，可知河西还设有沙州监军司，可能为西夏后来增设的军司。监军司统辖的兵为西夏军队的主力，《宋史》记载，其总计 50 多万，而甘州监军司 3 万人。其他三监司兵员虽没有明确记载，但西夏重视河西，驻兵"种落散居，衣食自给，忽尔点集，并攻十路，故（夏）众动号十万"，故河西有 10 万常备军基本符合历史事实。

有了常备军队人数，即可估算出河西的壮丁数目。《宋史·夏国传》记载："其民一家号一帐，男年登十五当为丁，率二丁取正军一人。每负赡一人为一抄。负赡者，随军杂役也。四丁为两抄，余号空丁。"西夏实行全民兵役制，以户为单位，有二丁者，取一人为正军；每一正军配两名丁抄，从事后勤保障。那么，西夏河西的 10 万常备军，应该来自 20 万壮丁。

要以 20 万壮丁推知河西人口，关键是壮丁和人口的比例问题。通常情况下，人口的性别比例，古今各国都基本持平，即男子占总人口的一半。在这一半中，十五岁以上，五十岁以下的人口约占一半，即壮丁占总人口的四分之一左右。西夏虽"人多长寿"，但要长寿男女都长寿，若无外界原因，不会影响西夏的人口性别比例。婴儿死亡率较高，15 岁以上的人口占总人口的比例较大。所以，将西夏的壮丁和总人口的比例定为 1∶4，与实际相差不会太远。这样，推算的西夏河西人口，总数为 80 万。历经晚唐至宋初 270 年的动乱，河西人口数量至西夏又出现了一次高峰。

西夏时河西的 80 万人口中，除汉族人外，人口较多的是吐蕃人、回鹘人和党项族人，这正是《西夏碑》中所说的"番汉四众"。下面分述西夏河西境内的这四个民族的人口。

（一）汉族人口

张曹归义军政权治下的汉族民众没有关于移徙的记载，大多留在河西。莫高窟、榆林窟 30 余座保留西夏文题记的洞窟中所见的姓名多为汉姓，其中索、翟、曹等归义军时期的河西大姓屡屡可见。[①]

西夏在河西大量安置汉族人口。西夏曾"摛生 10 万"，多安置于河西走廊。《东都事略》云："曩霄……得中国无艺者，使耕于河。"曾巩《隆平集》记载："得中国人无艺者，使耕于河外，或守肃州城。"河外者乃黄河以西以北之地也，当然包括河西的广大地域。从武威西郊林场发现的两座西夏墓题记中可知，两位刘姓的墓主人祖籍彭城（今徐州），为迁居河西的汉族人，并担任"西路经略司都案"等职。[②]1999 年 6 月 7 日，在修建原武威市乡镇企业局办公楼时，发现一座西夏天庆八年（1201 年）小型砖室火葬墓，墓内木牌上所书亡者姓名为唐吉祥、唐奴见。[③]西夏军制中的"撞令郎"就是由汉族人充任的，《宋史·夏国传下》记载："得汉人勇者为前军，号'撞令郎'，若脆怯无他伎者，迁河外耕作，或以守肃州。"除了这些外来汉族人口，凉州入宋以来还有汉族人 300 户，西夏统治时期，凉州的人口肯定会不断增加。由上述的情况我们可以推断，这一时期移入河西的和河西原有的汉族人口有较大的增长，并占有较大比例。

---

① 史金波、白滨：《莫高窟、榆林窟、西夏文题记研究》，《考古学极》，1982 年第 3 期。
② 陈炳应：《甘肃武威西效林场西夏墓题记·葬俗略说》，《考古文物》，1980 年第 3 期。
③ 刘斌：《武威发现西夏砖室火葬墓》，《丝绸之路》，2000 年第 1 期。

（二）吐蕃人口

吐蕃自唐末进入河西，到归义军时大部分被迫迁出河西。党项族占有河西后，河西东部的西凉六谷族大首领厮铎督率部100000逃奔前厮啰，[①] 但留下的人仍然为数不少。武威两座西夏墓中出土了29幅彩绘木版画，由画面上的人物形象、服饰和发式观之，除主要表现了汉族的特色外，还有回鹘、吐蕃等民族特色的体现。[②] 武威小西沟岘发现有藏文印本和写本。[③] 张掖出土的《西夏黑水桥碑》，碑阳为汉文，碑阴为藏文。这一发现说明西夏时河西肯定有吐蕃等人口。

至于留在河西的吐蕃人有多少，有一条记载可知大概，现存在俄罗斯的西夏文献中有一份记载，西夏仁宗天盛年间吐蕃人联合起来反抗西夏的统治，据称有145户，2790人，他们逃匿于森林之中，与官军周旋。[④] 可见河西至少有近3000吐蕃人。这些吐蕃人长年生活在祁连山及大通河（天祝县境内）一带，成为后来河西地区的藏族。

（三）回鹘人口

西夏时期河西有大量的回鹘人口。《西夏书事》云："自元昊取河西地，回鹘种落窜居山谷间，悉为役属。"《松漠纪闻》卷上亦云："甘凉瓜沙，旧皆有（回鹘）族帐，后悉羁縻于西夏。"《西夏纪》云，河西的回鹘族帐"有合黎山、浚稽山、居延塞诸路，以牛头、朝那山为界堠，内包张掖、敦煌等地"。役属于西夏的河西回鹘保留了"各立君长，分领族帐"和单独向宋、辽入贡和贸易的权力。《宋史·沙州传》记载，沙州地区的曹氏后代以及回鹘族帐，自景祐至皇佑中就曾向宋廷七贡方物。《宋史·曹琮传》记载，北宋庆历元年（1041

---

① 宋初，居住在凉州及凉州城外的吐蕃人，汉籍称之为六谷部落。

② 陈炳应：《西夏文物研究》，银川：宁夏人民出版，1985年，第116页。

③ 陈炳应：《西夏文物研究》，银川：宁夏人民出版，1985年，第202页。

④ 原件藏苏联东方学研究所、列宁格勒分所特藏西夏文献第44189号。转引自张云《吐蕃与党项政治关系的初探》，《甘肃民族研究》，1988年3—4期。

年）回鹘沙州镇国王子直接上书宋廷，"愿率首领为朝廷击贼（党项）"。可见西夏时河西地区有一定数量的回鹘人，且势力还比较强大。至于此时河西回鹘的人口数量，《宋史·回鹘传》有下列记载：

> （熙宁）六年复来，补其首领五人为军主……神宗问其国种落生齿几何？曰：三十余万。壮可用者几何？曰：二十万。

显然，熙宁年间甘州回鹘在西夏境内，那么这个人口数字又如何理解呢？当时甘州回鹘是属于西夏的一个部落，因此回鹘使者所说的人口数量，应该就是甘州回鹘的人口数量。

（四）党项族人口

西夏国的主体民族是党项族，但河西走廊大多是吐蕃人和回鹘人聚居，党项族人却相对较少。

党项族盛行一夫一妻制，大户人家及皇室贵族，则为一夫多妻制。后来马可·波罗游历了中国，他在叙述甘州的婚俗时指出："一般人可以娶两三房妻室，甚至还有更多的。但有些人却比较少，完全根据男人维持妻妾的能力大小而定。因为他们的妻子不但没有丰厚的嫁妆，相反，还要分享丈夫的牲畜、奴婢和金钱。结发妻子在家庭中有比较优越的地位。丈夫如果发现妻子有不贞或其他不法行为，或自己感到厌恶时，可以随时休弃她们。"[①] 这反映了河西党项人的婚姻状况。

西夏灭亡后，河西党项人有的投元为官，有的奔金为民，更有不少党项人仍然留居河西故地。元大德六年（1302 年），成宗于江南浙西道杭州路大万寿寺雕刊河西字（西夏字）大藏经 3630 多卷，"施于宁夏，永昌等路"，永昌路即

---

① 陈开俊等译：《马可波罗游记》，载《甘州城婚姻的风俗》，福州：福建科学技术出版社，1981 年。

西夏的凉州，这说明留居凉州一带的党项遗民数量不在少数。

《大元肃州路也可达鲁花赤世袭之碑》记载了河西西夏遗民投诚元朝并受重用及子孙六代在河西的生活和汉化情况。碑文说：

> 时有唐兀氏举立沙者，肃州阀阅之家，一方士民咸（感）化，举立沙瞻（第 7 行）圣（祖）文武之德，起倾蔡向日之心，率豪杰之士，以城出献。又督义兵，助讨不服，忘身徇国，竟殁锋镝。（第 8 行）太祖皇帝矜其向慕之心，悼其战死之不幸，论功行赏，以其子阿沙为肃州路世袭也可达鲁花赤，以旌其父之功。（第 9 行）宪宗皇帝赐以虎符。（第 10 行）世祖皇帝加宠贲，升昭武大将军，迁甘肃等处宣慰使。[①]

三、西夏河西人口发展缓慢的原因

一是农业开发有限，缺乏人口增长的物质基础。西夏政权统治初期，提倡开垦荒地，《天盛律令》规定，生荒地归开垦者所有，熟受减免土地税之优待，开垦者及其族人可永远占用，有权买卖。用法律保障形式鼓励垦荒拓田，这不仅可促进土地的大量开耕，并且有利于巩固新兴的封建制生产关系。但是自中唐以后，河西历经 270 多年的动荡和萧条，原有人口或逃亡流逸，或殒于兵燹，较盛唐损之大半。为此，西夏政权虽然组织了一些移民到河西一带进行农业开发，河西人口有了一定的增长，但这种开发相却无法与汉唐移民开发相比，这种在人口大量损耗之后的小规模移民，对于人口的增长并不能起到有力的助推作用。

二是自然灾害频繁，逃荒者众多。崇宗贞观九年（1109 年）九月，瓜、沙、肃诸州发生饥荒，"水草乏绝，赤地数百里，牛羊无所食，蕃民流亡者甚

---

① 陈炳应：《西夏文物研究》，银川：宁夏人民出版社，1985 年，第 159 页。

众"，崇宗遂"命发灵、夏诸州粟赈之"。西夏仁宗乾祐七年（1176 年）七月，河西地区发生旱灾，蝗虫灾害也接踵而来，"食稼殆尽"。西夏献宗乾定三年（1226 年）五月，河西诸州"草木旱黄，民无所食"。这些因素都限制和影响了河西农业的发展。频繁的自然灾害，使民众无法维持生活，只得背井离乡，这直接导致了河西人口总量的下降。

第二节 元代河西人口

一、历史背景

开禧二年（1206 年）成吉思汗建立蒙古汗国后，随着势力的不断扩大及周边各政权的衰落，蒙古迅速向外扩张。通过规模浩大的三次西征及 13 世纪的南征，蒙古占领了欧洲、亚洲的大部分地区。蒙古政权建立时，河西仍处于西夏政权的统治之下。宝庆元年（1225 年）春，河西地区被蒙古占领。

河西在元代属"甘肃等处行中书省"。甘肃行中书省又分七路：即甘州路、永昌路、肃州路、沙州路、亦集乃路（今额济纳旗）、宁夏府路（今银川）、兀刺海路（今阿拉善右旗）。七路中，除宁夏府路等三路外，其余皆在河西走廊。元代河西人口由东向西递减，永昌路人口多于甘州路，而沙州路较肃州路为少。[①]《元史·地理志》中只记有元世祖至元二十七年（1290 年）河西甘州路与肃州路的户口数：甘州路户 1550，口 23987，肃州路户 1262，口 8679。《元史·地理志》中未提及河西其他路的人口，而甘州、肃州两路人口，还包括了元代初年强行从瓜、沙两州迁徙而来的人口。《元史·地理志》云："瓜州，唐改为晋昌郡，复为瓜州。宋初陷于西夏。夏亡，州废，元至元十四年复立，二十八年徙居民于肃州，但名存而已。"《元史·世祖本纪》亦载，至元二十五年（1288 年），"沙州、瓜州民徙甘州，诏于甘肃两界划地使耕，无力者给以牛具农器"。甘州路、肃州路在吸收了瓜沙等路的人口后一共只有 2812 户，32666 人。显然这个记载数据与实际情况不符，同时也从侧面反映了元代河西人口的稀少。

---

① 唐景绅：《明清时期河西人口辨析》，《西北人口》，1983 年第 1 期。

由于长期战乱、天灾频繁，元朝初年的河西走廊一片荒凉。元朝政府在逐步建立和完善统治机构的同时，也将重农政策推行于河西。

一是赈灾济困，招抚流亡。鉴于河西屡遭战祸，饥荒连年，元朝政府一方面调拨银两给河西，"以备支用"；另一方面又通过救济灾民、减免租赋等措施以招徕流民。如中统二年（1261 年）九月，"以甘肃等处新罹兵革，民务农安业者为戍兵所扰"，乃遣阿沙、焦端义前往抚治；中统四年（1263 年）四月，元政府"偿河西阿沙赈所部贫民银三千七百两"，以扶植贫民从事生产。同年八月，"以西凉经兵，居民困弊，给钞赈之，仍免租赋三年"，又"诏西凉流民复业者，复其家三年"。至元三十一年（1294 年）七月，"给瓜、沙之民徙甘州屯田者，牛价钞二千六百锭"。通过赈济灾荒，招徕流民恢复生产等措施的实施，河西地区的局势在经历西夏灭亡的混乱之后，逐渐地安定下来。至 13 世纪末期，河西生产恢复并且有了发展。

二是迁徙人口，充实河西。据《元史·地理志》载，至元二十七年（1290 年）甘州路有户 1550，口 23987；肃州路有户 1262，口 8679。其他各路户口失载。综合夏元时期河西各地情况，除了永昌路，其他地区人口不可能比甘州更多。至于瓜沙之地，虽属甘肃行省辖区，实际已成诸王分地，当地居民则内迁肃州，"但名存而已"。为了增加人口，解决劳力不足的问题，元朝统治者屡次向河西移民。如至元七年（1270 年）十二月，"徙怀孟新民千八百户居河西"。为妥善安置这些"新民"，甘肃行省一些地方还专设新民安置机构，置新民安抚使和副使，具体经办对徙民的安置和管理。徙来河西的这些新民大多来自传统的农业地区，具有较丰富的农业生产经验和较高的生产技术。他们的大量涌入，对本区的农业开发具有特别重要的作用。元代甘州、肃州一带还居住着相当多的回鹘人。至元二十一年（1284 年），迁瓜沙地区民户于甘、肃二州，"画地使耕，无力者则给以牛具农器"。此外，河西还有很多从新疆迁入的西州回鹘人，移居河西的少数民族民户不断增加。《元史·世祖本纪》载，至元二十五年（1288 年）十一月，"以忽撒马丁为管领甘肃、陕西等处屯田户达鲁花赤、督斡端可失合儿工匠千五十户屯田"。河西地区是传统的农牧业地区，人口是社会经济发展的重要因素，移民实河西确实促进了河西经济的发展。

三是兴修水利，奖励垦荒。水利是农业的命脉，降水稀少的河西尤其如此。为保证农业生产的顺利进行，元朝一直非常重视河西的水利建设，在河西各地普遍设立了专门负责水利工程的河渠司。《元典章·官制》载，从五品外任职官条例有河渠大使和达鲁花赤之职，当为河渠司主管官员，并记沙州路和永昌西凉府设此职。《元史·世祖本纪》载，至元元年（1264年），忽必烈曾诏遣唆脱颜和水利专家郭守敬巡视河西等西夏故地河渠状况，并令其"具图来上"，亲自过问。同年，西凉、中兴等行省郎中董文用"开唐来、汉延、秦家等渠，垦中兴、西凉、甘、肃、瓜、沙等州之土为水田若干，于是民之归者户四五万"。

河西自西夏末年以来，因战事频繁，大量人口逃亡，土地荒芜。为尽快恢复生产，元朝政府还采取了一些惠民措施，鼓励开垦荒地。如至元八年（1271年），对河西等地的羌、浑良民8000多人，"官给农具，使力田为农"；至元二十年（1283年），"徙肃、沙州民户复业"；至元二十三年（1286年）十二月，"遣蒲昌赤贫民垦甘肃闲田，官给牛、种、农具"；至元二十八年（1291年），"以甘肃旷土赐昔宝赤、合散等，俾耕之"；至元二十九年（1292年），"沙州、瓜州民徙甘州，诏于甘、肃两界，画地使耕，无力者则给以牛具农器"。对新垦土地，只征很少的租税。如至元二十年（1283年）十一月诏令"甘州新括田土亩输租三升"。所谓"新括田土"是指垦耕未满三年的荒地。其地"亩输租三升"，与一般亩税六斗的租额相比，显然是很低的。这些措施的推行，对于恢复生产、安定民生和稳定社会秩序等都发挥了积极作用。

二、元代河西移民

由于西夏末年战争频繁和自然灾害频发，河西人口在西夏末流徙严重。西夏灭亡以后，城郭废毁，"土瘠野旷，十未垦一"，灾害不断，河西人口大量减耗。西夏末年至元朝初年，河西究竟剩有多少人口，目前无从可考。元政府为了解决河西人口较少的问题，曾向河西大量移民，其形式大致有以下三种：

一是从外地移贫民于河西。至元七年（1270 年）八月，诸王拜答寒部曲缺粮，元政府采取救灾措施。《元史·世祖本纪》记载："命有车马者，徙居黄忽儿玉良之地，计口给田，无车马者就食肃、沙、甘州。"这些无车马者显然是贫苦牧民，他们迁到肃、沙、甘州居住就食，也就成了河西的人口。同年十二月，又"徙怀孟新民千八百余户居河西"。至元二十三年（1286 年）"遣蒲昌赤贫民垦甘肃闲田"，这些贫民的到来，大大充实了河西人口。

二是迁移罪犯。河西历来是发配罪犯的重要地区，元时也不例外。至元十三年（1276 年）正月，王孝忠等人"以罪命往八答山采宝玉自效"。途经沙州时，恰遇火忽叛乱，王孝忠等"自拔来归"，元政府便命令他们"于瓜、沙等处屯田"。据史料记载，王孝思等人因戴罪而被遣送，落户瓜沙地区，他们是迁入河西的另一批人口。至元十九年（1282 年）二月，甘州有 2200 名逃兵，被迫还戍，他们还带来了眷属 4940 口。[①] 不只是罪犯和逃兵定居河西，他们还带来了数量可观的家眷。

三是屯田。元政府在河西大兴屯田生产，大大增加了河西人口。元代河西屯田分为军屯和民屯。军屯的组成人员主要有汉军、新附军、蒙古军等。至元十七年（1280 年）元政府"以汉军屯田沙、甘"，至元十八年（1281 年）六月，又让"太原新附军五千屯田甘州"，同年又命在"肃州、沙州、瓜州置立屯田，发军于甘州黑山子、满峪、泉水渠、鸭子翅等处立屯，为户二千二百九十，为田一千一百六十六（顷）"，大德元年（1297 年）十一月，"总帅汪惟和以所部军屯田沙州、瓜州"，其中仅瓜州地区就有贫乏屯军万人。大德七年（1303 年）六月，元政府又征调军队万人赴瓜州地区，从事军屯。从上可见，至少有 35000 军屯人口在河西参加屯田生产。

---

① 李清凌：《西北经济史》，北京：人民出版社，1997 年。

当然，河西人口也有迁徙到其他地区屯田的，《元史·世祖本纪》记载，至元十三年（1276年）七月，"徙戍甘州新附军千人屯田中兴（今银川市），千人屯田亦里黑（在今额济纳旗河下游，俗称二里子河）"。至元二十四年（1287年）十二月，征发"河西、甘肃等处富民千人往阇鄽地"。据《元史》载，元贞元年（1295年）七月，"徙甘、凉御匠五百余户于襄阳"。这些移民政策不仅使手工业遭到了破坏，而且也使河西人口减少。《太祖洪武实录》记载，洪武十年（1377年）五月，朱元璋命邓愈发凉州等卫军士到碾伯、河州等处屯田。但迁出的人口少于迁入河西的人口。忽必烈至元十八年（1281年）以后，大批察合台系诸王及其部民涌入河西，并被安置在瓜州、沙州、哈密一带，其军队号称有十二士绵（万户），这些人口镇戍河西西部，为河西安定做出了贡献。

三、河西投下户

同全国其他地区一样，河西还有一种特殊的户口，即投下户。蒙古贵族征服的地域，赏赐给诸王，称为"分地"，在分地内，诸王因多种原因将平民据为己有，或者平民受不了残酷压迫，投靠了分地内的诸王，甘愿为投下户。[①]河西投下户的数量较多。甘州是豳王出伯的分地，山丹是诸王阿只吉的分地，他们都拥有大量的"投下户"。

投下户越多，对朝廷越不利，因为会削减朝廷的赋税和兵丁。《元史·世祖本纪》记载，元世祖忽必烈至元十七年（1280年）十二月，下诏"甘州增置站户，于诸王户籍内签之"。这表明站户要在甘州的诸王户内的投下户中征调。显然，甘州的诸王并未听命，至元十八年（1281年）八月，忽必烈再次下诏"（甘州）凡诸投下户，依民例应站役"。两次连续下诏，也从侧面说明甘州投下户人口之多。

---

① 方步和：《张掖史略》，兰州：甘肃文化出版社，2002年，第374、380页。

四、元代河西户口分类

元朝统治者注重人口的调查和编籍，采取"括户"措施。忽必烈至元七年（1270 年）"括河西户口"，河西户口和全国其他地方一样，也分为民户、军户、站户、匠户、牧户等。其中以民、军、站、匠四种为基本户口。

民户，指靠种地为生的农民家庭，这是最基本的户籍。《元史·地理志》所记甘州路、肃州路的户口就是民户。所谓军户，指出丁为军当役的家庭。上文提到的在河西屯田的军士多为军户。所谓站户，是给站赤（即驿站）服役的人。《永乐大典》载，至元十六年，一次就有 340 户站户投诸只必帖木儿和驸马爱不花当。河西交通发达，驿站星罗棋布，站户为数不少。至元二十七年（1290 年）的一份文件显示："甘肃两经抄籍，站户计一千六百户。中统元年，直浑都海军兴逃散，及金充秃鲁花并僧人诸色隐占外，实有一百六十二户当站。"匠户，指手工业者。河西的匠户较复杂，有的农民兼匠户，有的匠户兼农民，这就要看他以什么为主，如果是农民兼匠户，以种地为主，则为民户，如果是匠户兼农耕，以做匠活为主，则为匠户。河西匠户人数较多，如前所述，撒马尔罕（今乌兹别克斯坦中部撒马尔罕州首府）徙来了 30000 多工匠，其中定有到河西者。忽必烈至元十八年（1281 年）十月，曾下令在河西设置"织毛段匠提举司"，专门管理官系工匠 500 户以上的机构，若无如此多的工匠，也用不着如此劳师动众设提举司。成宗铁穆尔于元贞元年（1295 年）七月还下令"徙甘凉御匠五百户于襄阳"。御匠，专为皇帝及皇亲国戚做工的工匠，而且一迁徙就是 500 户。好在未徙完，余留甚多，可以想象河西御用工匠之多，也使人吃惊。[①] 元代的统治者使工匠源源不断，《元史·刑法志·户婚》中就规定得很硬："诸匠户子女，使男习工事，女习黹绣。其辄拘刷者，禁之。"这是法律明文规定，工匠的子女，只能做工匠，违犯了要受惩罚，工匠只能代代相传，人也越传越多。

---

① 方步和：《张掖史略》，兰州：甘肃文化出版社，2002 年，第 374、380 页。

河西各"户"中，人口最多的恐怕要算军户了。生活在河西的人有尚武传统，大多骁勇善战，刚直守义。一个家庭中有一人当兵，其家就是"军户"了。《元史》中签发河西军的记载很多。《元史·拜延传》载："拜延，河西人。父火夺都，以质子从太祖征河西，太祖立质子军，号秃鲁花，遂以火夺都为秃鲁花军百户。"这些早期归附的西夏军被编入军籍，镇戍四方。《元史·世祖纪》记载，至元八年二月，"以沙州、瓜州鹰坊三百人充军"；至元十二年五月，"遣肃州达鲁花赤阿沙签河西军"。《续修庐州府志》引《江南通志》亦载，至元十二年"诏以伯颜阿术所调河西新签军三千人还守庐州"。白滨、史金波两位先生认为此3000人即《元史》所载肃州达鲁花赤阿沙在河西肃州等地所签征的。[①]《元史·兵志一》记载，至元十六年九月又"诏河西地未签军之官，及富强户有物力者，签军六百人"。《元史·世祖纪》记载，至元二十四年九月，"以米二万石，羊万口给阿沙所统唐兀军"。从受赐米、羊数量看，阿沙本人统领的唐兀军人数也不少，由此可见，除了军官世家，各色户计只要物力富强，随时可签为军，于是中上之户，尽入军籍。

由于河西地区独特的地理位置，河西僧户数量庞大。统治者对宗教职业者有优待，所以元代"河西土俗，大半僧祇"，僧户在多方面受到优待，享有特权，拥有人口和土地。后来，由于河西僧人过多，直接影响了政府收益，遂诏令河西僧人纳税、从军，《元史·世祖纪》载，至元十九年"敕河西僧、道、也里可温有妻室者，同民纳税"。河西僧户人数很多已是事实，但其具体数目已无从可考。

---

① 白滨、史金波：《〈大元肃州路也可达鲁花赤世袭之碑〉考译——论元代党项人在河西的活动》，《民族研究》，1979年第1期。

第三节 明代河西人口

一、历史背景

自明太祖洪武五年（1372 年）冯胜平定河西后，明代统治河西近 300 年。河西走廊是由西域进入中原的咽喉要道，也是明朝经略西域、控制北方民族的重要基地，具有十分重要的战略意义。为了切实加强河西防务，明朝在其地设立陕西行都指挥使司和卫所等机构管理河西，这是明朝独创的制度。在陕西行都指挥使司的基础上，明廷又相继增设巡抚、总兵官等官职，并接连派遣重臣巡视河西或专督兵马，建立了一套完备的军政制度，确立了以甘州为中心的十卫三所的镇戍体系，其地有甘州左卫（约今张掖市南）、甘州右卫（约今张掖市周围）、甘州中卫（约今张掖市北）、甘州前卫（约今临泽县）、甘州后卫（约今民乐县）、肃州卫（今酒泉市）、山丹卫、永昌卫、凉州卫（今武威市）、镇番卫（今民勤县）十卫，还有镇夷守御千户所（今高台县西北）、古浪守御千户所（治今永登县）、高台守御千户所（隶于石军都督府）三个千户所（见下表）。

河西地区卫所建置表 [①]

卫所名	建置时间	备注
凉州卫（甘肃武威）	洪武九年（1376 年）	
永昌卫（甘肃永昌）	洪武十五年（1382 年）	
甘州左卫（甘肃张掖）	洪武二十三年（1390 年）	洪武二十七年以甘州左卫改置肃卫，二十八年以甘州中卫改甘州左卫
甘州前卫（甘肃张掖）	洪武二十五年（1392 年）	洪武三十年裁，永乐二年复置

---

① 根据《中国行政区划通史·明代卷》整理。周振鹤主编，郭红、靳润成著:《中国行政区划通史·明代卷》，上海：复旦大学出版社，2007 年 8 月。

卫所名	建置时间	备注
甘州后卫（甘肃张掖）	同上	同上
甘州中卫（甘肃张掖）	同上	
甘州右卫（甘肃张掖）	同上	
甘州中中卫（甘肃张掖）	洪武二十七年（1394 年）	洪武二十八年以甘州中中卫改置甘州左卫
山丹卫（甘肃山丹）	洪武二十三年（1390 年）	
肃州卫（甘肃酒泉）	洪武二十七年（1394 年）	洪武二十七年以甘州左卫改置
镇番卫（甘肃民勤）	洪武三十年（1397 年）	洪武二十九年置临河卫，三十年更名镇番卫，建文中罢，永乐三年并入肃州卫
白城子千户所（甘肃金塔北）	洪武二十九年（1396 年）	永乐元年前已被废
威虏卫（同上）	洪武二十九年（1396 年）、三十年间（1397 年）	永乐三年并入肃州卫
威远千户所（甘肃金塔东北）	洪武二十九年（1396 年）至三十一年（1398 年）间	永乐元年前已被废
镇夷守御千户所（今甘肃高台西北）	洪武三十年（1397 年）	嘉靖《陕西通志》载"（洪武）三十年……开设镇夷守御千户所，三十三年革"。永乐改元复置
古浪守御千户所（甘肃高台）	正统三年（1438 年）	
高台守御千户所（甘肃高台）	景泰七年（1456 年）	

二、明代河西人口政策

洪武元年（1368 年）朱元璋建立明朝后，为了安定社会秩序，争取更多的劳动力以恢复和发展社会经济，其陆续采取了一系列鼓励人口发展的政策。

一是保护人口，鼓励生产。明朝军队在战争初期有一些杀掳现象，朱元璋发现这一问题后及时纠正，要求部下不准扰民，不准肆意滥杀。要求军队及各级官员注意保护民众，鼓励发展生产。

二是养老助残，赈济饥民。明太祖朱元璋注重对老人的关照，他颁布了一系列优待老人的诏令。如洪武五年（1372 年）曾诏令郡县设立养济院，收养无依无靠的孤儿和老人。颁诏于天下，指出：凡"孤寡残疾不能生理者，官为养赡，勿致失所"。不仅如此，对年长高寿者，官府要赐予各种物品：80 岁以上每人月给米 5 斗，肉 5 斤，酒 3 斤；90 岁以上岁加帛 1 匹，絮 5 斤。朱元璋还倡导富户救济贫民，政府负责救济孤寡残疾。又设漏泽园安葬百姓，并在全国各府州县建立义冢。对各级官员孝敬老人、赡养父母者，提供便利条件。

明代实行的养老助残和赈济政策，主要体现在对有老人家庭的徭役减免、对老人提供物资供应、给予荣誉称号、收养困难人户和鳏寡孤独、倡导尊敬老人等方面。这既是对中国优良传统文化观念和伦理道德的一种继承，又是推行新的社会风尚、树立忠君思想的现实需要。这部分民户在明代总人口中占有一定比例。妥善解决好民众的生计问题，对国家的稳定、社会的发展和人心的安抚都有积极作用。

三是释放奴婢，禁止人口买卖。元统治时期，社会上存在大量官私奴婢，经过元末战争，不少奴婢获得了人身自由。但是明朝初年在很多地方的人口买卖现象仍然很多。为此，明朝统治者多次颁布法令加以禁止。

洪武五年（1372 年）五月下诏，诏曰："天下大定，礼仪风俗不可不正。诸遭乱为人奴隶者，复为民。"后又规定，禁止庶民之家蓄养奴婢，"违者，依律论罪，仍没其家人口"。洪武三十年（1397 年）在新颁布的《大明律》中进一步规定："若庶民之家存养奴婢者，杖一百，即放从良。"对于官宦之家，虽然允许其拥有奴婢，但在数量上也有所控制。洪武二十四（1391 年）年规定："役使奴婢，公侯家不过二十人，一品不过十二人，二品不过十人，三品不过八人。"

明政府不仅对奴婢数量做出限制，还颁布法令严禁买卖奴婢。据《明会典》记载，"凡收留人家迷失子女不送官司，而卖为奴婢者，杖一百，徒三年"，"若收留在逃子女而卖为奴婢者，杖九十，徒二年"，"若得迷失奴婢而卖者，各减良人罪一等"，"其自收留为奴婢、妻妾、子孙者，罪亦如之：隐藏在家者，并杖八十"，"冒认他人奴婢者，杖一百"，"若冒认良人为奴婢者，杖一百，徒三年"。对掠卖良人为奴婢者，制定了更加严厉的惩罚条例："凡设方略，而诱取良人及掠卖良人为奴婢者，皆杖一百，流三千里。""若和同相诱及相卖良人为奴婢者，皆杖一百，徒三年。"明政府一方面对买卖人口现象进行严厉打击，以期扼制不良社会风气，另一方面对因战乱或灾荒而被典卖的人口，采取了赎回的措施。

释放奴婢和禁止买卖人口，不仅增加了社会劳动力，有利于发展经济，还使许多下层人民的社会地位有所提高，阶级矛盾得以缓和，对改善阶级结构具有积极作用。明朝并未从根本上消除此类现象，虽然有不少法令禁止蓄奴或限制蓄奴，但仍通过各种方式占有并役使奴婢。所以，在明代人口中，奴婢还占有一定数量。

四是提倡早婚。洪武元年（1368年）定制："凡庶人娶妇，男年十六，女年十四以上，并听婚娶。"这是中国历史上官方规定的最低结婚年龄。春秋时越王勾践为了迅速发展人口，增加人力，对女子的结婚年龄规定为17岁，汉朝为15岁，西晋为17岁，明代降至14岁。这种长期形成的早婚传统，到明代得到了进一步的延续，这也是保证户口基数的一种做法。尽管明朝最低结婚年龄的规定，不是强制执行，却在社会中促成早婚之风，加速了人口的繁衍和增殖。

五是同姓不婚。洪武二十六年（1393年）规定："凡民间男女嫁娶，不许同姓及尊卑亲属相为婚姻，违者律有常宪。"又规定："凡同姓为婚者，各杖六十，离异。"在明代的刑律中，对哪些亲族不得结婚规定得更加具体：凡"姨之子、舅之子、姑之子皆缌麻，是曰表兄弟，不得相为婚姻"。这些规定实际体现出了人们的一种优生观念，也是人类社会在漫长的发展繁衍过程中总结出来的宝贵经验。

上述人口政策对明代前期河西人口的发展非常有利。其一，明朝实施的人口政策，既是社会生产力的解放，也是社会人口再生产能力的解放，有利于人口生育率和自然增长率增高。其二，社会环境和经济环境的良性转变吸引了大量流亡人口回归，从而增加了河西人口的基数，人口的机械增加和自然增长得以双轨并进。

三、明代河西人口

明代统治河西近 300 年，但有关人口的资料却较少，现在所能见到的河西人口数字散见于诸多地方志书。明军控制河西后，在洪武、永乐两朝于河西地区设立了凉州卫、甘州五卫、肃州卫、永昌卫、镇番卫、山丹卫、镇夷所等十卫一所。随着卫所在河西地区的设立，数十万移民随之进入河西地区。在《重刊甘镇志》《凉镇志》《肃镇华夷志》等方志记载了明初河西各卫所的户口情况：

明初河西各卫的户口数据

卫所	时间	户数	口数
甘州五卫	洪武年间	14444	30883
肃州卫	洪武年间	5855	13575
镇番卫	永乐年间	2413	6517
永昌卫	洪武年间	5675	15270
山丹卫	洪武年间	6360	12720
凉州卫	洪武年间	5480	39185
镇夷所	永乐年间	1136	3629
总计		41363	121779

明代户籍管理体系极为复杂，其人口统计数据的范围及客观真实性长期以来都充满争论，难以取得一致的结论。经研究，明代黄册人口数据系统不包括边疆地区少数民族人口，也不包括军事系统（都司卫所）代管的民籍户口，甚至不完全包括卫所军籍户口。也就是说上述数据并不能作为河西地区的总人口数。部分民户、归附的元朝部众等，甚至部分在原籍地作为军户记入黄册的卫所军人都没有包括在上述的数据中。曹树基先生研究认为，洪武末年陕西行都司共有 25 万人，其中民籍人口 9 万余人。[①] 除去不属于河西地区的庄浪卫、

---

① 曹树基:《中国移民史第五卷:明时期》,福州:福建人民出版社,1997 年,第 302 页。

西宁卫，河西地区的人口应当在 20 万左右。齐陈骏先生则通过对河西方志的考察，指出："按口计算，肃州卫比唐代增加了十分之二，甘州卫则增加了一倍多。唐代整个河西约不到 20 万人，以此推论，明代河西应有口近 30 万。"[①] 但不论 30 万还是 20 万，随着卫所的建立，洪武末年河西地区的人口总数远超元代是毋庸置疑的。

洪武、永乐时期，都司卫所体制在河西地区初步确立。随着统治秩序的深化，家属随军在营生活的政策逐渐推广，各种少数民族人口归附。按照常理，河西地区的人口数量应持续增长。但在河西地区各方志中，却出现了嘉靖时期的户口数要少于明初人口的特殊情况。各方志所载嘉靖时期的户口数据如下：

嘉靖时期河西各卫的户口数据

卫所	时间	户数	口数
甘州五卫	嘉靖年间	13701	17591
肃州卫	嘉靖年间	5632	9963
镇番卫	嘉靖年间	1871	3361
山丹卫	嘉靖年间	1551	5406
凉州卫	嘉靖年间	2693	9354
镇夷所	嘉靖年间	1233	4526
高台所	嘉靖年间	1136	3629
古浪所	嘉靖年间	310	671
总计		28127	54501

由上表可见，在新设高台、古浪两守御千户所的情况下，嘉靖时期河西地区的户口数却少于明初，尤其是口数更是比明初减少了一半。承平日久，户口数却大幅度减少，这是一种极不寻常的现象。

实际上嘉靖时期的户口数据存在很多疑点，甚至出现肃州卫户数多于口数

---

① 齐陈骏：《河西历代人口简述》，载《河西史研究》，兰州：甘肃教育出版社，1989 年，第 42—56 页。

的荒谬情况。也就是说方志所载的嘉靖时期的户口数并不能反映河西地区人口的真实情况。明代中后期，随着赋役制度的变迁，政府不再重视户口的编审，很多地区的户口数完全不循规章，甚至荒谬绝伦。此时的户口数只能被视为纳税单位，与真实的人口情况相差越来越大。① 同时，随着卫所武官对卫所屯田的疯狂侵占，河西地区的屯田遭到严重破坏。许多失去生计的卫所军士以及流入河西的流民，被迫投充于势力强盛之家。没有失去土地的军士，为逃避沉重的赋役，往往也会主动投充势力强盛之家。《明英宗实录》记载，正统六年（1441 年）十二月，"镇守凉州副总兵会川伯赵安在凉州招延无籍之徒为家人，扰害良善。巡按御史孙毓劾奏，请治其罪"。《明宪宗实录》记载，天顺八年（1464 年）十一月，巡抚甘肃右佥都御史吴琛在奏文中指出："边军舍余人等有投托镇守参将、守备、守备都指挥、指挥等官，或各官招纳容隐并买留作家人、义男，及所属官员以家人、义男贿送镇守等官交结者，悉送发原卫正军著役，余丁并官下舍人俱随住当差，有不愿回者，听于所在卫所，投充军役。"弘治时大学士李东阳也指出："今沿边诸卫所，良田美地，多归长官。壮夫余丁，半为服役。"② 这些人口由于权贵的庇护，是无法被政府编审在册的。此外，明初及以后陆续迁入的少数民族人口、内附的人口，以及长期在河西周边游牧半游牧的人口，完全不在户口统计的范围之内。

与方志所载嘉靖时期户口数明显下降相反，史料中关于河西地区人口增长的记载却屡见不鲜。《明宪宗实录》记载，成化三年（1467 年）三月，整饬边备兵部尚书王复在奏文中指出："访得甘州在城五卫，设置年久，生齿日繁，各家户下正军之外余六七丁或一二十丁者有之，除供给听继外，中间多有愿投军者，招集四五千名亦可编成一卫，立于凉州殷实地方。"虽然在凉州再立一

---

① 参见何炳棣：《明初以降人口及其相关问题：1368—1953》，北京：生活·读书·新知三联书店，2000 年，第3—27 页。

② ［明］李东阳：《西北备边事宜状》，《皇明经世文编》卷54《李西涯文集》。

卫的建议并未得到同意，但军户家庭的繁衍之盛可见一斑。《明宪宗实录》记载，成化十三年（1477年）七月，兵部侍郎滕昭等人提出建议："辽东、宣府、山西、陕西各处沿边军民之家类多况丁，若设法招募俱堪操用。宜揭榜招募。果有材力愿在边立功者，官给鞍马兵仗粮饷。"《明武宗实录》记载，正德四年（1509年）四月，兵部提议："令清理屯田右佥都御史王宪于永昌傍近卫所，抽余丁或募壮士千人以实永昌。乃挈西宁戍兵回卫。"从河西地区招募余丁、壮士从军，亦从侧面证实了河西人口增长的事实。

四、明代河西移民屯田人口

明初河西人口稀少，为解决人少地广的矛盾，明政府在河西大量移民屯田。屯田主要有军屯和民屯两种形式。

（一）军屯人口

河西地处边陲，地理位置重要，明代在河西驻有大量军队，河西军务人员众多。《明史·兵志》载："天下既定，度要害地系一郡者设所，连郡者设卫。大率五千六百人为卫，千一百二十人为千户所。"按照5600人为1卫，1120人为1所的数字计算，河西所领10卫和3个千户所则有近60000士兵常年坚守于此。有时，河西兵力远大于60000，如在明初洪武年间，朱元璋在此驻防重兵，仅甘州、肃州地区的卫所就有驻军79900余名。[①]洪武三十年（1397年）正月，陕西行都指挥使司都指挥陈晖上奏说："凉州等卫十有一屯，军三万三千五百余人，屯田万六千三百余顷。"可见，明洪武年间一共已有近110000明军于河西军屯，河西也由"人烟稀少，地瘠民贫，交通不便"的边陲地带，发展为"人渐繁衍，累岁丰熟，边储自充，米价日减"的富庶地区。

河西除了正规军队担负边防任务外，地方还实行保甲制度维持治安。据史

①《明太祖实录》洪武二十四年二月己未记："遣陕西西安右卫及华阳（为"阴"之讹）诸卫官军八千余人往甘肃屯田。"

料记载，明隆庆六年（1572 年）凉州卫有 14 约保，共有壮丁 1400 人，镇番卫有 13 约保，共有壮丁 1300 人，古浪所有 1 约保，有壮丁 100 人，庄浪卫有 8 约保，共有壮丁 800 人。[①] 镇番卫，明代该境设卫之初，有军士约 2000 名，成化后，实行军屯，这些军士亦军亦农。根据当时的规定，不少人将其家眷迁于此，参加农垦，这是该时期人口增长较快的原因之一。这些军屯民户子孙繁衍，多累世留居河西，使河西人口逐渐发展起来。如凉州卫丁氏，其始祖丁子华，原籍扬州府泰兴县，至正二十六年（1366 年）跟徐达从军。洪武十七年（1384 年）调凉州卫所后，管军百户，下传十代，一直在凉州卫军队任职。镇守大同总兵官张达，其先世为同州白水县人。始祖张充任，于明代初年从军戍守凉州，遂入籍凉州。高祖李贵，于洪武二十年（1387 年）从戎武威，历战有功，授百夫长。曾祖袭高祖职，改任凉州卫左所，遂为凉州人。明代河西 10 卫 3 所，参加军屯者及其家属在 100000 人左右。

（二）民屯人口

洪武初，朱元璋就曾将北平、山西、山东一带的数 100000 居民迁移到甘、宁及河西一带，以屯田生产、充实边防。永乐、万历年间，因京畿连年灾荒，也曾移民到甘、凉一带就食。据《民勤历史大事年表》记载，明洪武五年（1372 年）和清雍正五年（1727 年）两次在河西大批垦荒。迁于镇番县（今民勤县）的移民，初期重点安置在小河滩城（今民勤县城）周围；迁于古浪的移民重点安置在川区；迁于凉州的移民则各处都有，《凉州府志备考·艺文志》载有"红崖李公墓表"，即记载着他的曾祖是洪武时由顺天府（今北京）通州（今通县）武清县印家庄移来武威的，落户于红崖沟（今凉州区高坝镇）。武威乡间至今还有"屯地"等名称。明代，山西洪洞县的大槐树（或称大柳树）为移民中转站，各地移民在这里集中，补给路途所需的食物、银两，然后发往各安置地区。"问我始祖来何处，山西洪洞大槐树"，这个响遍神州大地的"寻根警言"，

---

① 潘竞万：《丝路重镇·凉州》，兰州：甘肃人民出版社，1992 年。

至今在河西各地流传。在大槐树移民浪潮中,有大批移民加入屯田大军,据调查,明代河西的平凉府及甘州五卫、镇番卫等地都曾是洪洞移民的迁入地。随着明廷政治移民和少数民族自愿迁入,河西人口数量增加。据嘉靖《陕西通志》记有一组年代不明的户口,凉州卫有 3965 户,6464 人;镇番卫有 2255 户,4899 人,古浪千户所有 826 户,1120 人,共计 9046 户,12483 人。

另外,为了使军士安心服役种地,明朝政府允许、鼓励,甚至强制军卒携带家属来河西安家开垦,但并非所有的军士都已成婚。同时,建卫越早,实行军屯越早,迁来的军属越多;建卫越迟,实行军屯越迟,迁来的军属越少。明朝军屯制度的实行,使得很多人在武威定居下来,开垦繁衍,这对凉州农业生产的发展和人口的发展起到了极大的推动作用。凉州连年丰收,按十分之二交公,十分之八给士卒的分配原则,当时已做到自给自足。甘州五卫和山丹卫每年还要拿凉州上交的公粮"济其不足"[①]。

从明初在河西实行军屯和民屯的情况看,当时该地的居民很少。以镇番卫为例。《明史·兵二》记载,在陕西行都指挥使司所辖的 12 卫中,镇番卫设置最晚。设卫须有居民和军队,洪武五年(1372 年)迁入 2000 多人,后来又陆续调入军队。明永乐年间,有 2413 户,6517 人。这里面除去正规军队,其余人口不足 1000 人。谢广恩为《镇番遗事历鉴》洪武五年"王刚始祖王兴"条所加的按语:"据王介公《柳湖墩谱识暇抄》记:凡五十六族……五族为元季土著。"据此,当地人只占 8.9%,凉州卫在明洪武年间,有 5480 户,39815 人,除去明朝的军队和移民,当地人口只有 20000 左右,这大概就是元朝的遗民,而凉州卫是明以前几百年的政治和军事中心,是人口最集中的地方。当地居民人口少,足见元末明初河西人口稀少。

明太祖朱元璋即位后,面对全国普遍穷困、人口散失逃匿、田地弃耕荒芜的状况,采取了政治中心北移、实行军屯、招抚流民归业等一系列政策,大批

---

① 辛敏:《在明代重新起步的凉州》,《红柳》,1987 年第 2 期。

流徙长江流域的人返回黄河流域，部分回河西定居，河西人口较元末明初有较大增长。但南方优越的自然条件，"经济重心南移"是大势所趋，"南人之众，北人之寡"的状况依然没有改变。故当时，凉州人口仍只有唐、北宋时的二分之一。

除了移民屯田外，永乐初还多次迁徙罪囚屯田，《明成祖实录》记载："凡人命、十恶罪、强盗伤人者依律处决，其余死罪及流罪，令挈家赴北平种田。"今武威发放乡，明代时称"发放亭"，就是分配安置外来移民及罪犯的地方。

明代河西有来自全国各地的人口。有招募来的"陇右关西之民"，有因"永不起科""世为己业"等优惠政策的吸引而"望风来归"的外郡之民，有谪官，有西来的士卫部众，有朝贡而久留河西的西域贡使及商人。河西人口是逐步发展的，而不是如地方志所载逐步减少的。道光《山丹县志·食货志·赋役》记载：嘉靖时，山丹民户12563户，口17961，屯户6363户，口12720。人口总数超过30000，相当于明初的2.5倍，其中民户、口皆占多数。再以耕地面积言，《明太祖实录》记载，洪武末年河西各卫及西宁卫、庄浪卫共16300余顷；《明神宗实录》记载，万历时增加到45993顷（清仗实额），相当于明初的2.8倍。从山丹卫户口增长状况以及耕地面积的增长状况来看，嘉靖以后河西人口不少于300000。

五、明代河西各卫人口

明代，河西是各民族沟通交融的重要场所，各民族人口众多。明朝对河西的经营以嘉峪关为限，关西设羁縻卫所。沙州卫、罕东左卫在今敦煌市，罕东左卫明初在今西宁西北，后徙敦煌东南一带。弘治至嘉靖时期，哈密卫民众因遭迤西吐鲁番袭击，侨寓安西之苦峪城，称苦峪卫。赤金卫在今玉门市。沙州卫于正统年间内迁，其余各卫亦于正德至嘉靖初内迁嘉峪关以东。现将所见有关河西各民族人口的史实分析如下：洪武十七年（1384年），宋晟讨伐也先贴木儿于亦集乃，生擒了也先帖木儿等，俘获 18000 余人。永乐三年（1405 年），蒙古把都帖木儿率部众 5000 来归，明廷使其定居于凉州，将其安置在今武威市新华乡、南营一带，后来人丁兴旺，一部分又迁往今武威市金沙吴府村，这些地方现在的吴姓居民正是吴允诚（明成祖给把都帖木儿赐名为吴允诚）的后裔。自吴允诚归附以后，还有很多少数民族都陆续到凉州安家落户，这促进了人口发展。

（一）沙州卫人口

沙州卫永乐二年（1404 年）置在沙州城内。《明史·沙州卫》记载，正统十一年（1446 年）沙州卫部下"多欲奔瓦剌"，甘州镇将任礼等"追兵迫之，逐收其全部（沙州卫喃哥部）入塞，居之甘州。凡二百余户，千二百三十人。沙州遂空"。此言"沙州遂空"于史未核。沙州卫自宣德十年（1435 年）率所部 200 余帐[1] 投明被安置在苦峪城，"自是不复还沙州，但遥领其众而已"。至任礼所收，乃其族帐居苦峪一带者，此时苦峪首领为困却来长子喃哥所部，可能原居沙州境，故沙州境内之沙州卫余部至此亦空。正统十二年（1447 年），任礼尽收居生苦峪之沙州卫族帐时，沙州境内尚有班麻思结族帐居之，故不得概言"沙州遂空"。

（二）罕东左卫人口

"沙州遂空"之后，沙州又被罕东卫蒙古部占领。罕东左卫，成化十五年（1479 年）九月置于沙州城内。原驻牧于沙州境内（疑在寿昌故城一带）的罕东部之一支班麻思结族，在正统十一年（1446 年）前后沙州卫人众全部内迁及他徙之后，便全部占有沙州地区。至成化十五年（1479 年）只克请于沙州故城置罕东左卫。从之。九月甲子命置于沙州故城。任只克为罕东左卫都指挥使以统之。只克卒，子乞台嗣。正德十一年（1516 年）吐鲁番胁迫罕东左卫。左卫不克自立，乞台率其部徙入肃州塞内。明代张雨《边政考》载："沙州头目总牙

---

①《后汉书·车师后王国》条云："帐者，犹中国之户数也。"

等，正德十二年暂安境外威虏、金塔寺地方住牧，见有部落男妇一千七百十名。"其部下帖木哥、土巴二部仍居沙州，服属吐鲁番。嘉靖七年（1528 年），帖木哥、土巴二部 5400 人亦逃入肃州塞内。这部分人被安置在甘州卫南部甘凌堡一带及高台千户所白城一带。计总牙、帖木哥及土巴三部已达 7110 人。到明武宗正德年间，沙州部分人相继迁入肃州，沙州又被吐鲁番占领。

罕东左卫在肃州的人口数史书无明确记载，但《明史·西域传》和《明史·沙州卫》记载："乞台既内徙，其部下帖木哥、土巴二人仍居沙州，服属吐鲁番，岁输妇女、牛马，会番酋征求苛急，二人怨。嘉靖七年夏，率部族五千四百人来归，沙州遂为吐鲁番所有。"可见，沙州在嘉靖初年至少有 5400 罕东部落人，而在被吐鲁番占领后的嘉靖中期，"无复田畴井里之遗"，一片荒莽，据《敦煌县志·人口》记载这里只有 370 户，785 人。罕东卫到肃州的人有多少？《殊域周咨录》记载，嘉靖七年（1528 年）沙州帖木哥等向朝廷哀乞口粮和种子，朝廷调查了罕东左右二卫人数，罕东卫在肃州的人数是 7494 人，数量是相当多的，除了沙州卫、罕东左卫内迁外，明代关西其他诸卫也内迁至肃州。史料记载："阿端一卫不知所往矣。曲先则南入乌思藏矣。赤斤、安定、罕东，或数百为族，数十为落，皆内附肃州境土，如野鸟惧物为害，依人居之，衰败凋残，厌厌游游，止存气息，夫安望其振厉？惟罕东左卫少壮可战者仅有一二千人，即今亦来内附，而瓜沙空虚矣。"以上诸卫中，阿端、曲先、安定、罕东显然不是内迁主体，故无内迁人数统计，有人数统计的内迁者主要是哈密卫、沙州卫、罕东左卫和赤斤蒙古卫。

（三）哈密卫人口

据桂萼《吐鲁番夷情》称，哈密"前时部落繁盛，有一二千人……见在东关厢及各山散住，部落十散七八，止有五六百人，且贫弱不勇"。《殊域周咨录·哈密》记载更详细，认为内迁后哈密卫所管其中一个民族部下男妇共 370 口，另一民族部下男妇共 510 口。可见内迁哈密卫人数近千人。

（四）赤斤卫人口

《明史》载，正德八年（1513年）以后，赤斤卫屡遭吐鲁番进攻，"部众不能自存，尽内徙肃州之南山，其城遂空。嘉靖七年，总督王琼抚安诸郡，核赤斤之众仅千余人"。《殊域周咨录》也统计其"各部下男妇共一千余人"。

综合上述材料，诸卫内迁10000多人，其中8000多人直接来自瓜、沙地区的沙州卫、罕东左卫。

沙州人口被迫先后到达甘州、肃州后，沙州人口就更少了。齐陈骏先生在《河西史研究》一书中说："明代时敦煌地区的人口虽先后迁徙无常，但居住的人口大概不会上万，比之于隋唐时期相差得就很远了。"[①] 也正如石之瑛在《开设沙州记》中说："敦煌户口，汉唐极盛，迨于明季，而西丑蹂躏，兹上遂同昏垫。"

---

① 齐陈骏:《河西史研究》，兰州:甘肃人民出版社，1987年，第94页。

第四节 西夏及元明时期社会经济发展变化

一、西夏时期社会经济发展变化

在西夏统治河西走廊的 190 多年间，社会各个方面发展迅速，统治者奉行开明政策，使得河西走廊重现往日繁荣景象。各民族一起生活，互相交流学习，呈现"你中有我，我中有你"的融合态势，各民族之间和谐相处，共同为河西走廊的发展贡献了力量。

（一）河西走廊经济得到复苏和发展

河西走廊是陆上丝绸之路的大通道，曾经辉煌一时。在西夏政权建立前，河西走廊经济发展滞后，人口大幅减少，西夏经略河西期间，运用多种方式迁徙人口，以增加劳动力。其中，来自中原的移民掌握了先进的农业和手工业等技术，他们与回鹘、吐蕃、党项等民族一起交流学习，共同开拓河西地区。西夏还设立农牧业机构，制定利于农牧业发展的措施，这使其成为最重要的物资供应基地和农牧业重要产区。

1. 农牧业

西夏历代统治者都把发展农牧业生产作为经营河西的立足点。河西走廊的凉、甘、肃诸州是西夏农业比较发达的地区。这里受祁连山雪水的灌溉，形成了绿洲地带。西夏曾设农田司职掌有关农田水利及粮食平籴事务，受纳司职掌仓储保管及其收支。西夏政权机构曾多次改革，但此二司却一直存在。为巩固新兴的封建制生产关系，耕垦绿洲土地资源，《天盛律令》明确规定"生荒地归开垦者所有，熟受减免土地税之优待，开垦者及族人可永远占用，有权买卖"①，极大提高了百姓垦荒的积极性。西夏时期河西走廊地区已经采用了先进的农业生产技术和工具，主要的农作工具有犁、耙、锹、耧、镰刀等。这一时期，牛耕得到普遍推广，《西夏书事》中有关于牛耕的记载，安西榆林窟西夏壁画有二牛抬杠、一人扶犁进行耕田的"牛耕图"②；且贺兰山下的西夏皇陵101号陪葬墓内发现了鎏金铜牛。这些都是西夏时期使用牛耕的有力证据。农业的发展离不开水利灌溉事业的发展，西夏人注重水利灌溉事业的发展，对使用水利设施和水资源进行了规定，并对河西走廊地区原有的水利设施进行改造，史载："其地饶五谷，尤宜稻麦。甘、凉之间，则以诸河为溉……故灌溉之利，岁无旱涝之虞。"③河西走廊地区主要的灌溉水源为黑河，西夏以黑河为依托，建立了纵横交错、系统完善的灌溉渠系。河西走廊地区的农业以此为依托，得到了进一步发展，收获了丰厚的粮食，因而储存了大量粮食。宋人刘攽诗云："岂知洮河宜种稻，此去凉州皆白麦。"④河西走廊地区丰富的储粮对于西夏政权的稳固具有重要意义，战时可以为军队提供粮草，饥荒旱灾时可以有效避免西夏发生大规模动乱。

另一方面，西夏统一河西走廊后，为当地牧业的发展提供了相对安定的社会环境，加之受黑河滋养所形成的宜农宜牧的独特地貌地形，河西走廊地区牧业的发展具有得天独厚的优势。史载"取武威、张掖、酒泉、敦煌郡地，南界横山，东距西河，土宜三种，善水草、宜畜牧，所谓凉州畜牧甲天下者是也。"⑤而瓜、沙诸州有"素鲜耕稼，专以畜牧为生"。⑥宋皇佑二年（1050年），

---

① 刘海年、杨一凡、史金波：《西夏天盛律令》，北京：科学出版社，1994年，第564—572页。

② [清]吴广成：《西夏书事》，北京：中华书局，1935年，第765—770页。

③ [元]脱脱：《宋史》，北京：中华书局，1975年，第2865—2877页。

④ 刘攽：《彭城集》，济南：齐鲁书社，2018年，第221页。

⑤ [元]脱脱：《金史》，北京：中华书局，1995年，第3214页。

⑥ 吴广成：《西夏书事校正》，北京：中华书局，1995年，第370页。

辽征西夏，"至西凉府，获羊百万，骆驼二十万，牛五百"①。可见当时河西养殖羊、驼、牛等牲畜的数量非常可观。当然，河西走廊虽有优越的自然条件，但仍受自然环境的制约。雨季则水草丰美，旱季则水草乏绝，牛羊无所食，蕃民四处流亡。

2. 商业贸易

西夏占据河西走廊后，构建了以凉州、甘州为中心的交通网络，不但发挥军事战略要地的作用，也成为其控制东西贸易的交通枢纽和中转站。西夏丰产青盐，是重要的财源之一。《新唐书·食货志》记载："盐州五原有乌池、白池、瓦池、细项池；灵州有温泉池、两井池、长尾池、五泉池、红桃池、回乐池、弘静池。"②作为青白盐的主要产区，这里的青盐品质纯净，味道纯正，以稍带青绿色得名。西夏政权建立后，统治者便垄断了盐产，以作为重要的财政收入。统治者非常重视盐池的税收，不允许偷税漏税，并经常要求宋朝收购或交换货物。另外，西夏盛产枸杞和大黄，大黄具有治愈痢疾的功效，当时军队行军打仗时常备大黄，以便治愈军中的疾病。同时，宋夏在开展榷场贸易（在沿边指定地点进行以官方为主的大宗货物贸易）时，双方贸易的货物各有特色，西夏货物有驼、马、牛、羊、羚羊角、毛褐、麝脐、毡毯、硇砂、柴胡、甘草、苁蓉、红花、翎毛、蜜蜡等，宋朝货物有缯棉、罗绮、香药、漆器、姜桂等。史载："夏国所产羊、马、毡毯，用之不尽，必以其余与他国交易。"③

同时，黑水城遗址发现了十多件有关西夏榷场贸易的文书，文书内容表明，凉州是西夏与宋朝及其他沿边贸易的重要市场，往来商人及其所贩卖货物，无论来自当地，还是来自中原，均要在凉州交易，交易前由榷场使兼拘榷西凉府签判检验所有货物，依例纳税后，才能发放凭证。西夏碑铭记载"武威

---

① 李焘：《续资治通鉴长编》，北京：中华书局，2004 年，第 548 页。
② [宋]欧阳修、宋祁：《新唐书》，北京：中华书局，2011 年，第 766 页。
③ 戴锡章：《西夏纪》，银川：宁夏人民出版社，1988 年，第 285 页。

当四冲地，车辙马迹，辐辏交会，日有千数"，这表明西夏时期凉州地区商业贸易繁荣发达。元代诗人马祖常的诗歌《河西歌效长吉体》，也记录了西夏时期河西地区的商业贸易情景："紫驼载锦凉州西，换得黄金铸马蹄。沙羊冰脂蜜脾白，个中饮食酒声渐。"

（二）各民族文化认同感加强

河西走廊一直是各民族文化交流交融的平台。西夏统治之前，河西走廊生活过西戎、月氏、乌孙、匈奴等民族，塑造了绚丽多彩的民族文化。西夏政权建立后，河西走廊主要生活着汉、吐蕃、回鹘、党项四个民族，回鹘和吐蕃在此生活时间较长，并在河西走廊形成了自己民族特色的文化。河西走廊是文化互相接触、碰撞、冲突、吸收、融合之地，各民族文化在这种过程下互相浸染、互相借鉴、互相补充、互相促进，各民族之间显现出互相学习、互相交流的和谐局面。

首先，西夏统治者推行的文化政策，使得河西走廊文化教育发展迅速，这种文化政策很快适应了河西走廊的区域特色并取得较大成效，同时加快了生活在河西走廊各民族文化交流的步伐。回溯历史的长河，儒学作为中国封建社会文化的主流，在中国封建社会中发挥了巨大作用。儒学在中国文化史上，绵延不绝，经久不衰，从中原地区传向周边民族地区，对我国各民族文化吸收、承传和发展，对中华民族各族人民的思维方式、价值观念、心理状态、礼仪道德、行为习俗等都产生了深刻的影响，客观上形成了一种独特的文化内聚效应。西夏统治者通过组织专人翻译儒家典籍来学习中原文化，许多黑水城出土的儒家典籍被译成西夏文。《孝经》这一时期在河西走廊流传甚广，受到了统治者的重视。西夏人编制的《番汉合时掌中珠》《圣立义海》《三才杂字》等识字书目，均以"三才为纲"，宣扬孝道。[1]西夏统治者对中原文化的重视，在完

---

① 文志勇、崔红芬：《西夏儒学的发展与儒释关系初探》，《西北民族研究》，2006年第1期，第43页。

善的机构和制度、法律、职官、教育制度、天文历法等方面皆有体现。

其次，西夏统治者在河西走廊各地设立州县学，在凉州、甘州等地实行庙学制，重视儒学发展，广泛在各州县设置蕃学，加快了文化交流。为解决人才缺乏的问题，大兴汉、儒之学，培养人才。西夏仁宗下令在各府州设立学校，甘州黑水河建桥碑中有"都大勾当镇夷郡正兼郡学教授王德昌"①的署名，这些都反映了西夏统治者对河西州县兴办学校的重视。西夏虽然地处西北，其尊崇孔子之风气不亚于中原，西夏仁宗把儒学先师孔子尊奉为文宣帝，这在中国历史上是绝无仅有的。他还下令"州郡悉立庙祀，殿庭宏敞，并如帝制"。保存至今的武威文庙是西夏在凉州设立郡学和推行庙学制度、尊奉孔子的实物遗迹，西夏蕃汉教授斡道冲的画像曾悬挂于此。从元代虞集《西夏相斡公画像赞》记载可知，西夏时期的凉州庙学规模较大，元代尚保存殿及庑。

另一方面，多方延揽、重用本地儒学英俊，"自得灵、夏以西，其间所生英豪皆为其用"②。西夏从仁宗开始，效仿中原科举制度，立唱名法，设童子科，开科取士，选拔官吏。西夏吏部尚书权鼎雄，"凉州人，天庆中举进士，以文学名授翰林学士……遵项立，召为左枢密使，后任吏部尚书"③。他升任吏部尚书后，掌管全国官吏任免、考课、升降、调动以及朝廷中的礼仪、祭祀、宴享、学校等事务，且注重澄清吏治，使官民都"无敢干以私者"，按照国家需要和标准选用人才，成为一代名臣。据统计，出仕元代且有史可据的西夏人物共有 370 人，其中祖籍河西地区的就有 60 多人，出自凉州的高智耀功绩和声名较为显赫。可以说，西夏对文化教育的重视，对后来的元朝文化的发展产生了直接影响。历史学家陈登原《国史旧闻》中言："西夏人才，初虽有资于

①　参见王尧：《西夏黑水河碑考补》，《中央民族学院学报》，1978 年第 1 期。

②　[宋]李焘：《续资治通鉴长编》，北京：中华书局，2012 年，第 322 页。仁宗庆历四年（1044 年）条。

③　[清]吴广成撰、龚世俊等校正：《西夏书事校正》，兰州：甘肃文化出版社，1995 年，第 154 页。

宋，其后亦卓然有所自见，并启迪金源……西夏与有力焉。"

（三）佛教成为文化传播的载体

河西走廊一直是我国佛教传播的主要通道和基地，佛教文化在这里熠熠生辉，在这里生活的人大多信仰佛教。西夏政权建立后，历代皇帝开始大力支持佛教，修建寺庙、石窟，在河西走廊前后修筑护国寺、卧佛寺、圣容寺等，并重用僧侣翻译佛经，佛教迅速在西夏境内发展，以至于"近自畿甸，远及荒要，山林溪谷，村落坊聚，佛宇遗址，只椽片瓦，但仿佛有存着，无不必葺……憧憧之人，无不瞻礼随喜，无不信也"，"元昊于兴庆府东……建高台寺及诸浮图，俱高数十丈，'中国'所赐大藏经，广延回鹘僧居之，演绎经文，易为蕃字"①，形成了兴庆府—贺兰山、凉州—甘州、莫高窟—榆林窟、黑水城四大佛教中心。在著名的黑水城遗址有三座佛塔和数座寺庙遗迹；在敦煌莫高窟与安西榆林窟发现的西夏洞窟分别有 77 窟和 11 窟；②在凉州境内的佛教寺院，城内有大云寺、罗什寺、海藏寺，远郊有亥母洞石窟及寺、天梯山石窟及广善寺、圣容寺、瑞像寺、崇圣寺等。同时，西夏时期僧俗大众参与的佛事活动也十分兴盛，在敦煌莫高窟和安西榆林窟中的西夏壁画和题记中，对于党项羌贵族、官僚地主修窟礼佛，善男信女烧香许愿的种种活动都有客观的记录。为有效管理寺庙僧人，西夏还设立了若干僧职。据《凉州重修护国寺感通塔碑铭》记载，管理护国寺感通塔碑的僧职有"提举""僧正""僧副""僧监"等。黑水城遗址文献《杂集时要用字》记载的官位部有"僧正""僧副""僧监"等，说明西夏有一套比较完善的佛教管理机构。③佛教的发展，为一批精通文字、语言、佛经的人，提供了非常好的职位和机会，他们翻译佛经、讲解佛经，有的位居天师、帝师之职。由此可以看出，西夏时期佛教在河西走廊广泛传播，

---

① ［清］吴广成：《西夏书事》，兰州：甘肃人民出版社，1995 年，第 203—210 页。

② 史金波：《西夏佛教史略》，银川：宁夏人民出版社，1988 年，第 120—127 页。

③ 史金波：《西夏汉文本〈杂字〉初探》，白滨等主编《中国民族史研究（二）》，北京：中央民族学院出版社，1989 年，第 177 页。

宗教成为各民族交流、交融、交往的重要载体，并且对当地的稳定发挥了重要
作用。

综上所述，河西走廊作为西夏战略要地，党项作为中华民族大家庭的重要
一员，为河西走廊经济社会发展以及民族关系和谐发展贡献了力量。西夏统治
者实行了适合经济、文化等方面发展的政策，民族融合推动了民族关系的发展
主流，河西走廊多民族格局的基本形成，为后来元、明、清时期实现大一统奠
定了基础。

二、元代社会经济发展变化

在元朝统治下的河西地区，尽管纠纷不断，但是在各族人民的共同努力
下，当地的社会经济还是有一定的发展。

（一）农业

元代屯田，可追溯到成吉思汗时期，到元世祖忽必烈时达到全盛。忽必
烈在中统元年（1260 年）即位后，颁布了"国以民为本，民以衣食为本，衣食
以农桑为本"[①] 的诏令。随后建立了管理农业的机构——劝农司，即负责指导、
督促各地的农业生产；编纂劝课农桑的农书——《农书》《农桑辑要》《农桑衣
食撮要》等，推广先进生产技术；另外还制定法律、招集逃亡、鼓励垦荒、军
民屯田，从总体上指导全国的农业生产。不过，在元朝统一前后，随着形势的
发展，其屯田的目的也有所不同。元朝统一前，其屯田主要是服务于军事战
争，但在统一以后，则主要是为了解决驻军的粮食供应问题。为此，元朝全国
"内而各卫，外而行省，皆立屯田，以资军饷……由是而天下无不可屯之兵，
无不可耕之地矣"。河西地理位置优越，既是元朝在军事上控制西北的前沿阵
地，又是联系中亚诸国的交通要道，具有十分重要的战略地位。同时，元朝不
断的移徙兵民、屯田殖谷，对河西进行有组织、有计划的开发经营，加强了对

---

① ［明］宋濂：《元史》，北京：中华书局，1976 年，第 2354 页。

河西的控制。屯田的普遍推行，使元朝农垦开发的地域遍及整个河西绿洲，不仅石羊河、黑河、疏勒河三大流域中游的绿洲平原精华地段——凉、甘、肃、沙、瓜诸州老垦区普遍得到了开垦，而且位处绿洲边缘自然条件较差的下游平原的不少地方也得到了垦辟。总之，元代河西屯田，不仅开垦了良田，扩大了耕地面积，促进了当地经济发展，而且解决了部分驻军的粮食需求，巩固了国防，减轻了国家和百姓的负担。同时，有目的的徙民屯种，加速了各民族融合的进程。

（二）畜牧业

游牧民族大量进入河西，为当地畜牧业的发展注入了新的活力。河西土地广阔，水草丰美，非常适宜发展畜牧业。元朝统治者在推行重农政策的同时，还在适宜畜牧的地方发展畜牧业。元代设有太仆寺专掌马政，"其牧地，东越耽罗，北逾火里秃麻，西至甘肃，南暨云南等地，凡一十四处，自上都、大都以至玉你伯牙、折连怯呆儿，周回万里，无非牧地"。而甘肃牧场的草地主要集中在河西的甘州地区。由于养马业在整个河西畜牧业生产中具有比较重要的地位，所以河西地区畜牧业的发展由官营占据主导地位。可以说，开辟牧场、扩大牲畜的牧养繁殖是元朝的重要政策。元朝在全国设14个官马道，所有水草丰美的地方都用来放牧马群。其牧场西抵流沙，北际沙漠，东及辽海，凡属"地气高寒，水甘草美，无非牧养之地"。河西除养马外，还大量牧养牛、羊、骆驼等。元仁宗延祐七年（1320年），曾征调甘肃等地官牧羊马牛驼给朔方民户，足见河西畜牧业之盛。

在较为完备的管理体系下，元廷通过颁行相关的刑法和禁令来保护河西及其他地区的畜牧业。一是禁私杀马牛。《元史》禁令条规定："诸私宰官马牛，为首杖一百七，为从八十七。"[1]《元典章》卷57《刑部》卷19《禁宰杀》中同样有严格处罚"私宰牛马""偷宰马牛"的规定，并严令要求"所有亲民州县正官

---

① [明] 宋濂：《元史》，北京：中华书局，1976年，第2683页。

并各管官司禁治"。① 对于州、县官禁治不严者，也有明确的条文处罚。二是对盗窃他人牲畜者，有严厉的惩处规定。大德五年（1301）十二月禁令："凡盗人孳畜者，取一偿九，然后仗之。"② 由此可见元廷对畜牧业的保护力度以及对马匹的保护程度。

（三）手工业

元朝统治者历来都很重视手工业的发展，注重对从事各类手工业工匠的保护。元朝在大都及各郡县设置专门管理手工业的机构。至元十八年（1281年），元廷在河西设置了"织毛锻匠提举司"③，专门管理工匠户，负责当地手工业生产及工匠管理等具体工作。该提举司的设立，直接将河西地区的手工业生产归于元廷管理，使其发展趋于制度化、规范化，而且间接推动了当地手工业的发展。另外，元贞元年（1295年），元廷将甘、凉"御匠五百余户"迁徙到襄阳，④ 进行手工业生产。这条记述直接反映出甘、凉一带有专为皇室服务的工匠，甘州和凉州是元代河西重要的手工业区，同时也说明了在河西地区是以官营手工业发展为主，从事手工业的居民不仅人数多，而且技术水平较高。

元代的统治者为了使工匠源源不断、后继有人，逐步建立、完善了工匠职业世袭、禁止改业脱籍的匠籍制度。《元史·刑法志》中规定："诸匠户子女，使男习工事，女习黹绣。其辄敢拘刷者禁之。诸系官当差人户，非奉朝省文字，辄投充诸王及各投下给使者论罪。"这是法律明文规定，工匠的子女只能做工匠，违者要受惩罚；至于系官工匠，更要代代相传，非经朝廷许可不得脱籍，以此保证国家有足够的各类工匠。另一方面通过提高工匠待遇，扩充匠户人数。《元文类》载："国家初定中夏，制作有程；乃鸠天下之工，聚之京师，

①《元典章》卷57《刑部》卷19《禁宰杀》，第1901页。
② ［明］宋濂：《元史》，北京：中华书局，1976年，第438页。
③ ［明］宋濂：《元史》，北京：中华书局，1976年，第234页。
④ ［明］宋濂：《元史》，北京：中华书局，1976年，第395页。

分类置局，以考其程度而给之食之，使得以专于其艺。"①《元典章》载："诸漏籍户投充人匠，改正为民，收系当差。"②总之，元廷为了积极推进河西地区手工业生产的稳定发展，非常重视对河西地区的工匠人员的安置和保护。此外，元代河西地区佛教、道教、伊斯兰教、基督教等并存，教派林立，道观、寺院众多。敦煌莫高窟及安西榆林窟的洞窟开凿及壁画的绘制，各种宗教器物的加工以及寺庙的建造维修，涉及瓦工、木工、雕刻工、漆工等。③元仁宗皇庆元年（1312年）修建的皇庆寺，在至正十一年（1351年）重修时，大批工匠被迁移至敦煌。《重修皇庆寺记》碑文记载："速来蛮西宁王崇尚释教，施金帛，采色、米粮、木植，命工匠重修之。"④毫无疑问，这些围绕着敦煌莫高窟营造而聚集的各类手工业匠户，一定程度上也促进了河西地区手工业的发展，为河西地区的整体社会经济的发展和生产技术的进步做出了重要贡献。

（四）商业贸易

元朝统一了包括中亚、西亚在内的广大西域地区，东西交通便利，以至于当时有"睡在大车上可以直达土耳其"的说法。便利的交通，为河西走廊商业贸易的繁荣创造了条件，许多中亚、西亚的商人也进入河西走廊经商。他们同当地人一同进行商业活动，从而使商业贸易在河西走廊一度相当繁荣。如肃州东关"自东至西大街一条，长一里半；自南至北横街一条，长一里，其余小市僻巷不一，肆中贩粥，不拘时辰，朝市暮散"，由此可见商业活动的规模和经济区域已经正式形成。至元二十一年（1284），元廷"以钞万锭为市于别十八里及河西、上都"⑤。能够同一时间在大都、河西、别十八里三个地方建立市集，

---

① 《元文类》卷42《经世大典序录·大典总叙·诸匠》，第618页。

② 《元典章》卷17《户部》，第589页。

③ 高荣主编：《河西通史》，天津：天津古籍出版社，2001年，第411页。

④ 李永宁：《敦煌莫高窟碑文录及有关问题（二）》，《敦煌研究》，1982年第2期，第108—126页；[民国]张维撰：《陇右金石录》，载《历代碑志丛书》，甘肃省文献征集委员会排印本，1943年，第631页。

⑤ [明]宋濂：《元史》，北京：中华书局，1976年，第265页。

可见元廷对河西地区商业发展的重视程度与大都等同。同时，元朝统治者也很重视货币在河西地区的流通，严明钞法制度。[①] 如至元六年（1269 年），元廷降诏谕沙州、肃州等地施行钞法，为商货交易和流通提供便利。[②] 此外，元廷还一直秉持"往来互市，各从所欲"[③] 的开放姿态。在元廷"重利诱商贾"、降低边疆地区的商税税率以及免税等措施的推动下，元朝社会"以富求仕""舍本农，趋商贾"的风气盛行。[④] 河西地区也不例外，仅肃州城东的街巷内，就聚集了大量的色目商人。[⑤] 河西地区能够在这一时期重新展现出它的商贸活力，色目商人同样做出了巨大贡献。

同时，整顿商贸秩序。河西境内商业贸易繁荣，经营主体庞大，蒙古贵族、官僚地主都通过色目商人参加商业活动，许有壬有言："我元始征西北诸国，而西域最先内附，故其国人柄用尤多，大贾擅水陆利，天下名城区邑，必居其津要，专其膏腴。"[⑥] 相对宽松的行商政策助长了商人营私舞弊之风，他们非法持玺书、佩牌符、乘驿马，出现了扰乱驿道交通、社会治安的现象。元廷不得已开始大力整顿河西地区的商贸秩序。甘州既是河西政治文化中心，也是商业中心；陇右的巩昌、河州并为互市之中心；敦煌又处于中西商贸来往的必经之路，是河西境内又一大商业重镇。故而，以上各城镇成了元朝管理、整顿商贸秩序的重点区域。敦煌莫高窟北区出土编号 B119:7 文书，敫特根先生释

---

①《元典章》卷 20《户部》载："街市诸行铺户、兴贩、客旅人等，如用中统宝钞买卖诸物，止旧价发卖，无得疑惑，徒添价值，其随时诸物减价者听；富商大贾高抬物价，取向是实，并行断罪。"这说明在钞法的流通运行中，元廷也以政府的手段控制市场物价，保证商业稳定发展。

② ［明］宋濂：《元史》，北京：中华书局，1976 年，第 122 页。

③ ［明］宋濂：《元史》，北京：中华书局，1976 年，第 204 页。

④ 李幹：《元代民族经济史（下）》，北京：民族出版社，2010 年，第 912—914 页。

⑤ 修晓波著：《元代的色目商人》，广东：广州人民出版社，2013 年，第 62 页。

⑥ 许有壬：《至正集》卷 53《碑志》，元人文集珍本丛刊第 7 册，第 251 页。

读为是"一件有关惩治商人违反驿站管理行为的法律文书"，[①] 这说明元廷在对商人经商给予保护和特权的同时，一定程度上也很重视对其经商活动的有效管理。

三、明代社会经济发展变化

（一）巩固西北边疆

我国自古以来就是一个多民族的国家，各民族之间有极为密切的十分复杂的关系，特别是我国历史上西北地区的民族关系，具有更加复杂而独特的情况。可以说，各民族间的相互关系自古至今是这一地区的中心内容。河西地区是明代民族融合重要的场所，这里也是明政府对周边各民族实行羁縻政策的重要基地。陈洪谟说："自古据有河西，修饰武备，羁縻羌戎之法，惟本朝最为精密。"大量人口迁入河西地区，从而形成了互相融合的局面。

（二）促进河西经济发展

明朝前期河西地区的入迁移民，对河西地区经济的开发大都体现在农业和商业两方面，据梁方仲先生研究，由洪武至景泰年间的"农业、手工业、商业都是步步上升的"。

农业方面。纵观明代河西屯田发展、衰败的全过程，虽然存在着种种问题与弊端，但整体而言，河西屯田仍然对河西地区的农业生产起到了促进作用。大量荒地被垦辟，耕地范围进一步扩大，在此屯田的人数也越来越多。如镇番卫洪武十二年（1379 年），"军民共屯田一千九百六十二顷二十四亩七分许"[②]。到了嘉靖十三年（1534 年），"卫官民田地，共五千二百二十二顷二十四亩四分六厘"[③]。两组数据中，洪武十二年（1379 年）对耕地面积的统计只包括军屯田

---

① 敖特根：《敦煌莫高窟北区出土蒙古文文献研究》，北京：民族出版社，2010 年，第 14 页。

② 谢树森、谢广恩著，李玉寿校注：《镇番遗事历鉴》卷 1 洪武十二年己未。

③ 谢树森、谢广恩著，李玉寿校注：《镇番遗事历鉴》卷 2 嘉靖十三年甲午。

而不包括民田，其原因应该在于此时民田面积较少，甚至可以忽略不计。嘉靖十三年（1534年）的统计数据则包括了官田、民田两个部分，这表明此时民田获得了一定的发展。耕地总面积的总量在150多年的时间里，增长了两倍多。洪武末年，陕西行都指挥使司都指挥使陈晖指出："凉州等卫十有一屯……屯田万六千三百余顷。"《明神宗实录》记载，万历十一年（1583年），甘肃巡抚王璇、巡按吴定题称："今次清丈实在地四万五千九百九十三顷三十五亩零，定为地额。"万历年间的耕地数据与洪武末年的耕地数据相较，增长了近三倍，此数据中还不包括大量被权贵势要隐匿的耕地和"永不起科"的新垦荒地。由此可知，河西地区的耕地面积明显有了大幅度的增长。值得一提的是，在大量林地、草场被开垦为农田的同时，河西的地方官员还注意到了生态环境的保护。如万历末年，镇番卫教授彭相"倡率在学生员每人植树二十颗，载柳五十株。定例：活有十之七八者，赏银二钱；十之四五者，赏银一钱；十之三四者，赏银六分；十之一二者，无赏无罚；皆活者赏银三钱，皆死者罚银三钱"。如果有人盗窃种植的树木，还会被施予重罚。万历三十一年（1603年），"三岔河岸柳棵失盗，知事委参将李秉诚诘之。嗣侦知为农民何毓芹与其侄何所信所为，因杖毓芹四十，所信二十，各罚银二两五分，限期交付，延期再罚"[①]。在传统农作物取得发展的同时，随着移民的涌入，河西地区出现了一些农作物的新品种和新的农作物，如作为新品种的白谷、冬麦在明代中后期由商人、屯军人员等引种至河西，但并不普及。随着内地移民的迁入和屯田的开展，明代河西地区的农业生产取得了发展。农业在河西地区生产结构中的影响力明显提高，原本"耕无百亩"的肃州卫，在成化年间之后也出现了"闲旷之地皆成沃亩"的变化。就连原本以畜牧为生的一些游牧部落，也因为自身人口的繁衍以及农耕文明的影响，出现了生计方式的转变。如天顺七年（1463年），陕西行都指挥史司甘州等卫奏："北虏连岁入寇，土人多未耕

---

① 谢树森、谢广恩著，李玉寿校注：《镇番遗事历鉴》卷3万历三十一年癸卯。

种，今缺食者，多乞发廪赈济，并给予种子，俾各耕耨。"这里谈到的"土人"就包含了在河西地区世代居住的游牧民族。清朝初期，就连明中期以来寄住河西地区的哈密、赤斤、罕东等族，也"皆男女耕织"。

商业方面。河西地区自古就是通好西域的要道，在明朝以前，西域与中原地区交流频繁。天山南北各族及撒马尔罕、"天方国"的贡使通过丝绸之路与明朝进行商业贸易，来自西域的使者或商人，到这里后便会得到当地官员的礼遇。《明史》记载："朕即位以来，西方诸商来我中国互市者，边将未尝阻绝。朕复敕吏民善遇之，由是商人获利，疆场无扰。"如在洪武二十五年（1392年），朱元璋命令甘肃守臣遣返曾停留在河西的贡使，于是"归撒马尔罕者千二百余人"。到永乐时期亦有别失八里的贡使"将至甘肃，命所司宴劳，且敕总兵官李彬善遇之"。甚至有些使者不能按时返回时，便停留在河西。

在重农抑商、重儒轻商的中国社会里，大多数人不愿从事商业贸易活动，这些来自西域的商人不畏艰险，善于筹算，有的拥有巨资，有的博学多闻，有的善于识宝，在一定程度上刺激了明朝河西地区的商业经济。明洪武年间宣布，"其各居边境永安生业，商贾贸易一从所便，欲来朝者与使臣偕至"。永乐元年再次重申，"但来朝者，悉授以官，俾仍居本地，岁时贡献，经商市易，一从所便"。由此可见，商业贸易在河西地区的发展，不仅带动明朝商业经济的发展，而且使西北民间贸易范围扩大，成交量增多。整个西北地区以河西为突破口，贯通南北，联结东西，为明朝经济的发展贡献了重要力量。

（三）奠定西北地区城镇聚落格局

以军事卫所机构为依托，与行政府、州县机构同城并治，是明朝前期河西地区移民入迁的一大特点。从明太祖洪武五年（1372年）底开始，明朝先后征调大批普通百姓和一部分卫所士兵，对北部沿边地区具有重要战略意义的一些城池进行了大规模的增修和扩建，永乐初年基本完成对河西地区城池的修建。这一举措使明朝经营西北的行政建置基本确立，初步奠定了西北地区的城镇聚落格局。

城镇是明朝前期入迁移民进入河西地区的主要屯聚点和主要定居地。明朝在这些城镇建立卫所、屯聚大军、筑城守御，保护城中地方行政统治机构，进而控制西北，统辖各地。筑城，在物质上建立了坚固强大的军事防卫体系，形成坚固的军事堡垒，不仅能够护卫城中重要的军政机构和设施，而且能够以城卫民。正所谓"夫城以卫民，池以卫城，又宜其人民焉"。

第七章

盛世余晖——清代河西人口

明末清初，河西经过连年的自然灾害，田园荒芜，人口减少。康熙五十一年（1712年）"新增人丁，永不加赋"的政策推行、雍正年间"摊丁入亩"制度逐渐取消人丁税、关西地区三次大规模徙民活动等，在一定程度上使得河西人口飞跃增长。乾隆年间，河西居住的人口约有70余万，至嘉庆年间，人口近300万。这是封建社会河西人口的最高峰。清代后期，由于自然灾害等原因，河西人口较嘉庆年间大幅减少，但基数依然庞大，大约在100万以上。

第一节 清初至雍正年间河西人口

一、历史背景

随着清朝平定准葛尔，河西不再像明朝那样属于边地，而是完全成了内地。河西地位的变化和清朝对河西的经营，使河西社会经济和文化再次出现了繁荣景象。

明末清初，河西经过连年的自然灾害，田园荒芜，人口减少。史称当时甘肃"灾死徙之余，田亩之荒废者十有一二，军民之存活者十无一二"，不少地方"庐舍已空，有土无人"。据统计，河西人口只有数万人，有些地方，如安西在清初设立行政机构时，竟是"民丁原额无"，足见清初河西人口之少。直到康熙中期，嘉峪关还是赤地千里，无复人烟。肃州、甘州一带，居民户口直到雍正中期还没有恢复到明朝嘉靖至万历时期官方的数字，据乾隆《重修肃州新志》载，明嘉靖中，肃州有居民5855户，9963口，到清雍正十三年（1735年），这里实有丁才2227口。张掖县在明万历时有7900多人，而清雍正十三年前后只有2000多人。

清初河西人口稀少，举镇番县和敦煌县两例来说明。镇番县（今民勤县），不见有清初人口的记载，《镇番县志》云："国朝雍正前无确册可查。"至雍正年间开垦柳林湖，很多农民迁往柳林湖参加屯田。《镇番遗事历鉴》载："李海峰等七十二户农民，自青松堡迁徙柳林湖屯田。"至清雍正三年（1725年），民勤人口达到10000左右，屯种在2500顷左右。敦煌县人口据石之瑛《开设沙州记》云："敦煌户口，汉唐极盛，迄于明季。"至清初时"敦煌无土著矣，又久之而逃亡者死于四方矣，不得不迁民以实之"。雍正二年（1724年）始于敦煌设沙州所。雍正四年（1726年），川陕总督岳钟琪巡边至沙州，相度地利，请改所为沙州卫，而人烟甚稀，不成村落，乃招甘肃皋兰等县无业穷民 240 户，开垦屯种，沿途给口粮、皮衣、盘费，及到敦煌借予牛具籽种房价。与此同时，陕西署督查郎阿于雍正七年（1729 年）十一月奏称，先后招往安西、沙州等处地方屯垦民户共 2405 户，敦煌户口日渐繁盛，以至于"关外县治当首屈一指"，"知其土著之百无一二"。

二、人口政策

清代前期实行的是两套户口管理制度，即保甲制与编审制。"保甲行于平时，而编审则丁赋之所由出也。"其户籍分为军籍（亦称卫籍）、民籍、匠籍、商籍、灶籍等很多种类，分别登记造册。这种分类登记，主要是为了征收赋税和征调人役。

清朝规定，各种人口都要编入所在府、厅、州、县户籍之内。但也有腹民、边民之分，腹民统计到丁口。男为丁，女为口，男 16 岁为成丁，60 岁开除。未成丁亦称口。这就是说所有的人口都要登记在册。腹民，意为内地人民，包括很多所谓"久已向化"的民族，说明清代人口的统计范围比历代都更广泛。所谓边民，主要指居于北部边境的一些人口较少的民族。甘肃、青海、四川等地由土司所管理的人口，只统计到户，因为他们对赋税，一般是按户数的多少，由土司缴纳地方特产，如兽皮之类，无丁税。还有一些地方的土司，只申报寨（村）数、族数，主要是西南地区。清代中期以后，随着"改土归流"的深入，逐渐申报户口。因此，清代前期、中期的户口统计数字，仍然是不完整的。

保甲制，是清代户口管理的基本组织形式。清朝迁都北京后，开始在占领地区建立保甲组织。在清查户口时，每户发给印牌（户帖），男女老幼都要登记编入户籍。所谓保甲组织，就是在州、县城乡，十户立一牌头，十牌立一甲长，十甲立一保长。人口若要外出，需向保甲长报告去处。有客来，要报告来自什么地方。寺观也给印牌，僧道出入也要接受检查。凡一甲之内，有盗窃、窝逃及陌生可疑的人，都要及时报告保甲长。户口迁徙要办迁移手续。

编审制，是在保甲的基础上编制《赋役全书》，清查户口，但内容还包括土地资产，五年编审一次。户口清查着重于人丁，即"编审之法，核实天下丁口，具载版籍。年六十以上开除，十六以上添注，丁增而赋随之"。

康熙五十一年（1712年）提出"新增人丁，永不加赋"的政策。其中规定："直隶各省督抚及有司，自编审人丁时，不将所生实数开明具报者，特恐加征钱粮，是以隐匿不据实奏闻。""其自后所生人丁，不必征收钱粮，编审时只将增出实数查明，另造清册题报。"这项改革实际上是为了稳定赋税征收数额，把缴纳丁役银的人丁数固定下来。以康熙五十年（1711年）为准，以后出生人丁不再随之加征赋税，人丁因老年退役，或死亡等原因缺额，由本户新增人丁抵补。再不足以亲戚多者或同甲丁多者抵补，保证总的丁数、税额不变。超过数额以外的人丁，作为"永不加赋滋生人丁"，单独造册上报。这项政策措施的推行，对稳定人心有积极作用。但对于户口统计并未产生实际效应，并很快出现新的赋役不均的问题，当时人吴振棫对此评论说："盖滋生人丁永不加赋，而额丁子孙多寡不同，或数十百丁承纳一丁。其故绝者，或一丁承一二十丁，或无其户，势难完纳。"因而赋税征收越来越困难，丁口逃亡更严重。各地所上报的户口数多因旧额，在康熙的谕旨中就说："岁岁滋生之数，一律雷同。"康熙五十一年（1712年）以后，虽然户口登记与赋税征收不再有直接联系，但由于赋税制度的长期影响和户籍管理体系的不完备，户口数字与实际人口存在差距的状况仍没有改变。雍正年间试行"摊丁入亩"，逐渐取消了人丁税，五年一度的编审制度已失去作用。乾隆三十七年（1772年），决定永停编审。其后的户口则全由保甲一条线管理、统计、上报。

三、清初至雍正年间河西人口

清初至雍正年间河西除少数县有人口数字的零星记载外，其他县都不见有人口记载。根据嘉庆《重修大清一统志》记载的原民丁数字，可推知河西凉州府、甘州府、肃州府在康熙朝以前的人口数量。

凉州府，河西各州府中人口最多者，"原额民丁共24335"；甘州府，"原额民丁共5850"；肃州府，"原额民丁共6908"。这些统计数字是"丁口"，即纳税的男劳动力数，而不是人口数，那么，人丁和总人口的比例如何确定？《中国人口通史》将清初人丁与总人口的比例确定为31:100[①]，这比较贴近人口年龄构成的实际情况。清朝以10—59岁的男性为丁。此年龄组的人口占总人口的比例，虽然在不同历史时期、不同地区和不同社会形势下会有所不同，但在通常情况下不会有大的出入。按丁与口31:100的比例，将凉、甘、肃三州人丁数换算成人口数，凉州78500口，甘州1880口，肃州22284口，共119654口。

凉、甘、肃三州府在康熙末年以前共有约120000人口，可谓人烟稀少。是不是嘉庆《重修大清一统志》所记"丁口"也少于当时的实际数目呢？我们认为那其实也只是一部分，清制滋生人丁不纳税，显然这是交纳丁银的份额，不可能是当时的实有人丁数。这一时期实施的人丁纳税政策，是统治者为了更好地奴役劳动人民的一种手段，人民必然要反其道而行之。"这样，逃税避役，隐瞒户口就成为自然而然的事了。"[②] 同时也客观地反映了清初至雍正年间的河西人口发展不快、数目不大的现状。究其原因，主要是自然条件差，旱、雹、虫等自然灾害频繁。

四、清初至雍正年间移民入迁

（一）三次入迁

康熙晚期以后，社会秩序相对稳定，康熙五十一年（1712年）颁布"滋生人丁，永不加赋"的诏令，雍正时实行"摊丁入亩"制度，则促进了人口增长。

---

① 路遇、滕泽之：《中国人口通史（下）》，济南：山东人民出版社，2000年，第812页。
② 刘含若：《重视我国人口史的研究》，《西北人口》，1983年第2期。

同时，清廷为了节省转输费用，还陆续从内地招募民户，向关西地区进行了三次大规模的徙民活动，在一定程度上增加了河西人口。

首次关西地区大移民开始于康熙五十五年（1716 年），负责西路军办理粮饷事务的吏部尚书富宁安奏请在关西的西吉木、达里图、锡拉谷尔一带招民垦种，"于边疆大有裨益"①，获准实行。清廷于次年在甘肃招募，官费送往关西。而且，移民到达之后由官府"俱经盖造房屋，分拨居住，耕种地亩收粮"②。康熙五十六年（1717 年），由甘肃巡抚绰奇奉命招募无业穷民，并通过官费将招募的无业贫民送赴关西地区安置，这批移民的原居地记载不详，但由甘肃巡抚负责招募，招自甘肃境内府、州、县当无疑。该年底，迁往关西地区的移民安置工作结束，西吉木地方 270 户，达里图地方 530 户，锡拉谷尔地方 106 户。此后，在达里图又陆续招民 31 户，还有其他为数不等的小规模招民垦荒，到康熙末年关西招民已超过 1000 户。

对于此次移民的 900 余户，由于史料有限，具体情况现今知之甚少。关西地区移民最迟需在开春之前到达，方能不误农时，而过早到达又需多给口粮，增加费用。因此，移民大都选择在冬季进行，开春前到达。据此推算，此次移民的具体时间应该是在康熙五十五年（1716 年）与康熙五十六年（1717 年）的冬天。这批移民的迁出地，遍查现存关于清代的史料，无甚记载。不过，移民能够在短时间内迅速完成，这说明移民的来源很可能在陕甘地区，尤其集中在距迁入地较近地区，比如甘州左右二卫、肃州卫、山丹卫及高台所等处。③据《重修肃州新志》记载："赤金（即西吉木）原招设人民共二百七十户，雍正九年编审，计滋生人口八百八十八口。"经过十余年的发展，至雍正九年（1731 年），赤金户均人口仅 3.3 口，如果再考虑到人口的机械增长等因素，估计移

---

① 《清圣祖实录》卷 269 "康熙五十五年七月丁丑"条。
② 《清圣祖实录》卷 277 "康熙五十七年二月戊子"条。
③ 雍正二年，裁甘州左右二卫置甘州府，所属两卫张掖县为府治，改山丹卫为山丹县。高台所为高台县，肃州卫为肃州厅，俱属甘州。

民之初户均人口可能低于 3 人，这种家庭结构表明移民对象基本以成年劳动力人口为主，男性多于女性，老人及儿童等非劳动力人口很少。从这个角度来讲，此次移民并不是一次真正意义上的以家庭为单位的人口迁移，这可能是移民得以在短时间内顺利完成的另一个重要原因。金塔、达里图等处的移民情况估计与赤金不会相差太大，以此推算，此次移民人口总数不会超过 3000 人。接着，靖逆将军富宁安奏言："西吉木设立赤斤卫，达里图设立靖逆卫，各添设卫守备一员，锡拉谷尔设立柳沟所，添设守御所千总一员。再添设同知、通判各一员。兼管二卫一所。其驻防兵丁、武职官员令肃州镇管辖，卫所官员令肃州道员管辖。"[1] 到康熙末年，关西地区招民达 1155 户，户均地 23 亩，具体招民情况见下表：

康熙末年安西诸卫所招募户民及认垦田亩情况[2]

卫所	招民户数	认垦田地（亩）	户均耕田（亩）
赤金所	270	5400	20
靖逆卫	561	11604	21
柳沟卫（包括外柳沟营）	148	2835	37
安西卫	176	6876	39
合计	1155	26716	23

第二次关西大移民是雍正四年（1726 年）开始的沙州移民。此次移民构想最初是年羹尧于雍正二年（1724 年）提出的，后未能实行。雍正四年，正值准噶尔部受到重创，前方形势稳定之际，川陕总督岳钟琪巡边沙州，建议加强对关西地区的建设，提出在沙州移民屯田，其命人勘得可垦地约 300000 亩，除留兵屯地及预留部分土地外，尚有 240000 亩，以每户垦种 100 亩计算，岳钟

---

① 《清圣祖实录》卷 277 "康熙五十七年二月己丑" 条。
② 表中数据来源于乾隆《重修肃州新志》，安西卫户口田赋，第 447 页；柳沟卫户口田赋，第 567 页、568 页；靖逆卫户口田赋，第 588 页；赤金所户口田赋，第 608 页。

琪便奏请"招甘省无业穷民二千四百户，开垦屯种"。雍正帝批准实施。对此，在《清世宗实录》"雍正五年八月壬子"条中有比较详细的记载：

> 川陕总督岳钟琪疏言：沙州招民垦种，民檄甘肃布政使钟保，转饬平、庆、临、巩、甘、凉、西七府及肃州厅，各于所属酌量补招，务足二千四百户之数，但所招之民户远近不一，臣恐有误春作，已令安西镇派拨兵丁，代种籽粒二千石。今所招之户至彼者一千四百一十九户。其未至彼者七百二十九户，已过播种之期。请补足二百五十二户，俟明春一并发往，每户各分地土百亩，给以籽种六石。应如所请，从之。

从此实录所载的内容看，雍正四年（1726年）的沙州移民屯户主要来源于甘肃平凉、庆阳、临洮、巩昌、甘州、凉州、西宁、肃州等八处，且于雍正五年（1727年）、雍正六年（1728年）分两期迁徙至沙州。而在垦种之初，"每户各分土地百亩给以籽种六石"。雍正七年（1729年）十一月，陕西总督查郎阿奏称，"招往安西沙州等处屯垦户民今年到齐，统计共有二千四百零五户"[1]，考虑到"内地招民若相隔太远则或有携老挈幼之家，惮于跋涉，固多观望不前，而所招之民若非实在熟悉农事者，又恐其素为游手好闲，虽闻风而来，亦于农务无益"[2]。因此，此次移民来源严格限定在"甘肃八府"管辖的区域内，而移民对象则为熟悉完整的农业耕作的有丁无地或为年荒失业的贫苦农民。此次移民始于雍正四年冬，现有的研究表明，绝大多数移民在雍正六年春就已经

---

[1] "雍正八年四月二十八日署陕西总督查郎阿奏覆沙州民户余谷无庸籴买并查贮岳钟琪原买余剩麦石。"转引自中国第一历史档案馆编：《雍正朝汉文朱批奏折汇编》，第18册，第576页。

[2] "雍正三年十月二十三日川陕总督岳钟琪奏请分驻安西镇兵以便屯垦折。"转引自中国第一历史档案馆编：《雍正朝汉文朱批奏折汇编》，第6册，第342页。

到达沙州，并且开始垦田耕种，还有少部分移民在雍正七年（1729年）春到达该地，移民活动至此基本结束。

至雍正末年，关西地区五卫、所劝谕屯户并招民开垦地及续报开垦地共"一千四百五十四顷"[①]，按照每顷折地百亩，则1454顷即为145400亩，以康熙末年的户均垦田23亩计算，总共可以招6300多民户。另外，关西地区驻军共5000户，这些民户很快投入到河西开发之中，成为河西人口的一部分。

第三次大规模移民为雍正末年的吐鲁番维吾尔族东迁瓜州。吐鲁番维吾尔族远在边境之处，常常受到准噶尔部的侵扰。雍正十一年（1733年），经清廷允许，吐鲁番维吾尔族向东迁移至关西地区的瓜州。乾隆二十一年（1756年），由于局势逐步稳定，加之他们在瓜州很不适应，经过权衡，乾隆皇帝诏谕："该回屯二千四百五十二户，男妇大小八千五百七十八名口，其有牲畜力量易于迁徙之家，不过十之二三，现分为七起，于闰九月初二起，头起先行。"[②] 至此，在瓜州居住了23年之久的吐鲁番又踏上了返乡的征程。

（二）入迁原因

军事原因。为统一其占领下的西北大片领土，清廷将大批粮饷运往清准战争的前线地区，这是巩固已经取得的军事成果、渐次向前推进的战略保证。对于高寒险峻的西北地区，尤其是河西走廊，"往返二三千里，盘费之需，跋涉之苦自不待言，且无不肩摩脊伤，困顿长途"。还随时"损失粮米，伤亡兵夫"，"马皆骨立，鞭策不前"，这严重影响了清朝统一大业的完成。为此，解决征准清军的粮饷就成了清廷的头等大事。因而，军事原因便是康、雍、乾时期河西走廊移民的首要动因。因而，继康熙三十五年（1696年）的昭莫多战役后，清政正式开始将向河西走廊移民与屯田，屯田主要依靠当地民众和外来移民。乾隆二十四年（1759），天山南北归于一统，河西走廊为解决军需而进行

---

① 《重修肃州新志》，安西卫户口田赋，第447页；靖逆卫户口田赋，第589页。
② 中国第一历史档案馆：《军机处录付奏折·民族类》卷1506。

的移民屯田便转向移民实边和解决移民生计方面。

政治原因。向河西走廊移民，加强清朝的统治，一方面可以开发河西走廊，支援清朝对准噶尔部的战争，另一方面可以促进河西走廊的社会经济发展及增加该地区人口数量。至康熙中后期，清朝基本稳定了京都地区，但是西部依然动荡不安。康熙十二年（1673年）爆发了吴三桂等"三藩叛乱"，河西走廊地区亦遭受了战争的创伤。对于清廷来说，迅速抚平创伤、稳定社会统治秩序、平定三藩之乱，才是真正意义上的稳定。清廷经过八年的艰苦平叛和恩威并施的招降政策，三藩之乱终被平息。这样，首先向河西走廊等西陲边缘地区发配叛乱官员和革职官员，便成为清向河西走廊进行移民、开发西北边地的主要渠道，这也是稳定政权必须采取的政治举措。

经济原因。清初，亟待解决的问题是迅速恢复和发展社会生产力，振兴封建经济。河西走廊历来是经营西域的要地，其特殊的地理环境等使得清朝政府在河西驻军的粮饷转运过程中付出了大量的人力、财力和物力。有鉴于此，在河西走廊当地进行移民屯田开发便是避免清政府在粮饷转运过程中耗费大量人力、财力与物力的一项重大的战略决策，更是历代王朝经营河西走廊乃至开发和占领西域地区的关键措施之一。

第二节　乾隆、嘉庆时期河西人口

清朝收复酒泉西部地区之后，落墨屡屡派兵东侵，清政府派川陕总督岳钟琪在安西一带守护，从政治、军事、经济等方面加强了对这一地区的管制。此后，清政府在河西地区大力移民屯田、兴修水利设施，经济进入了百余年的持续增长期。至嘉庆年间，河西人口达到了历史上的最高峰。

这一时期，推行比较优越的赋税和户籍政策，"改编戍军为屯丁，免除军名，令其种地"，将明藩王土地改归民户经营，移民垦荒。如康熙后期颁布"滋生人丁，永不加税"的政策，雍正时实行"摊丁入亩"制度，取消人头税，倡导和吸引内地大批无地耕种的贫民来到酒泉西部屯垦置业。由于这些措施的实行，加之清朝中期国家统一，社会安定，生产发展，使河西人口有了大幅度的增加。

清乾隆年间，河西人口又一次出现兴盛局面。史载，嘉峪关内"人烟日盛，庐舍加增，昔为旷野远郊，今尽平畴绣陌"。嘉峪关外，兵民屯垦，"化沙碛为沃壤"。有学者研究，乾隆年间，河西居住的人口约有700000。[①] 其实居住人数远多于此数，应在1000000左右。换言之，乾隆时期，河西人口已达到空前未有的程度。

乾隆时期河西各府州人丁数量表

府州	屯丁并滋生丁		更名并滋生丁		备注
	屯丁	滋生丁	更名丁	滋生丁	

---

① 唐景绅：《明清时期河西人口辨析》，《西北人口》，1983 年第 1 期。

府州	屯丁并滋生丁		更名并滋生丁		备注
甘州府	5850	1395	337	154	乾隆《甘肃通志》：6715 丁，又更名丁 337。
凉州府				772	乾隆《甘肃通志》：所列各项人丁数额与《一统志》同。
肃州直隶府	5091	1830			乾隆《甘肃通志》：4466 丁。乾隆《肃州新志》：肃州 2227 丁，滋生丁 468，高台县 1437 丁，滋生。
安西直隶府	7300	11440			乾隆《甘肃通志》：安西厅 153 丁，靖逆厅（后改玉门县）1300 丁。
合计	44273	14655	1109	154	

以上人丁共计 60191，还是以"丁""口"31∶100 的比例计算，河西人口约为 250000。少于明代后期，显然与实际不符。仔细分析统计表中所列各府州"丁口"数可发现，其记载多有疑点。第一，甘州府明代为甘州五卫、山丹卫、抚夷守御千户所，各类人丁 7736，肃州直隶州明代为肃州卫、高台守御千户所，各类人丁 7711，相反，安西直隶州所属安西、玉门、敦煌等地明代未设卫所，清初移民实边，才建置州县，而屯丁、滋生丁却达 18740 丁之多。第二，乾隆《甘肃通志》记安西、靖逆二厅（后改安西州、玉门县）共有 1453 丁，少了敦煌县资料，《大清一统志》所记安西直隶州丁额多于《甘肃通志》17000 余丁。

除安西直隶州外，乾隆《大清一统志》所载河西丁额，为何少于实有丁额？我们认为，一统志之"丁"，乃是征收丁银的单位，即一"丁"征收一份丁银，而非实有人丁额。据《赋役全书》记载：肃州 2227 丁，滋生丁 468，高台县 1437 丁，滋生丁 298，其中，肃州 2227 丁，高台 1437 丁，是交纳丁银的"份额"，按制度，滋生丁不纳税。一统志所记肃州总丁额虽稍多于新志，但也不可能是当时实有人丁数。乾隆《大清一统志》所记安西直隶州的丁额可能是实有丁数，而乾隆《甘肃通志》所记安西厅、靖逆厅的丁数则为《赋役全书》的丁银"份额"，因此两相悬殊。因此，若以乾隆《大清一统志》所记河西丁额推算当时的人口数，是不妥当的。

乾隆时修的各种河西方志载有当时河西部分县区户口数。《五凉考治六德集全志·镇番县志》记载，乾隆三十年（1765年），镇番县（今民勤县）坝区有户5693；乾隆《镇番县志·户口·柳林湖》记载，乾隆三十年（1765年），柳林湖屯区（在今民勤县东湖镇）2498户。

乾隆十三年（1748年），古浪县有6393户，65510人，和明正统年间相比，人口净增20倍多，[①] 年平均增长率为0.99%。乾隆年间再无古浪人口记载。

经康乾盛世后，武威人口有很大增长。据乾隆《武威县志》《甘肃通志稿》等文献记载，乾隆十四年（1749年），武威城区居民11627户，27537人，户均2.4人。这是武威人口统计史上第一次有关城区人口的统计数。在乡居住8238户，235823人，户均6.2人，可见城市家庭人口规模小于农村。城乡共49865户，263360人，户均5.3人。明嘉靖年间，凉州卫只有9354人，至乾隆十四年（1749年）发展到26万多人，增长了27倍多。

永昌县清乾隆十四年（1749年）有户7925，人口54054，乾隆五十年（1785年），有户22842，人口190726，经过36年的发展，永昌户增加14917户，人口增加136672，增长速度惊人。

《甘州府志》记乾隆四十三年（1778年）上报的民数册，民户280470口，屯户529070口，合计809540口。

清乾隆二年（1737年）肃州分巡黄文炜编纂的《重修肃州新志·高台县》记有乾隆二年高台县的户口。全县共有2711户，6925口，户均2.6人。这是高台县于乾隆年间留下的唯一且翔实的人口记载。

安西县在乾隆初年人口很少，《重修肃州新志》记其户口时说："查安西卫，未有户民，唯有三营余丁，共计九十家，共一百七十六名。"

民国十三年（1924年）吕少卿《重修敦煌县志》记载："敦煌人口，旧志二万另（零）八百四十人，当乾隆中时，丁口最繁，有八万余人。"可见，乾隆

---

① 梁新民：《武威史地综述》，兰州：兰州大学出版社，1992年，第78页。

年间，敦煌 80000 人达历史最高纪录，以后至民国年间也没有达到这一数字。

《重修肃州新志》记柳沟卫户口说："关外卫、所，虽皆敦煌旧境，然自明代以来，鞠为茂草，无复田畴井里之遗。我朝治隆化洽，幅员日长，康熙五十六年，新设塞外诸卫、所，而柳沟招来户民一百六户。"史载有 106 户，人口大概在 400 以上，他们在此主要是开垦屯田。

靖逆卫乾隆时招徕贫民共约 561 户，他们在花海子、红柳湾、大东渠、破堡子一带务农。

赤斤卫原有 270 户，雍正九年（1731 年）编审，计滋生 880 人，乾隆元年，查得共有男女 997 人。

河西其他县份不见有人口记载。《古浪县志·户口》记载，清代人口"自以粮载丁后，不复编审，每年仅据史胥册报，虚实无从查核"。为考实人口，康熙五十一年（1712 年）后，实行永不加赋的政策，将人口调查从苛捐杂税中独立出来，人口统计才有可能得到实数。乾隆朝人口数比较真实可靠，人口学者田雪原教授对乾隆朝人口的评价是"比以前准确许多"。这为以后人口的核实提供了可靠的基础。河西人口终于在"乾隆盛世"的基础上快速增殖。河西"前代边缴，寇烽时警。自承平日久，生齿渐繁，徙居者渐众。故户口加增，倍于往昔矣"。"倍于往昔者"，加倍于前代也，乾隆时期河西人口达到 1000000 是可信的。

三、嘉庆年间河西人口

（一）嘉庆年间河西人口

河西人口经"康乾盛世"后，有了飞跃性增长，至嘉庆年间，人口近 300 万。嘉庆《重修大清一统志》记有嘉庆二十五年（1820 年）河西四州府人口：凉州府原额民丁共 24335，今滋生民丁男妇大小共 284131 名口，屯丁男妇大小共 1220367 名口，统计 182862 户。甘州府，原额民丁共 5850，今滋生民丁男妇大小共 282496 名口，屯丁男妇大小共 531119 名口，统计 79841 户。肃州直隶州，原额民丁共 6908，今滋生民丁男妇大小共 319768 名口，屯丁男妇共 132295 名口。安西直隶州，民丁原额缺载，今滋生民丁男妇大小共 77873 名口，统计 6094 户。① 据此，嘉庆年间，甘、凉、肃、安西四州府共有 2848049 人，如果与原额民丁相比，则增长了七八十倍，是封建社会河西人口的最高峰。

（二）嘉庆年间人口快速增加的原因

清代中期，酒泉人口持续增长的原因，除大规模的移民外还有以下几个方面。

1. 屯田措施的大力实施

清代前期，清政府陆续采取了一些轻徭薄赋的惠民政策和措施，鼓励屯田，发展生产。顺治元年（1644 年）八月，下令免除明末的三饷加派，只以正额进行赋税征收，其余各加增饷均被免除。顺治二年（1645 年），除"匠籍"为民，免其应役，折价入官。顺治四年（1647 年）下令"免征甘肃匠价"。顺治六年（1649 年），规定各处逃亡人民，不论原籍何处，都要广加招募，编入保甲，并将本地无主荒地拨给招来的人耕种，官府核发给印信执照，免税耕种。后由地方官员亲自查勘核实成熟亩数，奏请朝廷批准，才开始征收钱粮，耕种不满 6 年的，不征钱粮，不分摊差役，以此稳定民心，将失业民众与土地结合起来，鼓励其耕种。顺治十四年（1657 年），为进一步做好招抚移民、开垦种田之事，清政府又把地方官吏的调动升迁与移民屯田相关联，用授给官职的办法，鼓励地主阶级和知识分子出资垦荒屯田。康熙二十年（1681 年）下令取消康熙十三年（1674 年）以后的各项杂税，停止田赋预征；每遭灾荒或军队过境，酌情减免田赋或丁银；废除一些地主官僚免税的特权；免除包括甘肃在内的一些地方的通赋。康熙五十年（1711 年）起，全国范围内轮流普免钱粮，甘肃于康熙五十一年（1712 年）首次开始普免钱粮，至乾隆十年（1745 年）的 33 年

---

① 参见嘉庆《重修大清一统志》卷 266、267、278、279。

中，"正赋全行豁免者十有余年"。康熙五十一年（1712 年），诏颁"滋生人丁，永不加赋"政策。康熙五十四年（1715 年），清政府准备自酒泉进军新疆，安西成为军需品转输前哨，因为兵丁缺乏生活供给，长途转运十分困难，朝廷命令各卫所，将新开荒地交与安西镇标营兵丁屯种。清朝调集大军讨伐策妄阿拉布坦叛乱，又先后在巴里坤、吐鲁番等地开展了兵屯。当时驻守安西的兵屯，主要分布于安西卫、瓜州营、双塔堡等地。军队所到之处，除担负战斗、守卫任务之外，还要完成开发屯田、兴修水利等任务。

在鼓励垦荒方面，清政府也采取了一些积极的措施。如顺治时实行将无主荒地分给逃亡人民耕种等政策；康熙三年（1664 年）又将明代在甘肃各地设置的苑马监废除，把监牧地改为民营；还对大量的"土司地"实行征粮，使大量的监牧地和"土司地"变成了耕地；康熙时期，清政府还把清军掠夺圈占的土地分给"原种之人耕种"，并下令永禁圈地，使顺治时清军在河西圈占的大量土地得到充分利用，为安置流亡人口提供了便利。在奖励垦荒方面，顺治时提出 6 年后起科，康熙时重申并放宽到 10 年，并得到了较好的执行。在人口不断增长的情况下，大批被荒弃的土地逐渐得到垦种。由于这些措施的实行，清朝前期出现了大批自耕农，这说明明代后期土地高度集中的矛盾得到了缓解，农民的生产积极性得到调动。经过移民的辛勤劳作，关外的大量荒地得到了开垦，农业经济得到恢复。

雍正时期，清朝继续推行奖励垦荒屯田的政策，推迟新垦荒地的起科年限。规定水田 6 年、旱田 10 年才缴纳田赋。实行"议叙法"，军民自筹工本者，按开垦亩数多寡记功。雍正十一年（1733 年）实行的这些条例，对于扩大酒泉屯田、鼓励耕植起到了很好的作用。雍正十三年（1735 年），清朝任命大学士查郎阿为陕西总督，任刘于义为"钦差大臣关防，留肃州专管军储"。

清朝在河西的屯田，对于扩大耕地面积、增加粮食生产具有重要意义。首先，屯田使广大流亡无业及遭受战争破坏、无力进行生产的农民迅速和土地结合，使数十年抛荒的土地重新得到开发，有利于社会经济的繁荣和发展，而且对于稳定社会秩序，控制西部地区具有重要作用。其次，屯田有效地解决了驻军和过往军队的粮草问题。雍正年间，通过安西屯田、九家窑屯田、三清湾屯田、柔远堡屯田、平川堡屯田、毛目城屯田、双树墩屯田、夹墩湾屯田，既满足了军需粮草及当地人民的需要，还征收了大量的粮食税。第三，屯田促进了河西社会经济的发展。明代中期以后关闭嘉峪关，关外弃而不守，数千里沃野成为茂草荒地，渺无人烟。开展屯田以后，通过军屯、民屯，兴修水利，引进先进生产工具和技术，直接促进了酒泉农业生产的发展。第四，屯田促进了城市手工业以及中外贸易的繁荣。在屯田基础上建立起来的一些城镇，不仅是当时西北与内地、西北与西方国家商业往来的始发地和中转站，也为西北近现代城市的布局和发展奠定了基础。第五，移民屯田有力地促进了河西人口的发展，使人口大量、直接、机械性地增加。

2."摊丁入亩"的赋税政策有利于人口发展

清代初期，特权阶层大量圈占和兼并土地，土地集中因土地买卖而加速。丧失土地的农民，只好耕种地主的土地，他们被迫接受沉重的地租剥削，还要向朝廷缴纳极重的人丁税。随着土地的兼并集中，穷苦农民越来越多，无力承担沉重的丁税，不仅造成户口大量逃亡，还严重影响了朝廷的赋税收入。康熙五十一年（1712年）后，曾实行了一段"永不加赋"的制度，但是不能从根本上解决问题，赋役不均的问题使得民户逃亡，有增无减。

清朝雍正年间，实行"摊丁入亩"的赋税政策，即把原来由人丁承担的赋役和丁税银全部摊到地亩中去征收，全面取消人头税，使人口统计与赋税征收脱钩。纵观中国历代封建王朝所做的人口统计，或轻或重，都低于实际人口数量。其主要原因就是赋税沉重，特别是户税和丁税（人头税），往往造成大批农民破产。为了逃避沉重的赋税，或藏丁匿口，或举家逃亡，因而官府无法统计实际的户口数量。因此，历代所实行的户税和丁税，是造成户口统计不实的主要原因。清政府实行"摊丁入亩"后，既保证了清政府总的赋税定额不减，又可摆脱人丁税难以继续征收的困境，使无地少地的农民减轻了负担，有利于农业、手工业和商业的发展。实行"摊丁入亩"，对于清政府而言，稳定了朝廷的赋税收入，把朝廷官府直接向农民征收丁税，改为由地主直接剥削，代替了朝廷官府的直接征收。此法推行之后，民户和地方官都不再担心"丁增而赋随之"，使清代后期的人口统计比较接近实际人口数量，更有利于社会生产的发展和人口的增长。

另外，清代前期及中期，河西基本处于和平稳定发展时期，农作物的种植面积得到扩大，产量增加，百姓生活富足，人口增长。再加"招募内地民人前往耕种，既可以实边储，并令腹地无业贫民，得资生养繁息"。在清政府的倡导和支持下，山西、直隶、山东、河南等地农民源源不断地移往河西地区垦种，并且雍、乾、嘉时期，在清政府的安排下，甘肃绝大多数州县都抽调大批民户赴河西，同来自全国各地的绿营兵及旗户进行大规模的经济开发和建设。这些因素促使河西人口增长。

第三节　清代后期河西人口

清代后期，社会财富高度集中，农业生产受到严重阻碍，加之清政府民族政策失误，社会动荡不安，河西社会经济处于停滞状态。这一时期，河西人口的生存条件日益恶化，赋税繁重，自然灾害频繁，人口增长率接近于零，人口较嘉庆年间大幅减少，但基数依然庞大，大约在 1000000 以上。现举河西几个县份的人口来看清代后期人口的状况。

一、民勤县人口

道光《续修镇番县志·田赋考·户口》记载，道光五年（1825 年），全县人口户达 16756，人口有 184542 人。同治年间，民勤人口减少约 20000 人以上，此外这时期人口奔走外地者至少以万人计。

至光绪朝，民勤人口较道光、咸丰朝有所下降，人口变化较大。《镇番县志采访稿·户口》记载，光绪六年（1880 年）至光绪十年（1884 年），民勤共有16067 户，183403 人。《续修镇番县志·户口》记载，光绪九年（1883 年），民勤县人口，户 16067，人口 183131。可以看出光绪九年（1883 年）至光绪十年（1884 年）间，民勤人口约为 180000。《续修镇番县志·田赋卷·户口》记载，民勤人口自光绪二十七年（1901 年）至三十三年间（1907 年），只有户 23325，口 123592。较光绪十年户数增加 7258，口数却减少了 59811 人。这与民勤人大批外迁有关。《甘肃新通志》记载，宣统元年（1909 年）民勤县人口，全县23325 户，男大 34525，小 31358。女大 30453，小 27259，共 123595。可见，从咸丰八年（1858 年）至宣统元年（1909 年）的 50 年间，民勤人口呈下降趋势，人口数减少了近三分之一。李并成先生认为，这一过程固然与清代后期的政治腐败、剥削加重有关，但其主要原因仍是绿洲地区人口发展规律使然。[①]
李并成先生还指出民勤人奔走他乡的诸多实事，摘录如下："由人口盲目增长
所造成的沙漠化危害迫使受灾贫民'不能不奔走他方，自谋生计'。"据民勤县
李万禄先生的实地调查，今天的奇台、库车、乌鲁木齐等30多个县、市均有
不少清代后期流入的民勤民户。据1946年修《敦煌县志》记载，清代中后期
该县专门设有安置民勤移民的村落——镇番庙村。今阿拉善盟境内约三分之
一以上的人口系清末以来民勤移民的后代。因而民勤当地至今留下了"天下
有民勤人，民勤没有天下人"的俗谣。[②]清后期民勤县人口呈下降态势，最高
达189000人，最少不下123000人，大批民勤人于此时迁往外地。

二、永昌县人口

同治元年（1862年），永昌县全县有220232人，至光绪四年（1878年）
全县只有42832人。清末时期，永昌县人口也远不及以前。光绪二十二年
（1896年），永昌县有2822户，45128人；光绪三十三年（1907年）有2812户，
48128人；光绪三十四年（1908年），有2904户，48410人；宣统三年（1911年）
有2963户，49634人。由以上史料可见清末永昌县人口没有超过50000人，
可谓人烟稀少。

三、山丹县人口

清朝后期山丹县仅见有道光年间、宣统元年的人口记载，而且道光年间
的人口记载多有讹误。今本《山丹县志》记"清道光时全县有7212户，9.3493
万人"，山丹县地方志编纂委员会1993年编的《山丹县志附录补遗》记了道光
时的两组户口数，一组户13082，口15082；另一组户7212，口93493。显然

---

① 李并成：《河西走廊历史时期沙漠化研究》，北京：科学出版社，2003年，第278页。
② 李并成：《河西走廊历史时期沙漠化研究》，北京：科学出版社，2003年，第278页。

这两组户口数是有问题的，户与口的比例严重不符合实际。其实道光十五年（1835 年）修的《山丹县志》记的是山丹县户数 15082，人口 93493，这是比较符合实际的。

宣统年间，对于山丹县人户数数字记载是最为翔实的。1993 年，山丹县县志编纂委员会办公室整理出版了道光十五年所修的《山丹县志》，后来又有《山丹县志附录补遗》，此志中有一非常珍贵的资料，就是清宣统元年山丹知县张瀛学呈报甘肃省关于山丹县的地理概况表，其中详细统计了当时山丹县 113 个村镇的户数和人口数。这份文书档案的原始资料现保存于甘肃省图书馆文献部。共计宣统元年（1909 年）山丹县 113 个村镇共有户 1697，口 76513。《甘肃全省新通志》记有宣统元年山丹县的人口数：山丹县 30300 户，男大 27612 口，小 14653 口，女大 26311 口，小 10235 口，共有人口 78811 口。

四、东乐县人口

乾隆八年（1743 年）分设东乐县丞，其人口最早记载始于清光绪三十四年（1908 年），东乐县丞有 4313 户，36891 人，宣统元年（1909 年），东乐县丞户 4645，口 27262。光绪三十四年和宣统元年相差仅一年，而宣统元年的户数比光绪三十四年增加 332 户，人口倒减少 9629 口，《民乐县志》记民乐县人口时，就将宣统二年（1910 年）的户口数弃之不用。其实宣统元年的户口数更可信，理由有二：一是宣统元年所记人口户均约 6 人，光绪三十四年人口户均约 9 人，这明显偏高；二是《甘肃全省新通志》记载了详细的男女大小人口，相加正好与宣统元年的数字相符，其记载云："东乐县丞四千六百四十五户，男大九千九百六十二丁，小六千四百九十一丁；女大六千四百一十八口，小四千三百九一口。"光绪三十四年和宣统元年相差一年，人口数量相差较小的问题，其间的事实已不被人所知了，或是统计不实，或是传抄有误，或是真有大规模的人口变动。

五、张掖县人口

清后期张掖县人口统计资料较少，见到的有光绪二十一年（1895年）清查的户数，城乡共37930户；光绪三十四年（1908年），张掖户15236，口73715；宣统元年（1909年），张掖县户15237，口70199。《甘肃全省新通志》记得更详细，张掖县15237户，男大29199，小12891；女大18474，小9635，共有70199人。

六、敦煌县人口

道光十年（1830年），敦煌2448户，20840人。然而，据《敦煌乡土志》所载，咸丰、同治年间以后，"实在二千零七十二户，统计男丁女口大小共一万五千人"。光绪三十四年（1908年），敦煌有户3156，口14986，宣统元年（1909年），敦煌有2940户，男大5601人，小3813；女大4079，小1640，共计14403人。

七、玉门县人口

乾隆二十四（1759年），靖逆、赤金二卫合并为玉门县，治所在靖逆城（今玉门镇）。据《玉门市志》记载，玉门县光绪三十二年（1906）有2515户，16336人，宣统元年（1909）有1044户，14778人。光绪三十二年至宣统元年仅仅三年的时间，人户却减少得如此迅速，宣统元年的数据是值得怀疑的。《甘肃全省新通志》记载，玉门县的人户数：玉门县2515户，男大小9179丁，女大小7157口。男女大小一共16336人，我们认为这个数字就是宣统元年（1909年）的人口数字，也可以看作是光绪末年的人口数字，清末玉门县人口只有16000多，可谓地广人稀。

河西其他县人口资料匮乏，此处不再一一列出，从以上所举各县人口数字可见，清代后期河西人口减损较大。《甘肃通志稿》记有陕甘总督衙门所统计的光绪三十四年（1908年）河西户口数，近160000户，854000多口。清代后期河西户口数在《甘肃新志》也有记载，《甘肃新志》成书于光绪后期，其中除永昌县外，人口数均分男、女、大、小，大概也是光绪晚年的统计数，河西有 196000 余户，977000 余口。新志比通志稿多 36000 余户，122000 余口，多出的数额主要是永昌县的。新志各县人口均分男大、男小、女大、女小各若干，唯永昌县笼统地说 32842 户，男女大小共 190726 口。据乾隆《永昌县志》记载，永昌城乡总 32842 户，男女大小 190726 口，《甘肃新志》永昌县户口显然是乾隆《永昌县志》的资料，而非光绪时调查统计数。若永昌县的户口亦以《甘肃通志稿》为准，则《甘肃新志》的河西户数为 172000 多户，口数为 835000 多口，与《甘肃通志稿》大致相当。加之清政府统计户口时，未将以游牧为生的民族统计在内，而河西地区各民族共同生活，故而河西地区人口至少 1000000。

第四节 清代社会经济发展变化

明末清初，由于常年战乱，关西地区毫无生机，土地变得更加贫瘠，气候亦变得愈加恶劣。移民到达河西走廊后，便开始了对当地的开发建设，这主要表现在对农业水利设施的建设方面。河西走廊为干旱地区，年降雨量极少，农业依靠祁连山脉积蓄的冰雪融水灌溉，人工灌溉工程的建立是河西农业存在的首要条件。因而，移民到达迁入地后，在清政府任命的水利官员的组织下，开始大规模地建设农业水利工程，包括开渠及对遗留下来的水利设施的重新修缮等。康熙后期，随着河西人口的不断增多和荒地的大量开垦，灌溉用水的需求量逐渐增大，原有灌溉渠坝已不敷使用。这样，清政府通过组织移民大规模修建水利工程便成为必然。由于当时河西走廊是经略新疆的战略要地，发展该地区的农业生产，其首要目的是为平定准噶尔的清军提供军粮，为清廷节省转输军粮费用。故而，清廷不惜动用巨款，集中大批劳动力修建大型水利灌溉工程来发展当地的农业。

一、农业水利

水利设施的修缮与灌溉在河西走廊社会经济发展中的重要性，前人就有清楚的认识。《农政全书》有云："水利，农之本也，无水则无田矣"，"水利莫急于西北，以其久废也。"清人继前代之后，对水利设施的修缮和水利灌溉的重要性也有明确的认识。清人张澍认为："甘肃之所急，莫大于兴水利。"因此，对清代的河西走廊，水利建设的重要性不亚于任何地区。关西地区沙州卫一带干燥少雨，因而，"户民到沙给地屯种，首以水利为重"。灌溉主要依靠的是流经沙州境内的党河之水。户民到达沙州后，对原有的东大渠、西大渠、西小渠等三道进行疏浚，因有流沙淤塞，未能多为蓄水，今复加开修。疏浚后分别改名为永丰渠、普利渠和通裕渠。由于引水甚远，此三渠总共"仅可足一千五百五十九户之灌溉"，于是又"相度地势，查看水源，于农事未兴之先"，接着又开挖庆余渠、大有渠，共为五总渠。五总渠"又分为数十小渠，灌溉良田数千顷"。为加强水利管理又制定渠规，以防止因水不足而滋生弊端，沙州移民垦区"于各户内择熟知水利者，委充渠长、水利之任。每渠一道，渠长二名，水利四名，令其专管渠道，使水时刻由下而上，挨次轮流灌溉，俾无挽越、偏枯等弊"。因而，所灌溉的移民开发良田千顷，均获得水利开发带来的好处。在其他四卫，清政府同样进行了水利设施的修建。在关内，对农业发展所需的水利设施的修建亦如关西地区，甚至规模更加庞大，如雍正年间开办九家窑屯田，"计穿洞、开渠筑坝、建房并两年牛、犁、籽种之费用银三万两"；开办凉州柳林湖屯田，费币七万八千余两；修建凉州柳林湖屯田水利工程，先在镇番大河上筑坝堵截河水，堵筑西河，"俾全归柳林……有总渠一道，然后分东、中、西三渠，复开岔渠数十道，各长数十里不等"，可溉田二十三万余亩；再如肃州三清湾屯田，自张掖县鸭子渠起，开渠九十里至屯地，溉地一万六千亩。毛目城屯田，开渠引黑河之水，分大常丰、常丰、小常丰三渠，共长一百一十三里四分。这些水利工程，也都是在短期内集中修建而成。如此规模庞大的水利工程能够在短时间内修建，与清政府统筹及大批移民的辛勤劳动密不可分。

二、商业

河西走廊自古就是古代中原王朝通往西域的通道，在清朝之前，西域便与中原王朝友好往来，或被中原王朝直接管辖，这一长期形成的优势在清朝的统治下依然延续。通过政府的积极引导，他们义无反顾，携带家眷，从其原住地来到河西走廊各移民屯区。

与此同时，清政府招募的商屯掀起了河西走廊热闹非凡的商业活动，主要以凉、甘、肃三府州及其所属县镇治所为核心。其中，凉州府是河西最大的商货集散地，"往者捷买，资甘肃，今更运诸安西、沙、瓜等以利塞外民用……贾拥高资者寡，而开张稠密，四街坐卖无隙地，凡物精粗美恶不尽同，鲜有以伪乱真者"。无疑，正是河西走廊独特的地理位置，赋予了该地区商业活动的繁荣。可见，清政府向河西走廊移民屯田，间接带动了商业的发展，商业繁华程度可见一斑。河西走廊商业方面的繁荣，不仅仅是因为当地物产丰饶，更在于它是中西交通之咽喉、南北际会之要冲。

三、城镇建设

历代大规模移民，必然会使得移民迁入地及其周围城镇兴起。可以说，城镇是社会经济和文化发展的产物，是物质文化、精神文化的储聚之所，每个王朝都在城镇建设中留下自己的痕迹。在康熙、雍正、乾隆时期，清政府向河西走廊进行大规模移民，并组织大量人力、物力与财力对移民入迁地区的原有城址进行增修、扩建，有的甚至在别地重筑新城。

由于入迁移民的大规模进入，清政府空前重视对关西地区原有城镇的治理与经略。这既是清政府统治入迁移民的基础，也是更好地安定大量移民的重要举措。在关西地区，清政府对城镇的建设，最初主要依明制，设立卫、所，在乾隆二十五年（1760）后均改为府县，如下所列：

赤金卫：地名西吉木，为明赤斤卫故地，西去嘉峪关180里。康熙五十六年（1717年）筑城，次年设卫（雍正五年改守御千户所，乾隆七年复设卫）。可谓"酒泉股肱，嘉峪藩屏"。乾隆年间改为府县后为玉门县地界，今为玉门市。

靖逆卫：地名达里图，又名达尔兔，明赤斤卫、苦峪卫故地，西去嘉峪关290里。康熙五十七年（1718年）筑城设卫，因靖逆大将军富宁安曾统兵驻此，故名靖逆。乾隆年间改为府县后为玉门县地界，今为玉门市。

柳沟所：地名锡拉谷尔，明苦峪卫故地，西去嘉峪关310里，康熙五十六年（1717年）筑城驻兵，开设屯田，并设守御千户所，治所在四道沟，雍正五年（1727年），升所为卫。柳沟卫地"当西陲之孔道，居关外之要枢"。乾隆年间改为府县后为渊泉县地界，今为瓜州县。

安西卫：明赤斤、沙州卫故地，雍正元年（1723年）设卫于布隆吉尔，西去嘉峪关500余里，介酒泉与敦煌之间，"俯临沙漠，内拱雄关"。乾隆年间改为府县后为渊泉县地界，今为瓜州县。

沙州卫：明沙州卫故地，雍正元年初，设守御千户所，次年改卫，有屯户二千四百户，雍正三年（1725年），于故称东另筑沙州城。该卫在关西地区最西端，为"全陕之咽喉，极边之锁钥"，且"富庶情形甲于诸卫"。乾隆年间改为府县后为敦煌县地界，今为敦煌市。

康熙、雍正、乾隆时期，关西五卫不断得到开发。随着关西地区人口的不断增多，雍正五年（1727年），清廷于布隆吉尔以西的大湾重建安西新城，将安西卫从布隆吉尔移治于大湾新城。同时，升柳沟所为柳沟卫，并从四道沟移治于布隆吉尔。至此，关西地区建成赤金、靖逆、柳沟、安西、沙州五卫。由此可见，清廷通过对关西地区的开发，对关西五卫城在明朝建设的基础上进行了不同程度的维修，抑或另辟新址而重建。

从康熙末年开始，随着移民迁入，清廷逐渐在关西地区设置五卫，短短数十年间，关西地区就从废弃近二百年的蛮荒之区变成荒田尽开、水利完善、家给人足的富庶之地，农业、商业及文化事业都有了快速的发展。

结 语

纵观历史长河，从人类足迹踏上河西这片土地起，河西地区人口的发展就起起落落。每一次生产力的巨大进步往往伴随着人口的迅速发展，而每一次纷争动乱、政权更替又造成了人口锐减，跨越千年的人口波动线描摹出一部河西地区发展的兴衰史。从史前文化遗址挖掘始，到先秦时期的史料记载，河西地区人口发展的脉络由初见端倪走向有迹可循。步入秦至西汉末的200多年间，河西地区人口发展到60多万人，形成了河西地区人口史上的第一次人口高峰；至北魏时，河西地区人口逐步下降至谷底；北魏至唐天宝年间，河西地区人口出现了自汉代以来的又一次高峰，武威、敦煌等城人烟密集，街面繁华；吐蕃占领河西后人口下降，张氏归义军时期人口开始增长，至西夏盛时，河西地区人口又出现了一个波峰；至元代河西地区人口有所回落，明代人口开始曲线上升，至清朝乾隆、嘉庆、道光年间，河西地区人口飞跃式增长，达到100万左右，这是历代人口最高峰。在漫长的人口发展历程中，河西地区人口带有明显的民族多元性和人口文化的多元化特点，这种源自历史的"多元性"也造就了今天多彩的河西走廊。

民族多元性。自先秦时期以来，河西地区就是氐、羌等周边游牧民族的栖居地，从秦代开始，甘肃境外的匈奴民族开始进入河西地区。东汉末、三国时期，鲜卑民族随后而至，进一步促进了甘肃民族多元化发展。两晋时期，"五胡"均在河西占有一席之地，加之其种种分支以及汉族、吐谷浑等，河西成为各民族尽展风采的大舞台。南北朝时，北方突厥也向河西迁徙。迄至隋、唐，吐蕃民族向甘肃发展，并加速党项民族在河西土地上形成。与此同时，北方的回鹘民族向河西发展，南宋末蒙古族大规模向甘肃发展。明朝时期的回族，清朝时期的满族等，最终于今天在河西形成汉、回、藏、蒙等几十个民族人口共存的格局。可见，民族的多元性是与河西人口的发展并存的。

人口文化多元化。与河西人口民族多元化相适应的是河西人口的文化多元化。东晋十六国时期是河西历史上各民族文化争奇斗艳的时期，各种文化多方面、多层次地互相碰撞，又互相交流、学习和融合，形成以佛教文化、儒家文化为核心的河西古文化，并最终沉淀为以敦煌莫高窟为代表的分布于全省各地的甘肃石窟文化艺术遗存。其之所以为全世界所景仰和推崇，不仅是因为它古朴绚丽，更是因为它的多元性、丰富性和蕴涵深邃性。唐代以后，尽管河西地区全面衰落，但新的文化仍在不断产生，各种文化并存又多层面地发展。

纵览河西漫长的人口发展史，影响河西人口发展的原因有很多，大到自然环境和政治、经济、文化等，小到河西居民的生活习惯和风俗民情。

战略地位。河西走廊交通要道自古至今都是联结内地与西域、东亚和中亚、西亚以至欧洲的重要陆上通道，既是军事生命线，又是商业生命线，具有政治、军事、经济、交通、文化等多方面的战略意义。这种重要的战略地位，对河西人口发展史有决定性的影响。汉武帝开发西域，将中原大量的人口迁到甘肃河西，使河西在中原人口"减半"的情况下快速增长；明代向河西进行了大量军事移民；清代为平叛乱，在河西大力屯垦，并以酒泉为军事基地，吸引了大量的中原人口向河西迁徙，使得河西人口快速增长。正是历史上大多数王朝将河西作为战略要地而着力经营，实行向河西移民和发展河西人口的种种政策，才使河西人口在自然条件较差的情况下得以发展。可以说，中央王朝对河西重要战略地位的重视及其政策和措施，是河西人口历史发展重要的政治推动力，同时也是经济、文化的推动力。

自然环境。人口分布与自然环境息息相关，没有适宜于人类生存的环境，也就没有人口的存在。自然环境如土地、水源、气候、矿产等状况对人口分布至关重要。一般来说，哪里土地肥沃、水资源丰富以及有适宜的气候条件，哪里人口分布就稠密；反之，就稀少。河西走廊第一重镇——武威，在历史上人口都居河西之首。武威占有"通一线于广漠，控五郡于咽喉"的重要地理位置。自然环境适宜农牧业的发展，人口多在这里繁衍生息。如在唐代，武威作为丝绸之路上商人云集与物资集散之地，空前繁荣。正如诗人岑参所形容的"凉州七里十万家，胡人半解弹琵琶"。唐时凉州成为长安以西的第一大都会。这和武威自身优越的自然环境是分不开的。水是生命之源。河西人口的分布与水资源有直接关系。河西走廊内共有河流 57 条，分属石羊河、黑河、疏勒河三大水系，它们流过的地方，形成一片片绿洲，人口就集中在这里。发源于祁连山的内陆河流，上游丰富的水力资源，为河西地区的经济建设提供了充足的能量。甘甜的河水，犹如生命的乳汁滋润着河西广阔的土地。石羊河流域的武威，黑河流域的张掖，疏勒河流域的玉门、安西、敦煌等一片片绿洲是人口相对集中的地方。而河西戈壁、沙漠地带，人烟稀少，有的大片土地基本上是无人区，人们总是能选择适宜的自然环境来生存。

区域开发。人口数量的增长往往与社会经济发展具有同步关系，似乎是经济发展的表征。但是，人口发展与经济发展的关系，内容较为丰富，在不同的历史时期，人口发展与经济发展之间的表现形式是不一样的。因此，要了解河西历史人口发展与经济发展之间的关系，就必须分阶段，对它们的关系作具体分析。秦汉时期，河西社会经济初步发展。西汉在此大搞移民屯田生产，河西农业经济有了明显发展，至西汉平帝元始二年，河西册籍人口有 28 万之多。人口增多也意味着劳动力的增多，劳动力对经济发展具有不可替代的作用，增加的河西人口对河西的早期开发发挥了重要作用。魏晋时期，河西战乱不断，经济遭到破坏，人口发展缓慢。"五凉"时期，前凉重视经济建设，农业、畜牧业发展较快，人口增长。至唐天宝年间，河西屯田规模扩大，畜牧业名扬全国，武威、敦煌等城人烟密集，街道繁华，河西人口增加也达到了前所未有的速度。后来，吐蕃、回鹘、归义军在河西交战，社会经济萧条，河西人口发展缓慢。西夏、元、明、清时期，在开国初年因受战争的破坏，河西经济屡遭重创，有时到了崩溃的边缘。经过一段时间的休养生息之后，经济恢复，河西的经济社会发展，有利于河西人口数量的增加，而河西人口的繁衍和发展，又促进了河西经济发展。

河西地区璀璨多元的文明是我们中华民族的先民共同创造的瑰宝。在近两千年的历史进程中，河西人口的变化也再次印证了历史时期的河西人口必然是要受到历史时期生产力水平、区域自然环境、当时政治经济环境等综合性因素影响。这也启示我们，在应对现代社会河西地区人口发展的如生存、生育、教育、医疗、就业、养老等问题时，要从全局角度出发，积极应对、解决区域性人口问题，有效推动人的全面发展。

参考文献

古籍

［汉］司马迁：《史记》，北京：中华书局，1957 年。

［汉］班固撰，颜师古注：《汉书》，北京：中华书局，1964 年。

［南朝宋］范晔撰，［唐］李贤等注：《后汉书》，北京：中华书局，1965 年。

［唐］魏征等：《隋书》，北京：中华书局，1973 年。

［北齐］魏收：《魏书》，北京：中华书局，1974 年。

［唐］吴兢：《贞观政要》，上海：上海古籍出版社，1978 年。

［唐］温大雅：《大唐创业起居注》，上海：上海古籍出版社，1983 年。

［唐］杜佑：《通典》，北京：中华书局，1984 年。

［唐］李林甫等撰，陈仲夫点校：《唐六典》，北京：中华书局，1992 年。

［唐］房玄龄等撰：《晋书》，北京：中华书局，1976 年。

［后晋］刘昫等撰：《旧唐书》，北京：中华书局，1975 年。

［宋］司马光编著，胡三省注：《资治通鉴》，北京：中华书局，1956 年。

［宋］李焘：《续资治通鉴长编》，北京：中华书局，2004 年。

［宋］王钦若等编：《册府元龟》，北京：中华书局，1960 年。

［宋］薛居正等撰：《旧五代史》，北京：中华书局，1976 年。

［宋］欧阳修撰，徐无党注，华东师范大学等点校：《新五代史》，北京：中华书局，1974 年。

［宋］欧阳修等：《新唐书》，北京：中华书局，1975 年。

［宋］乐史撰：《太平寰宇记》，北京：中华书局，2007 年。

［元］脱脱：《宋史》，北京：中华书局，1975 年。

［元］脱脱：《金史》，北京：中华书局，1995年。

［明］宋濂等撰：《元史》，北京：中华书局，1976年。

［清］彭定求等编：《全唐诗》，北京：中华书局，1960年。

［清］张廷玉等：《明史》，北京：中华书局，1974年。

［清］赵尔巽等撰：《清史稿》，北京：中华书局，1977年。

［清］董诰等编：《全唐文》，北京：中华书局，1983年。

［清］刘锦藻编纂：《清朝文献通考》，上海：上海古籍出版社，1988年。

［清］吴广成：《西夏书事》，北京：中华书局，1935年。

［清］吴广成撰、龚世俊等校正：《西夏书事校正》，北京：中华书局，1995年。

苏天爵编：《元文类》，北京：商务印书馆，1936年。

汤球撰：《十六国春秋辑补》，北京：商务印书馆，1958年。

中国书店编辑：《元典章》，北京：中国书店，1990年。

专著

［清］张澍：《凉州府志备考》，西安：三秦出版社，1988年。

［民国］张维撰：《陇右金石录》，载《历代碑志丛书》，甘肃省文献征集委员会排印本，1943年。

文物编辑委员会编：《文物考古工作三十年（1949—1979）》，北京：文物出版社，1979年。

甘肃省地方史志办公室编：《甘州城婚姻的风俗》，福州：福建科学技术出版社，1981年。

敦煌文物研究所编：《敦煌研究文集》，兰州：甘肃人民出版社，1982年。

林干：《匈奴史话文集》，北京：中华书局，1983年。

陈炳应：《西夏文物研究》，银川：宁夏人民出版社，1985年。

裴文中著：《裴文中史前考古学论文集》，北京：文物出版社，1987年。

姜伯勒：《唐五代敦煌寺户制度》，北京：中华书局，1987年。

敦煌文物研究所：《1983年全国教煌学术讨论会文集》，兰州：甘肃人民出版社，1987年。

［法］谢和耐著，耿昇译：《中国五—十世纪的寺院经济》，兰州：甘肃人民出版社，1987年。

白滨等主编：《中国民族史研究（二）》，北京：中央民族学院出版社，1989年。

齐陈骏：《河西史研究》，兰州：甘肃教育出版社，1989年。

杨建新、马曼丽主编：《西北民族关系史》，北京：民族出版社，1990年。

甘肃省文物考古研究所：《甘肃省文物考古工作十年》，载《文物考古工作十年（1979—1989）》，北京：文物出版社，1991年。

葛剑雄：《中国人口发展史》，福州：福建人民出版社，1991年。

潘竞万：《丝路重镇·凉州》，兰州：甘肃人民出版社，1992年。

郑炳林：《敦煌碑铭赞辑释》，兰州：甘肃教育出版社，1992年。

梁新民：《武威史地综述》，兰州：兰州大学出版社，1992年。

刘海年、杨一凡、史金波：《西夏天盛律令》，北京：科学出版社，1994年。

中国社会科学院考古研究所：《中国考古学中碳十四年代数据集（1965—1991）》，北京：文物出版社，1992年。

苏秉琦主编：《考古学文化论集（三）》，北京：文物出版社，1993年。

冻国栋：《唐代人口问题研究》，武汉：武汉大学出版社，1993年。

袁行霈主编：《国学研究（第二卷）》，北京：北京大学出版社，1994年。

王育民：《中国人口史》，南京：江苏人民出版社，1995年。

高敏：《晋南北朝经济史（上）》，上海：上海人民出版社，1996年。

吴廷桢、郭厚安：《河西开发研究》，兰州：甘肃教育出版社，1996年。

李正宇：《敦煌历史地理导论》，北京：新文丰出版社，1996年。

李清凌：《西北经济史》，北京：人民出版社，1997年。

曹树基：《中国移民史第五卷：明时期》，福州：福建人民出版社，1997年。

戴锡章:《西夏纪》,银川:宁夏人民出版社,1988年。

西安半坡博物馆编:《西安半坡博物馆成立四十周年纪念文集(1958—1998)》,西安:三秦出版社,1998年。

李永良主编:《河陇文化——连接古代中国与世界的走廊》,香港:商务印书馆(香港)有限公司,1998年。

中国文物研究所编:《出土文献研究》第四辑,北京:中华书局,1998年。

何炳棣:《明初以降人口及其相关问题:1368—1953》,北京:生活·读书·新知三联书店,2000年。

路遇、滕泽之:《中国人口通史(下)》,济南:山东人民出版社,2000年。

水涛著:《中国西北地区青铜时代考古论集》,北京:科学出版社,2001年。

高荣主编:《河西通史》,天津:天津古籍出版社,2001年。

谢端琚:《甘青地区史前考古》,北京:文物出版社,2002年。

方步和:《张掖史略》,兰州:甘肃文化出版社,2002年。

李振宏:《居延汉简与汉代社会》,北京:中华书局,2003年。

宋晓梅:《高昌国——公元五至七世纪丝绸之路上的一个移民小社会》,北京:中国社会科学出版社,2003年。

李并成:《河西走廊历史时期沙漠化研究》,北京:科学出版社,2003年。

李幹:《元代民族经济史(下)》,北京:民族出版社,2010年。

敖特根:《敦煌莫高窟北区出土蒙古文文献研究》,北京:民族出版社,2010年。

修晓波著:《元代的色目商人》,广州:广东人民出版社,2013年。

刘敆:《彭城集》,济南:齐鲁书社,2018年。

论文

《甘肃古浪黑松驿穀家坪滩新石器时代遗址》,《文物参考资料》,1955年第8期。

《甘肃永昌鸳鸯池新石器时代基地》，《考古学报》，1982 年第 2 期。

安志敏：《甘肃远古文化及其相关的几个问题》，《考古通讯》，1956 年第 6 期。

甘肃省博物馆：《甘肃古文化遗存》，《考古学报》，1960 年第 2 期。

甘肃省博物馆文物工作队、武威地区文物普查队：《永昌鸳鸯池新石器时代墓地的发掘》，《考古》，1974 年第 5 期。

王尧：《西夏黑水河碑考补》，《中央民族学院学报》，1978 年第 1 期。

白滨、史金波：《〈大元肃州路也可达鲁花赤世袭之碑〉考译——论元代党项人在河西的活动》，《民族研究》，1979 年第 1 期。

陈炳应：《甘肃武威西效林场西夏墓题记·葬俗略说》，《考古文物》，1980 年第 3 期。

史金波、白滨：《莫高窟、榆林窟、西夏文题记研究》，《考古学极》，1982 年第 3 期。

李永宁：《敦煌莫高窟碑文录及有关问题（二）》，《敦煌研究》，1982 年第 2 期。

刘含若：《重视我国人口史的研究》，《西北人口》，1983 年第 2 期。

唐景绅：《明清时期河西人口辨析》，《西北人口》，1983 年第 1 期。

杨际平：《吐蕃时期敦煌计口授田考》，《甘肃社会科学》，1983 年第 2 期。

郑学檬：《七世纪后期至八世纪中期敦煌县人口结构试析》，《教煌学辑刊》，1984 年第 1 期。

陈国灿：《唐朝吐蕃陷落沙州的时间问题》，《敦煌学辑刊》，1985 年 1 期。

何双全：《甘肃先秦农业考古概述》，《农业考古》，1987 年第 1 期。

梁新民：《前凉张氏增筑后的姑臧城的变迁》，《西北史地》，1987 年第 4 期。

辛敏：《在明代重新起步的凉州》，《红柳》，1987 年第 2 期。

张云：《吐蕃与党项政治关系的初探》，《甘肃民族研究》，1988 年 3—4 期。

李璠等：《甘肃省民乐县东灰山新石器遗址古农业遗存新发现》，《农业考古》，1989 年第 1 期。

蒲朝绂：《试论沙井文化》，《西北史地》，1989 年第 4 期。

甘肃省文物考古研究所：《永昌三角城与蛤蟆墩沙井文化遗存》，《考古学报》，1990 年第 2 期。

戴春阳：《月氏文化族属、族源刍议》，《西北史地》，1991 年第 1 期。

荣新江：《甘州回鹘成立史论》，《历史研究》，1993 年第 5 期。

张延昌：《武威 X 代医间出土后的研究现状》，《甘肃科学学报》，1995 年第 2 期。

甘肃省文物考古研究所、吉林大学考古学系：《甘肃民乐县东灰山遗址发掘纪要》，《考古》，1995 年第 12 期。

孙淑云、韩汝玢：《甘肃早期铜器的发现与冶炼、制造技术的研究》，《文物》，1997 年第 7 期。

刘耀、马开灵：《〈伤寒杂病论〉方药渊源探析》，《山东中医药大学学报》，1997 年第 6 期。

李冬梅：《唐五代归义军与周边民族关系综论》，《敦煌学辑刊》，1998 年第 2 期。

王欣：《吐火罗在河西一带的活动》，《兰州大学学报（社科版）》，1998 年第 1 期。

谢重光：《关于唐后期五代间沙州寺院经济的几个问题》，转引自赫春文《唐后期五代宋初敦煌僧人的税役负担》，《敦煌学辑刊》，1998 年第 2 期。

金滢坤：《吐蕃统治敦煌的财政职官体系——兼论吐蕃对敦煌农业的经营》，《敦煌研究》，1999 年第 2 期。

刘斌：《武威发现西夏砖室火葬墓》，《丝绸之路》，2000 年第 1 期。

赵光树、余国友：《〈武威汉代医简〉与〈五十二病方〉的药物学比较研究》，《中国中药杂志》，2000 年第 11 期。

薛平拴：《隋代陕西人口研究》，载中国人民大学复印资料《魏晋南北朝隋唐史》（双月刊），2002 年第 2 期。

金滢坤:《吐蕃统治敦煌的户籍制度初探》,《中国经济史研究》，2003 年第 1 期。

文志勇、崔红芬:《西夏儒学的发展与儒释关系初探》,《西北民族研究》，2006 年第 1 期。

郑炳林:《晚唐五代河西地区的居民结构研究》,《魏晋南北朝隋唐史》，2007 年 2 期。

张磊:《明代卫所与河西地区社会变迁研究》，青海师范大学博士学位论文，2019 年。

F.W.Thomas: *Tietan Documents Concerning Chinese Turkstan*，Jounal of the Royal Asiatic Society，1931.

H.W.Bailey: *Ttaugara*，*Bulletin of the School of Oriental studies.* Ⅷ，part 4，1935—1937.

后　记

　　本书由杨波、宋文姬两位作者合作完成。其中，杨波负责本书的框架设定、结构内容安排，具体承担第一章至第四章的撰写工作，撰写字数 10.1 万字；宋文姬负责第五章至第七章的撰写工作，撰写字数 15.1 万字。

　　本书在撰写过程中，得到了甘肃省社会科学院决策咨询研究所所长魏学宏研究员、武威市凉州文化研究院院长张国才副研究员的鼓励和支持，得到了凉州文化研究院诸位同仁在实地调研和资料整理方面的全力保障，在此表示衷心感谢！同时，也非常感谢读者出版社的编辑老师为本书出版付出的心血。

　　本书按照时代叙述，通过梳理、描述各个时代的人口概况以及对当时经济社会发展产生的影响，较为清晰地陈述河西历代人口概况，并进行了动因和机制分析，以期对河西走廊区域研究内容有所丰富。当然，从历史研究角度来讲，历史的场景不能重演，我们只能尽量，或者无限趋近于历史客观事实，又因河西历代人口问题研究涉及时段长、研究领域广泛，加之笔者能力有限，不能更加全面展现和揭示河西人口变迁的全貌，引以为憾，还请见谅。

杨　波　宋文姬

2023 年 10 月

总后记

武威，物华天宝，人杰地灵。寻访武威大地，颇感中华文明光辉璀璨，绵延传承。考古资料表明，在新石器时代，武威一带已经成为先民生息繁衍的重要地区。汉武帝时开辟河西四郡，武威郡成为河西走廊政治、经济、文化、军事之要地。东汉、三国、西晋时为凉州治所。东晋十六国时，前凉、后凉、南凉、北凉和隋末的大凉政权先后在此建都。唐朝时曾为凉州节度使治所，一度成为中国西北仅次于长安的通都大邑。"凉州七里十万家""人烟扑地桑柘稠"，其盛况可见一斑。宋元明清以来，凉州文化传承不辍。

在历史演进过程中，凉州成为了中原王朝经营西域的战略要地。农耕文明与游牧文明、中西方文化、多民族文化在这里交汇融合，形成了在中国文化史上占有重要地位的凉州文化。就历史文化的整体价值和综合影响而言，凉州文化已超越了今天武威这个地理范畴，不再是简单的区域性文化，而是吸纳传导东西方文明重要成果的枢纽型文化，是中华文化的重要组成部分。

凉州文化是多民族多元文化互相碰撞而诞生的美丽火花，其独特性是武威历史文化遗产中最有价值、最具魅力之处，也是具有文化辨识度的"甘肃标识"的特有文化，值得更系统、更深入地研究。特别是在新时代，对其进行更深层次的文化挖掘和意义阐释具有重要的现实意义。基于此，甘肃省社会科学院和武威市凉州文化研究院组织跨学科、跨地域的团队撰著了《凉州文化丛书》（第一辑），以期通过历史、文学、生态、长城、匾额、教育、人口等方面的研究，对厚重的凉州文化加以梳理，采撷其粹，赓续文脉，以文化人，为文化旅游名市建设增添文化智慧内涵。

《凉州文化丛书》（第一辑）由甘肃省社会科学院和武威市凉州文化研究院

共同商定，确定为 2023 年院重点课题。我和张国才、席晓喆同志组织实施，汇集两家单位的二十位学者组成团队开展研讨写作。丛书共包括《武威地名的历史传承与文化内涵演变》《古诗词中的凉州》《汉代武威的历史文化》《武威长城两千年》《武威吐谷浑文化的历史书写》《清代凉州府儒学教育研究》《武威匾额述略》《清代学人笔下的河西走廊》《河西历代人口变迁与影响》《河西生态变迁与生态文化演进》十本著作，每一本书的书名、内容框架，都是广集各个方面建议，多次召开编委会讨论研究确定下来的。因此，每本书的书名都具有鲜明的个性，高度概括了凉州特色文化的人文特点和地理风貌。丛书共计一百八十余万字，百余幅图片，主题鲜明，既做到了突出重点、彰显特色、求真务实，又做到了简洁流畅、雅俗共赏，是一套比较全面研究凉州特色文化的大型丛书。

丛书选取武威具有代表性的特色文化或尚未挖掘出的文化元素，进行深度挖掘、系统整理和专题研究，在撰写过程中，组织开展了十多次考察调研、研讨交流活动，每一本书的作者结合各自研究的内容，不仅梳理了凉州特色文化的理论研究，关注了凉州文化的传承与发展现实，还对凉州特色文化承载的丰富内涵和历史进行了深入的探讨，展示了凉州文化融入当代生活的现状，以及凉州文化推动武威特色旅游产业的途径。不难看出，凉州文化为我们深入了解武威提供了丰富的样本，其多样性、包容性、创新性、地域性等特点无疑是武威城市文化的地标、经济财富的源头、文化交流的名片。

文字与图像结合是叙事最基本、最重要的手段，其中图像的运用为我们了解世界构建了一个形象的思维模式，有助于我们更为深刻地认识世界。为了更好地展现凉州文化，丛书在文字的基础上通过大量的实物图像展示了凉州文化丰富多彩的形态。这些图片闪耀着独特而绚丽的光彩，也为我们解读了凉州文化背后不同的人文故事。同时，每一位作者在撰述中对引证的材料都作了较为翔实的注释，一方面力求言之有据、持之有故，另一方面也表达出对前贤时哲研究成果的尊重。

丛书挖掘整理了凉州文化中一些特色文化，对于深入研究凉州文化来讲，这是一种新的尝试。最初这套丛书的定位是具有较高品位的地方历史文化普及读物和对外宣传读本，要求以史料为基础，内容真实性与文字可读性相统一，展现武威博大精深的历史文化内涵和魅力，帮助广大读者更全面地认识、更深入地了解凉州文化元素，推动凉州文化的弘扬传承，实现优秀文化传承的主流价值引导和思想引领。经过一年多的努力，丛书顺利完成撰写，这本身是一件很有意义的事情。同时需要诚恳说明的是，这套丛书是一项综合性的跨学科的研究，涉及很多方面的知识，虽经多方努力，但因史料匮乏、资料收集不足。作者学力限制，作为主编者心有余而力不足，很多内容的研究论证尚欠丰厚。希望能够通过这套丛书引发人们对凉州文化更多的关注和思考，探索更多的研究方向，也就算实现了我们美好的愿望。此外，整个丛书撰写过程确实是时间紧、任务重，难免有错谬之处，敬请读者不吝赐教，我们不胜感激。

在这套书的论证和撰写中，中国社会科学院古代史研究所卜宪群所长及戴卫红、赵现海研究员，浙江大学历史学院冯培红教授，甘肃省社会科学院刘敏先生，西北师范大学传媒学院院长徐兆寿教授等领导、专家给予了很多建议，为书稿的顺利完成创造了条件。西北师范大学副校长、教授田澍先生百忙之中为丛书撰写了总序言，武威市凉州文化研究院的张国才院长及其他同仁对丛书的编撰勤勉竭力、积极工作、无私奉献，我在这里一并表示感谢。

《凉州文化丛书》（第一辑）编委会

魏学宏

2023 年 10 月

魏学宏，甘肃省社会科学院决策咨询研究所所长、研究员。先后发表学术论文 50 多篇，出版专著 2 部，主持完成国家社会科学基金项目、甘肃省哲学社会科学项目及省市县委托项目 10 余项。